Janka/Stierstorfer | Abiturwissen Latein

Kompaktwissen XL

Dieses Buch wurde klimaneutral gedruckt.

Alle CO_2-Emissionen, die beim Druckprozess unvermeidbar entstanden sind, haben wir durch ein Klimaschutzprojekt ausgeglichen.

Nähere Informationen finden Sie hier:

Klimaneutral
Druckprodukt
ClimatePartner.com/14058-1912-1001

Markus Janka
Michael Stierstorfer

Abiturwissen Latein

Reclam

Kompaktwissen XL | Nr. 15246
2023 Philipp Reclam jun. Verlag GmbH,
Siemensstraße 32, 71256 Ditzingen
Druck und Bindung: Esser printSolutions GmbH,
Untere Sonnenstraße 5, 84030 Ergolding
Printed in Germany 2023
RECLAM ist eine eingetragene Marke
der Philipp Reclam jun. GmbH & Co. KG, Stuttgart
ISBN 978-3-15-015246-1

Auch als E-Book erhältlich

www.reclam.de

Inhalt

Vorwort

In seiner *Ars amatoria* (2,121–122) hebt der Dichter Ovid in der Rolle des Liebeslehrmeisters hervor, wie hoch der Stellenwert der geistigen Bildung für die Reifeprüfung im ›Fach‹ Kultiviertheit und Attraktivität einzuschätzen ist und wie sehr sich Lernende darum bemühen sollten:

Nec levis ingenuas pectus coluisse per artes
  cura sit et linguas edidicisse duas.

Intensiv den Geist zu bilden durch vornehme Künste
  sei bestrebt und genau lerne die Sprachen, die zwei!

Die in gegenwärtigen Lehrplänen festgelegte und entfaltete »Geistesbildung«, die das multivalente Unterrichtsfach Latein in den Bereichen **Spracharbeit**, **Textarbeit** und **Kulturkunde** bis zur Reifeprüfung vermittelt, beruht nach wie vor auf den von Ovid gemeinten »zwei Sprachen«: Griechisch und Latein. Denn die Gattungen und Inhalte der lateinischen Literatur richten sich stark an den griechischen Vorbildern, den *exemplaria Graeca*, aus. Durch das Deutsche als Zielsprache der Übersetzung und hauptsächliche Unterrichtssprache kommt sogar noch eine dritte Sprache ins Spiel.

Die gegenwärtige Reifeprüfung ist in den Ländern und Kantonen des deutschen Sprachraums ganz unterschiedlich und dementsprechend formal wie inhaltlich heterogen ausgerichtet. Daher haben wir uns bei der Gestaltung dieses Kompaktwissens gewissermaßen an einem **idealtypischen Abiturwissen** orientiert. Dieses umfasst die unseres Erachtens **wesentlichen Fachinhalte und Basiskompetenzen** in den oben genannten Kernbereichen des lateinischen Lektüreunterrichts. Diese bieten wir in möglichst stark vernetzter Aufbereitung dar. Sämtliche für Übersetzungen und Interpretationen in der Reifeprüfung relevanten Autoren und Texte lassen sich durch das erste Modul zur **Sprachgeschichte** sowie die **Zeittafel**, die diese mit der politischen Geschichte zusammenbringt, verorten. Die darauffolgende Übersicht über die **zentralen Gattungen** der lateinischen Literatur (Modul II) versucht, durch die kontextualisierende Darstellung im Fließtext **schlagwortgebundene Wissensbausteine** zu liefern – diejenigen Autoren, die in Modul III ausführlicher vorgestellt werden, werden hier nur knapp behandelt; Verweise erleichtern jedoch die Auffindung der Informationen. So ist bei der Prüfungsvorbereitung sowohl pensumgerecht isoliertes wie auch optimal vernetztes Lernen möglich.

Kern unseres Kompendiums ist Modul III. **Fünfzehn Abiturautoren** der lateinischen Literatur werden in chronologischer Folge vorgestellt, von Lukrez bis Augustinus. Auf eine Darstellung des Grundwissens zu **Leben und Werk** folgt ein ausgewählter **Text**, der in den Werkzusammenhang eingeordnet ist, samt **Musterübersetzung** (die Übersetzungen in diesem Buch stammen von uns) und **Interpretationsansätzen**. Letztere dienen als Beispiele für eine möglichst textimmanente, form-, struktur- und stilbezogene Textauslegung. Basissätze führen vor, wie Interpretationsthesen die Einzelerklärungen gedanklich bündeln. Das in den Überblickskapiteln erläuterte Grundlagenwissen wird dort **praktisch angewendet**. Nach dem Motto *exempla trahunt* soll die Beschäftigung mit diesen Passagen die eigenen Kompetenzen der Lernenden bereichern und inspirieren.

Als Abrundung laden in den Modulen IV–VII Übersichten zu **Verslehre** (Metrik), **Stilmitteln**, **Grammatik** und **Übersetzungsmethoden** zur punktuellen Vertiefung ein.

Durchweg war es unser Bestreben, Zugänglichkeit und Kompaktheit mit fachlicher Gründlichkeit und einprägsamer Präsentation von Weltwissen zu verbinden, das eben nicht nur für die Prüfung (*examini/scholae*), sondern als *ingenua ars* auch für das weitere Leben (*vita*) bedeutungsvoll ist und bleibt.

Ohne die fachkundige, aufmerksame und beherzte Mitwirkung von Patrick König und Luca Sattelmayer hätten wir dieses Lehrwerk nicht im vorgesehenen Zeitrahmen fertigstellen können. *Plurimas gratias agimus vobis.*

Modul I: Kleine Geschichte der lateinischen Sprache

Die zum Abiturpensum gehörenden Texte sind in der Regel literarischen Werken von bedeutenden Autoren entnommen, die im 1. Jh. v. Chr. oder im 1. oder 2. Jh. n. Chr. lebten, der Blütezeit der lateinischen Literatur. Sprachliche Form und literarische Aussage dieser Werke erschließen sich aber nur vor dem weiteren Horizont der **Entwicklung der lateinischen Sprache**. Diese hat sich von einer der kleinsten Sprachgemeinschaften in der mittelitalischen Region Latium seit etwa dem 8. Jh. v. Chr. im Gefolge der Ausdehnung des Römischen Reiches (*Imperium Romanum*) in der späteren und ab dem 4. Jh. n. Chr. christlich geprägten Antike zu einer Weltsprache entwickelt. Durch ihre Rolle als verbindliche Zweitsprache der Gebildeten im europäischen Mittelalter und in der frühen Neuzeit, als *lingua franca* (Verständigungssprache in Wort und Schrift) etwa der Kirchenleute, Juristen, Politiker, Wissenschaftler und Kunstschaffenden ist sie bis in unsere Zeit **die historische Kultursprache** geblieben. So gibt es heute zwar keine Muttersprachler für das Lateinische mehr, das sich ja seit dem frühen Mittelalter etwa zu den romanischen Sprachen wie Italienisch, Französisch und Spanisch weiterentwickelte. Gleichwohl ist das Lateinische nicht ›tot‹, da es nicht nur als Sprache historischer Quellen und in deren vielfältiger Deutung und Vermittlung sowie als Urkundensprache des Vatikans weiterlebt, sondern unter dem Motto *viva vox* (»lebendige Sprache«) von Fachleuten und anderen Lateinbegeisterten weltweit nach wie vor zur mündlichen und schriftlichen Kommunikation Verwendung findet.

Innerhalb seiner antiken Erfolgsgeschichte von der italischen Sprachgestalt (Varietät) der Stadt Rom zur Weltsprache erlebte das Lateinische wie jede Sprache Veränderungsprozesse, war also dem **Sprachwandel** unterworfen.

Nach dem berühmten Altphilologen Manfred Fuhrmann (*Geschichte der römischen Literatur*, Stuttgart 1999, S. 22–25) lässt sich die innere Entwicklung der lateinischen Sprache in der Antike grob in eine vorliterarische und eine literarische Phase unterteilen:

Aus der **vorliterarischen Phase** (etwa 6.–3. Jh. v. Chr.) sind lediglich **Inschriften** überliefert, entweder im Original als sog. »Überrestquellen« oder vermittelt durch spätere Zeugnisse (Testimonien). Bereits in dieser Phase ist im Bereich der Formenlehre (Morphologie) das **Tempus-System der Verben** von einer engeren Anlehnung etwa an das Griechische abgerückt und hat den dem Lateinischen eigenen Charakter angenommen: Reduzierung der Verbalstämme auf **Präsens-** und **Perfektstamm**, die zwei parallele Systeme ausbildeten (1. Präsens, Imperfekt, Futur I; 2. Perfekt, Plusquamperfekt, Futur II); Verblassen des Verbalaspektes zugunsten der Präzisierung der Angabe der Zeitverhältnisse (***consecutio temporum***).

In der **literarischen Phase** (seit etwa der Mitte des 3. Jh.s v. Chr.) kam es recht rasch zur Normierung von **Lautbild** (**Phonetik**) und **Flexionsformen** (**Morphologie**). Der **Wortbestand** (Lexikon/Vokabular), der für die Literatursprache als angemessen gilt, durchlief in der Entwicklung vom sog. **archaischen Latein** oder **Altlatein** (3./2. Jh. v. Chr.) zum **frühklassischen Latein** (1. Jh. v. Chr.) einen Ausleseprozess. Da vermeintlich Veraltetes oder der städtischen Redeweise Unangemessenes ausschied, kam es zu einer Verknappung des literarisch aktiven Wortschatzes. Dieser stehen indes Neuprägungen (**Neologismen**) gegenüber, die sich durch die Aneignung der griechischen Philosophie auch im Medium der lateinischen Sprache als erforderlich erwiesen.

Im Bereich der Satzfügung (**Syntax**) erfolgte ebenfalls eine recht strenge Regulierung, etwa in Form der Reduzierung von Kasusrektionsalternativen (damit ist gemeint, dass einzelne Verben nicht mehr *verschiedene* Kasus nach sich ziehen konnten, sondern nur mehr einen bestimmten). Gleichzeitig führte die Orientierung an griechischen Vorbildern (*exemplaria Graeca*) zu einer Vorliebe für **Hypotaxen** (mehr oder minder komplexe Perioden von Haupt- und Gliedsätzen) anstelle der für das frühere Latein typischen **Parataxen** (Beiordnung von Hauptsätzen).

Bemerkenswert ist die **Formstabilität** in Phonetik, Morphologie und Syntax, die das Lateinische seit der **Frühklassik** mindestens bis ins 2. Jh. n. Chr., das heißt in seiner literarisch erfolgreichsten und wirkungsmächtigsten Epoche, bewahrt hat. Gleichwohl blieb die lateinische Sprache flexibel genug, um die Entfaltung unterschiedlicher **Stilhöhen** (*genus grande*, *genus medium*, *genus humile*), rhetorische **Stilanlehnungen** (attizistisch versus asianisch) und literarische **Stilprägungen** (vorklassisch – klassisch – nachklassisch) zu befördern. Zudem gab es Bedeutungsverschiebungen (semantische Nuancierungen) im Vokabular und eine zunehmende Verschmelzung der früher strenger geschiedenen Sprachnormen für **Prosa** (ungebundene Literatur) und **Poesie** (metrisch gebundene Literatur).

Die Entwicklung der lateinischen Sprache in der literarischen Phase wird aufgrund der herausragenden Bedeutung der Werke mit der Einteilung der **Epochen** der lateinischen Literatur koordiniert – Manfred Fuhrmann (*Geschichte der römischen Literatur*, Stuttgart 1999, S. 46) untergliedert nach folgendem Schema, das eine gute Orientierung zur Einordnung der Autoren und ihrer Werke in ihre Traditionsstränge bietet:

1) **Archaik** oder **Vorklassik** (um 240 v. Chr. – Ende des 2. Jh.s v. Chr.): vom Multitalent Livius Andronicus bis zum Satirendichter Lucilius.
2) **Klassik** oder **»Goldene Latinität«** (1. Jh. v. Chr. – Augustus' Tod 14 n. Chr.): von Catull, Lukrez und Cicero bis Livius und Ovid. Die allermeisten abiturrelevanten Autoren wirkten in dieser zentralen Periode der lateinischen Sprach- und Literaturgeschichte.
3) **Nachklassik**, **Manierismus** oder **»Silberne Latinität«** (14 – um 240 n. Chr.): von Seneca senior und Seneca iunior bis zum weitgehenden Versiegen der literarischen Produktion.

Während die altlateinische Literatur infolge ihrer experimentierfreudigen und lebenskräftigen Aneignung griechischer Vorbilder (besonders gut ersichtlich an den erhaltenen Komödien) ein buntes, teilweise stark an das Griechische anklingendes Vokabular aufwies und in der Syntax Merkmale der gesprochenen Sprache in hohem Maß zuließ, dämpfte die **Klassik** diese sprachschöpferische Kreativität und fand nach gängiger Auffassung in der Prosa der Autoren Gaius Iulius **Caesar** und Marcus Tullius **Cicero** ihre Meister. Diese gelten bis heute als stilbildendes Muster und Maßstab beim Verfassen klassischer lateinischer Texte.

Schon in der Nachklassik interpretierten bedeutende Autoren dieses Korsett kreativ. So verwendeten der Philosoph und Dramatiker **Seneca der Jüngere** sowie der Historiker Cornelius **Tacitus** zunehmend Wörter, die bislang der Dichtung vorbehalten waren. Zudem drängten sie die ciceronische Neigung, durch teilweise verschlungene Satzperioden rhetorisch aufzutrumpfen, zugunsten der Prägnanz (*brevitas*) und scharfsinnigen Pointe (*acumen*) zurück. Auch die Dichter dieser Epoche interpretierten ihre klassischen Vorbilder im Sinne von Würze (*sal* – »Salz«) und Anmut (*lepos*) immer wieder neu.

Bereits im 2. Jh. n. Chr. bereicherte das Aufkommen der ersten lateinischen Bibelübersetzung (*Vetus Latina*) den lateinischen Sprachschatz durch die Übermittlung griechisch-hellenistischer Elemente, die ihrerseits hebräisch-aramäische Traditionen überformten. Dies bereitete den Boden für das nicht nur sprachlich, sondern auch in der Vorstellungswelt mehr und mehr **christlich geprägte Latein**.

In der Phase der **Spätantike** arbeiteten christliche Autoren neben und in Konkurrenz mit heidnischen (paganen) Schriftstellern an der Weiterentwicklung der lateinischen Sprache zum Schlüsselmedium höherer Bildung in theologischen, philosophischen und sprachwissenschaftlichen Grundlagenwerken (Grammatiken). Diese Epoche erstreckt sich etwa vom 3./4. Jh. n. Chr. bis über das Ende des Weströmischen Reiches (476 n. Chr.) hinaus ins 6. Jh. n. Chr. und reicht bis an die Schwelle des **Mittelalters**.

Den Bildungsreformen insbesondere **Karls des Großen** (um 800) ist es zu verdanken, dass auch im christlichen **Mittelalter** das Lateinische das Ausdrucksmittel der Gebildeten blieb. Entsprechend dieser eminent praktischen Bedeutung hat sich das Lateinische in diesen Jahrhunderten (bis um 1400) in vielfältigster Weise und mit großen regionalen und fachspezifischen Unterschieden in Lexik (Wortschatz), Morphologie und Syntax an neue Gegebenheiten angepasst. Seinen Stellenwert als Verständigungsmedium büßte es allerdings niemals ein.

Zu Beginn der **Neuzeit** (um 1400–1600) besannen sich Gelehrte, Dichter und Publizisten (zunächst in Italien, später in ganz Europa) stark auf die klassische Tradition der lateinischen und (nach der Gelehrtenflucht infolge des Falls von Konstantinopel im Jahr 1453) auch wieder der griechischen Literatur. In dieser

Phase der »Wiedergeburt« der Antike (Renaissance) wollte man die lateinische Sprache von ihren starken mittelalterlichen ›Gebrauchsspuren‹ reinigen, um dem als Ideal verehrten Prosastil Ciceros und dem Dichtungsstil Vergils nachzueifern (*imitatio*).

Insbesondere die frühe Neuzeit mit ihren auch als Bildungsbewegungen zu begreifenden religionspolitischen Umbrüchen der Reformation und Gegenreformation brachte eine überreiche lateinische Literatur hervor, deren Sprachform als Neulatein oder neuzeitliches Latein bezeichnet wird. Trotz des vorherrschenden ›Klassizismus‹ im beschriebenen Sinn ist die Bandbreite von Anpassungen an neuere Entwicklungen auch hier ungemein groß. Der für den Unterricht im 17. Jh. maßgebliche *Orbis Sensualium Pictus* des Johann Amos Comenius (1592–1670) lehrt die lateinische Sprache als Ausdrucksmittel für sämtliche Dinge und Sachverhalte der historischen wie der jeweils gegenwärtigen Kultur. In diesem Sinn wurden (wie ohnehin in den Fachsprachen der wissenschaftlichen Disziplinen) für Erfindungen und sonstige Neuheiten der Zeit lateinische Begriffe unter Rückgriff auf den antiken Sprachbestand und auch die mittelalterliche Tradition neu geprägt.

Diese Tendenz setzt sich im Gegenwartslatein fort, für das etwa ein umfassendes *Lexicon Latinum hodiernum vel Vocabularium Latinitatis huius aetatis* oder auch Bildwörterbücher zur Verfügung stehen. Hier erfährt man etwa, dass »Bildschirm« *quadrum visificum* bedeutet. Auch wenn dieser Begriff in antiken Texten nicht vorkommt, ist das Sprachmaterial lehrreich: Das Adjektiv *visificum* lässt sich aus *videre* und *facere* ableiten. Die sprachgeschichtliche Verbindung zum antiken Latein ist also noch enger als bei Lehn- und Fremdwörtern im Deutschen (wie »Vision«) oder in anderen Sprachen, die sich aus der **Basissprache Latein** entwickelt haben: engl. *vision*; frz. *(la) vision*; ital. *(la) visione*; span. *(la) visión*.

Der epochale Erfolg des Lateinischen als Weltsprache der Kultur liegt also sowohl in der seit der Klassik weitgehend unveränderten **Bestandssicherheit** der hohen Schriftsprache bei gleichzeitig großer Flexibilität und Entwicklungsoffenheit der gesprochenen Verständigungssprache begründet. Aus dem bereits in der Kaiserzeit belegten sog. **Vulgärlatein**, literarisch durch die Sprache der Freigelassenen in den *Satyrica* des Petron bezeugt, gingen die **romanischen Sprachen** hervor. Zunächst bestanden diese als sog. Volkssprachen neben dem Lateinischen, wurden dann aber seit dem Mittelalter, ähnlich wie das Englische und Deutsche, literaturfähig, um das Lateinische dann nach und nach in den Bereichen, in denen dieses bis in die Moderne Verwendung fand, zu ersetzen, zuletzt als allgemeine Wissenschaftssprache – bis ins 19. Jh. hinein wurden Dissertationen und Abhandlungen auch in anderen Fächern auf Latein verfasst.

Zeittafel: Geschichte und Literatur der Antike

Wer Autoren und ihre Werke in ihrem geschichtlichen und literarischen Umfeld deuten und Kontexte treffend beschreiben will, muss dazu in der Lage sein, sie chronologisch und historisch einzuordnen. Die folgende schematische Darstellung liefert hierfür Daten und Anhaltspunkte. Vielfach jedoch sind literaturgeschichtliche Daten nur Näherungswerte, weil exakte zeitliche Festlegungen (**absolute Datierungen**) aufgrund der lückenhaften Überlieferung und der großen zeitlichen Distanz unerreichbar bleiben. Oft ist nur eine Datierung im Verhältnis zu jeweils anderen Autoren und Werken möglich (**relative Datierung**).

Die **politische Geschichte** Griechenlands und diejenige Roms sind in vielfältiger Weise miteinander vernetzt. Süditalien und Sizilien gehörten schon zur Zeit der Gründung Roms als Großgriechenland (*Magna Graecia*) dem griechischen Kulturraum an. Die überlieferte lateinische Literatur nahm in diesen Gebieten ihren Anfang und zeigte sich von vornherein den griechischen Vorbildern zutiefst verpflichtet. Aus diesem Grund veranschaulicht die folgende Liste die Verbindung von Griechenland und Rom (historisch und literarisch) ebenso wie die durchgehende enge Verbindung von Geschichte und Literatur.

Geschichtliche Ereignisse und Entwicklungen schaffen Bedingungen, Anlässe und Gegenstände literarischer Werke. Diese wiederum nehmen als **Geschichtswerke im engeren Sinn** darstellend auf historische Ereignisse und Entwicklungen Bezug. Als **Zeitdokumente** im weiteren Sinn können alle literarischen Werke gelten. Sie kennzeichnen nicht nur eine bestimmte Phase im Leben ihres Autors, sondern deuten in mehr oder minder unmittelbarer Art und oft in künstlerisch stark verfremdeten Formen die von diesem erlebte Wirklichkeit. Vermeintliche oder tatsächliche ›Skandalwerke‹ wie die *Ars amatoria*, die der Dichter Publius Ovidius Naso unter Kaiser Augustus um 2 n. Chr. veröffentlichte, gewannen selbst historischen Rang als Meilensteine der Kulturpolitik: Die *Ars* musste etwa als Grund für die Verbannung (*relegatio*) ihres Verfassers aus der Hauptstadt Rom ans ›Ende der Welt‹ in Tomi am Schwarzen Meer durch den hier als Sittenrichter handelnden und zensierenden Kaiser herhalten.

Die Ereignisse der römischen Geschichte vor ca. 350 v. Chr. sind historisch nicht gesichert – oft vermischen sich hier Mythos und Geschichte. Für eine ausführlichere Chronologie siehe: Marieluise Deißmann (Hrsg.), *Daten zur antiken Chronologie und Geschichte*, Stuttgart 1990, S. 136–213. Für eingehendere Informationen zu den einzelnen Autoren und Werken siehe in den Modulen II und III (sowie das Register).

Jahr(e)	Politische Ereignisse	Literatur (lateinische Literatur ist zur Abgrenzung von der griechischen blau gesetzt)
um 1184 v. Chr.	mythische Datierung des Trojanischen Krieges	
um 1181	mythische Gründung Laviniums durch Aeneas	
um 1151	mythische Gründung Alba Longas durch Ascanius, den Sohn des Aeneas	
ca. 800–500		**griechische Archaik**; 8. Jh.: Homer: *Ilias*, *Odyssee*; Hesiod
753	Gründung Roms durch Romulus am 21. April (laut der Zeitrechnung des römischen Antiquars Varro)	
753–510	römische Königszeit; die Könige waren: Romulus, Numa Pompilius (Stifter religiöser Kulte), Tullus Hostilius (Expansion in Latium), Ancus Marcius (angeblicher Vorfahre Caesars), Tarquinius Priscus (etruskischer Herkunft), Servius Tullius (unadeliger Herkunft) und Tarquinius Superbus (tyrannische Herrschaft)	

ca. 630–440		ionische Naturphilosophen / »Vorsokratiker«: Thales von Milet; Heraklit; Anaximander; Xenophanes; Empedokles; Parmenides; Gorgias; Protagoras; Anaxagoras; Demokrit
594	Reformen Solons in Athen: Abschaffung der Schuldknechtschaft, schriftliche Fixierung der Gesetze	um 600: Sappho von Lesbos und Alkaios
um 530	Pythagoras wirkt in Kroton in Unteritalien	Äsop: *Fabeln*
509	in Rom Vergewaltigung der Lucretia durch den Königssohn Sextus Tarquinius; Vertreibung des letzten Königs Tarquinius Superbus; Einrichtung der Republik durch die ersten Konsuln Lucius Iunius Brutus und Lucretias Ehemann Lucius Tarquinius Collatinus; in Athen Reformen des Kleisthenes: entscheidender Schritt zur Demokratie	
ca. 500–336		**griechische Klassik**

509 – um 387	in Rom Zeit der Ständekämpfe zwischen Patriziern und Plebejern; Auszug der Plebejer auf den *mons sacer* (494); Menenius Agrippa erzählt die Parabel vom Magen und von den Gliedern; Einrichtung des Volkstribunats	
496	Schlacht am *lacus Regillus*: endgültiger Sieg der Römer über Tarquinius Superbus dank der Unterstützung durch die Dioskuren Kastor und Pollux	
ca. 500 – 479	Kriege der Perserkönige Dareios und Xerxes gegen die Griechen mit den persischen Niederlagen in den Schlachten bei Marathon (490), Salamis (480) und Plataiai (479)	
472–458		Aischylos: *Die Perser*, *Die Sieben gegen Theben*, *Orestie*
458	in Rom erste Dictatur des Lucius Quinctius Cincinnatus: er besiegt die Aequer und gibt sein Amt nach 16 Tagen zurück	

um 450	erstmalige Verschriftlichung des römischen Rechts durch Kodifizierung des *Zwölf-Tafel-Gesetzes*; Bauprogramm des Perikles in Athen: Parthenontempel auf der Akropolis	*Zwölf-Tafel-Gesetze* (Leges Duodecim Tabularum); Herodot: *Historien*
ca. 446–365	Marcus Furius Camillus: Zensor, fünfmaliger Dictator, »zweiter Gründer Roms«	
439	in Rom zweite Dictatur des Cincinnatus: er besiegt Spurius Maelius in einem Bürgerkrieg und gibt sein Amt nach 21 Tagen zurück	
431–404	Der Peloponnesische Krieg zwischen Athen und Sparta (sowie deren Verbündeten) erfasst ganz Griechenland; die Belagerung Athens 405/404 endet mit dem Sieg Spartas	Sophokles: *Antigone*, *König Ödipus*; Euripides: *Medea*, *Hippolytos*, *Orestes*; Thukydides: *Der Peloponnesische Krieg*; Aristophanes: *Die Ritter*, *Lysistrate*, *Die Wolken*
406–396	Krieg Roms gegen die Etruskerstadt Veji um die Vorherrschaft in Latium; nach der Zerstörung Vejis Triumphzug des Camillus	

399	Verurteilung und Selbstmord des Sokrates in Athen	
390 (oder 387)	Galliersturm: römische Niederlage in der Schlacht an der Allia und Eroberung Roms durch die Senonen unter Brennus; Abzug erst nach hohen Geldzahlungen; Vereitelung des Plans, Rom zu verlassen und nach Veji umzuziehen, durch Camillus; Gründung der platonischen Akademie in Athen	Zerstörung der alten schriftlichen Aufzeichnungen beim Brand Roms; Beginn der *Annales Maximi*, der historischen Notizen des Pontifex Maximus; Platon
um 380	nach der traumatischen gallischen Invasion: Bau der (heute teilweise noch erhaltenen) römischen Stadtmauer (sog. Servianische Mauern)	
367	in Rom Ende der Ständekämpfe: ein Konsulat pro Jahr einem Plebejer vorbehalten	
343–290	drei Samnitenkriege: Etablierung der Römer als vorherrschende Macht in Mittelitalien	Aristoteles; Demosthenes
340–338	Latinerkrieg: die Römer unterwerfen die Region Latium	

336–323	Feldzug Alexanders III. von Makedonien (genannt der Große) nach Osten; er erobert das Perserreich und Ägypten und zieht dann weiter Richtung Osten	
336–30		**Hellenismus**
323–281	Diadochenkriege zwischen Alexanders Nachfolgern in Griechenland, Kleinasien und Ägypten	Menander
280–275	Pyrrhuskrieg: Sieg der Römer über König Pyrrhus von Epirus (verlustreicher »Pyrrhussieg«); Süditalien fällt unter römische Vorherrschaft	Epikur; Zenon; Theokrit
264–241	1. Punischer Krieg: Karthager unter Führung von Hamilkar Barkas (Vater Hannibals); Verlust Siziliens an die Römer	Kallimachos
3./2. Jh.		**archaisches Latein / Altlatein**
240		**Livius Andronicus**: Aufführung eines ersten lateinischen Schauspiels
229–219	zwei illyrische Kriege: die Römer gewinnen die östliche Adriaküste	**Naevius**

227	Einrichtung der ersten römischen Provinz: Sicilia	
218–201	2. Punischer Krieg: Alpenüberquerung Hannibals und Schlachten an der Trebia (218), am Trasimenischen See (217), bei Cannae (216) und bei Zama (202); Rom wird vorherrschende Macht im westlichen Mittelmeer	Plautus: Komödien
214–148	vier makedonische Kriege: Krieg der Römer gegen Philipp V. von Makedonien; Rom erobert Griechenland	Ennius
197	Einrichtung der römischen Provinzen Hispania Ulterior und Hispania Citerior	
192–188	Krieg der Römer mit kleinasiatischen Bundesgenossen gegen das Seleukidenreich unter Antiochos III.; Kleinasien fällt an die römischen Bundesgenossen; Verbot des Dionysoskults in Rom im *senatus consultum de Bacchanalibus*	
166–160		Terenz: Komödien; Scipionenkreis

155	Ausweisung der Philosophengesandtschaft unter Karneades aus Rom	
149–146	3. Punischer Krieg: römische Belagerung und Zerstörung Karthagos; Zerstörung Korinths und Einrichtung der Provinz Macedonia	Tod Catos des Älteren (149)
133	in Rom Reformversuche des Tiberius Gracchus; sie münden in seiner Ermordung	
um 130		Lucilius: Satiren; Übersetzung der hebräischen Bibel ins Griechische (*Septuaginta*)
123–121	Gaius Gracchus will als Volkstribun die Reformen seines ermordeten Bruders Tiberius weiterführen; 121 wird er ermordet	
113–101	germanische Kimbern und Teutonen ziehen durch Italien bis nach Rom und fügen den Römern traumatische Niederlagen zu; Schlachten von Aquae Sextae 102 und Vercellae 101 enden mit dem endgültigen Sieg der Römer über die Kimbern unter der Führung des Marius	

112–106	erfolgreicher Krieg der Römer gegen den Numiderkönig Iugurtha	
107	erstes Konsulat des *homo novus* Gaius Marius (erneut Konsul 106, 104–100 [im Rahmen des Krieges gegen Kimbern und Teutonen], 86; verheiratet mit Caesars Tante Iulia); Beginn der Heeresreform	
106	Ciceros und Pompeius' (Magnus) Geburt	
100	Geburt Caesars	
1. Jh.		lateinische Klassik / »Goldene Latinität«
91–88	Bundesgenossenkrieg: Krieg der italischen Bundesgenossen zur Erlangung des Bürgerrechts; Niederlage der Römer	
88–87	erster Bürgerkrieg zwischen Marius (Vertreter der Popularen, die sich auf das Volk stützen) und Sulla (Vertreter der Optimaten, die sich auf den Senat stützen)	
88–63	Krieg der Römer gegen König Mithridates von Pontus; Rom erobert den Schwarzmeerraum	

83–81	zweiter Bürgerkrieg zwischen Sulla und den Nachfolgern des Marius; Sieg des Sulla	Sulla bringt die Bibliothek des Aristoteles nach Rom
82–79	Dictatur Sullas auf Lebenszeit, jedoch Niederlegung des Amtes 79	Cicero: *Pro Roscio Amerino*, danach Studienreise nach Athen und Rhodos
75	Quästur Ciceros in Lilybaeum (Sizilien)	
73–71	Spartacus-Aufstand: Erhebung von Sklaven und Gladiatoren unter Spartacus; Niederschlagung durch Crassus	
70	Konsulat von Pompeius und Crassus; Prozess gegen Verres (Ex-Statthalter von Sizilien)	Cicero: *Divinatio in Quintum Caecilium*; *In Verrem* I–II 5; Geburt Vergils
66	Übertragung eines außerordentlichen Oberbefehls auf Pompeius im Kampf gegen die Piraten; Prätur Ciceros	Cicero: *De imperio Gnaei Pompeii*; Ciceros Sekretär Tiro erfindet die Kurzschrift (Stenographie)
63	Konsulat von Marcus Tullius Cicero; Geburt des Octavius (nach Adoption durch Caesar »Octavianus«, ab 27 Augustus, »Erhabener«); Catilinarische Verschwörung; Caesar Pontifex Maximus; Pompeius erobert Jerusalem	Cicero: *In Catilinam* 1–4

62	Pompeius ernennt zahlreiche Klientelkönige im östlichen Mittelmeerraum	
60	»Erstes Triumvirat«: privater Zusammenschluss zwischen Pompeius, Crassus und Caesar	
59	Konsulat Caesars mit zahlreichen Rechtsbrüchen; Beginn der Hetzkampagne des Clodius gegen Cicero	
58	Cicero wird ins Exil verbannt	
58–51	Caesar erobert Gallien als Prokonsul von Gallien und Illyrien	
57	Rückkehr Ciceros aus dem Exil auf Veranlassung des Volkstribuns Milo	
56	Die Triumvirn legen auf der Konferenz von Lucca Differenzen bei: Vereinbarung eines gemeinsamen Konsulats für Pompeius und Crassus für 55; außerordentliche Verlängerung des Prokonsulats Caesars in Gallien	

55	Caesar überschreitet den Rhein und segelt nach Britannien	Cicero: *De oratore*; Catull: *Carmina*
53	vernichtende Niederlage und Tod von Crassus und dessen jüngerem Sohn Publius in der Schlacht bei Carrhae gegen die Parther; Verlust der römischen Feldzeichen	Lukrez: *De rerum natura*
52	entscheidender Sieg Caesars über die Gallier unter Vercingetorix bei Alesia; Ermordung des Clodius durch Milo	Cicero: *Pro Milone*
51	Cicero Statthalter in Kilikien	Caesar: *Commentarii de bello Gallico*; Cicero: *De re publica*
50	Verhandlungen zwischen Caesar, Pompeius und dem Senat scheitern	
49–45	Bürgerkrieg zwischen Caesar und Pompeius/Senat: laut dem *senatus consultum ultimum* von 49 soll Pompeius die *res publica* vor Caesar schützen; Überschreitung des Rubicons (Grenzfluss zwischen der gallischen Provinz und dem Kernland Italiens); Flucht großer Teile des Senats	Caesar: *Commentarii de bello civili*; Cicero: *Pro Marcello*; *Orator*; *Brutus* (46); *De finibus bonorum et malorum*; *Cato* (45); Brand der Bibliothek von Alexandria mit Verlust der unermesslich großen literarischen Sammlung (48)

	mit Pompeius nach Griechenland; kampfloser Einzug Caesars in Rom; Kämpfe in Spanien, Südgallien und Afrika; 48: Schlacht bei Dyrrhachium (Griechenland); Niederlage Caesars; militärisches Fiasko knapp vermieden; entscheidende Schlacht von Pharsalos (Griechenland); Sieg Caesars über Pompeius und Senatstruppen; Begnadigung von Cicero und Brutus; Flucht des Pompeius nach Ägypten; Pompeius' Ermordung in Ägypten auf Befehl des Pharaos Ptolemaios; Bellum Alexandrinum: Bürgerkrieg in Ägypten; Caesar trifft die Pharaonin Kleopatra und zeugt mit ihr den unehelichen Sohn Caesarion; 47: Krieg gegen Pontus (Kleinasien); schneller Sieg Caesars in der Schlacht von Zela (*veni, vidi, vici*); Caesar in Italien und Afrika; 46: Bellum Africum; Caesar schlägt die Senatstruppen sowie den Numiderkönig Iuba I. in der Schlacht von Thapsus (Afrika); Cato	

	begeht bei Utica Suizid und erhält daher den Beinamen Uticensis; dreifacher Triumph Caesars nach der Rückkehr nach Rom; Einweihung des Forum Iulium nahe dem Forum Romanum; 45: Schlacht bei Munda (Spanien) – letzte Schlacht des Bürgerkriegs; Caesar siegt über die Söhne des Pompeius und seinen ehemaligen Kommandeur Labienus; Kalenderreform Caesars (Iulianischer Kalender)	
44	Ernennung Caesars zum Dictator auf Lebenszeit; Ermordung Caesars durch Brutus, Cassius und andere Senatoren an den Iden des März (15. März); Auslösung eines erneuten Bürgerkriegs: zwischen den Caesarmördern und den Caesarianern	Cicero: *De natura deorum*; *De officiis*; *Tusculanae disputationes*; *Philippicae* 1 und 2
43	Proskriptionen des neuen Triumvirats unter Caesars Adoptivsohn Octavian (Adoption durch Testament) und seinen Getreuen Antonius und Lepidus; Ermordung Ciceros	Cicero: *Philippicae* 3–14

42	Doppelschlacht von Philippi: Sieg Octavians mithilfe des Antonius über die Senatstruppen unter den Caesarmördern Cassius und Brutus; umfassende Landenteignungen zur Vergabe an Veteranen	
40	Apotheose Caesars; Bellum Perusianum: die Stadt Perusia (heute Perugia) unter Lucius Antonius und Fulvia (Bruder und Frau des Marcus Antonius) wird von Octavian belagert und ausgehungert, 300 Senatoren und Ritter werden an einem Altar für Divus Iulius als Opfer hingerichtet; Antonius trifft in Kleinasien Kleopatra; Hochzeit von Antonius und Octavia, der Schwester Octavians; Herodes wird König in Judäa	Sallust: *Coniuratio Catilinae*; *Bellum Iugurthinum*; Vergil: *Eclogae*; Literaturförderung durch Octavians Freund Maecenas (Maecenaskreis)
38	Octavian heiratet Livia Drusilla, die ihre Söhne Tiberius und Drusus mit in die Ehe bringt	

37	Heirat zwischen Kleopatra und Antonius, obwohl dieser noch mit Octavia verheiratet ist	
36	Sieg Octavians über Sextus Pompeius (Sohn Pompeius' des Großen) bei Naulochos auf Sizilien; Aufstand des Lepidus gegen Octavian scheitert; er wird ausgeschaltet; Verstoßung Octavias durch Antonius zugunsten der Kleopatra; Entfremdung von Antonius und Octavian	
36–33	Antonius zieht gegen das Partherreich zur Wiedergewinnung der von Crassus 53 verlorenen Feldzeichen; der Feldzug scheitert; Vergabe von Klientelkönigreichen des Ostens an die Kinder von Antonius und Kleopatra; Octavian nutzt dies, um den Senat gegen Antonius zu mobilisieren	
31	Schlacht bei Actium: Sieg Octavians über Antonius und Kleopatra; Sicherung der Macht Octavians; bis 23 ist er von nun an jährlich Konsul	

30	Suizid von Antonius und Kleopatra; Einrichtung der Provinz Aegyptia; Octavian erhält auf Lebenszeit die Machtbefugnisse eines Volkstribuns	Nepos: *De viris illustribus*; Horaz: *Epoden*; *Sermones*
29	dreifacher Triumph Octavians in Rom; Weihung des Tempels des Divus Iulius; Schließung der Tore des Janustempels steht symbolisch für das Ende aller Kriege	Vergil: *Georgica*
28	Weihung des Apollontempels auf dem Palatin; Baubeginn am Mausoleum Octavians	
27	Octavian gibt dem Senat die Sonderbefugnisse des Triumvirats zurück und erhält im Gegenzug den Titel Augustus sowie den Oberbefehl über alle Provinzen; dies macht ihn im Verbund mit den Machtbefugnissen eines Volkstribuns zum mächtigsten Mann Roms	
23	schwere Krankheit des Augustus; Teile seiner Befugnisse werden auf Lebenszeit verlängert	Horaz: *Oden* 1–3

22	Augustus lehnt, in Erinnerung an das Schicksal Caesars, die Dictatur und ein lebenslanges Konsulat ab	Vitruv: *De architectura*
20	Feldzug gegen die Parther und Rückgabe der von Crassus verlorenen Feldzeichen auf diplomatischem Weg; Krieg des Tiberius in Armenien	Tibull: *Elegien*
19	Triumphbogen des Augustus in Rom	Vergil: *Aeneis* (postum)
18	Ehe- und Sittengesetze des Augustus (*leges Iuliae*)	
17	Feier der *ludi saeculares* als Propagandafest des Augustus	Horaz: *Carmen saeculare*; *Oden* 4
16/15	Germanenkriege: Einrichtung der Provinzen Raetia und Noricum sowie von Stützpunkten am Rhein	Properz: *Elegien*
12	Augustus wird Pontifex Maximus	
9	Weihung der Ara pacis Augustae, des augusteischen Friedensaltars	
7–4	ungefähr zu dieser Zeit wird Jesus von Nazareth geboren	

2 v. Chr.	Iulia, die Tochter des Augustus, wird wegen Ehebruchs verurteilt und ins Exil verbannt; Augustus erhält den Titel *pater patriae*; Einweihung des Forum Augustum	

Aureus (Goldmünze) aus dem Jahr 12 v. Chr., geprägt in Rom – © bpk / The Trustees of the British Museum

Die Vorderseite zeigt den Princeps, jugendlich dargestellt, im Profil; er wurde in diesem Jahr Oberprieser (Pontifex Maximus). Beischrift rechts: »AUGUSTUS« (»Erhabener«; der Ehrentitel wurde ihm 27 v. Chr. verliehen); Beischrift links: »DIVI F(ilius)« (»des Vergöttlichten Sohn«; eine Anspielung auf seine testamentarische Adoption durch Caesar).
Die Rückseite der Münze zeigt eine verschlossene Doppeltür, die das Haus des Augustus versinnbildlicht. Mit Augustus' Erhebung zum Oberpriester wurde sein Haus zum öffentlichen Eigentum. Die Haustür flankieren links und rechts Lorbeerzweige, direkt über ihr ist ein Lorbeerkranz zu sehen. Beischrift: L(ucius) CANINIUS GALLUS (er ließ die Münze prägen); »OB C(ives) S(ervatos)« (»für die Bürgerrettung«; = der Grund der Kaiserehrung). Die Münze ehrt somit den ersten Princeps als Sieger im Bürgerkrieg und Retter seiner Bürgerschaft, und die Sieges- und Ehrenpflanze, die der Mythos aus der Nymphe Daphne hervorgehen lässt, ist hier aufs engste mit ihm verbunden.

4 n. Chr.	Augustus adoptiert (nach dem Tod seiner Enkel) Tiberius; Feldzüge in Germanien	
8	Verbannung Ovids	Ovid: *Metamorphosen*
9	Varusschlacht: Varus verliert in der Schlacht gegen die Germanen unter Arminius im Teutoburger Wald drei Legionen	
14	Tod des Augustus; Herrschaftsantritt seines Adoptivsohnes Tiberius, der seinen Neffen Germanicus adoptiert; Germanicus verhindert eine Meuterei der Rheinlegionen gegen Tiberius; Seian wird Prätorianerpräfekt	Augustus: *Res gestae divi Augusti*; Livius: *Ab urbe condita*
14 – um 240		Nachklassik / Manierismus / »Silberne Latinität«
17	Triumphzug des Germanicus wegen seiner Erfolge gegen die Germanen	
19	Germanicus besucht Ägypten und wird dort wie ein Kaiser empfangen; er kommt in Syrien unter mysteriösen Umständen ums Leben	

20	Prozess gegen den syrischen Statthalter Piso, der der Ermordung des Germanicus beschuldigt wird; Gerüchte, Tiberius habe Germanicus als potentiellen Konkurrenten ausschalten lassen	
27	Rückzug des Tiberius in die Villa Iovis auf Capri; Seian regiert an seiner statt in Rom und stellt Tiberius nach und nach kalt	
30	nach dem Tod Livias lässt Seian die Söhne der Agrippina töten	
31	gescheiterter Putschversuch des Seian führt zu dessen Hinrichtung; ungefähr zu dieser Zeit wird Jesus in Jerusalem gekreuzigt	
37	Tod des Tiberius; Herrschaftsantritt seines Großneffen Gaius (Caligula, »Stiefelchen«, genannt)	Phaedrus: *Fabeln*
40	Aufstände in Mauretanien und Judäa gegen den zunehmend irrational agierenden Caligula	

41	Ermordung Caligulas durch seine Leibgarde; Herrschaftsantritt seines Onkels Claudius; Exilierung Senecas nach Korsika	
43	Einrichtung der Provinz Britannia	
48	Hinrichtung der Messalina, der Frau des Claudius, die einen Putsch gegen den Kaiser plante; Heirat des Claudius mit seiner Nichte Agrippina, der Mutter Neros	
49	Rückberufung Senecas aus dem Exil und Ernennung zum Prinzenerzieher Neros	
54	Vergiftung des Claudius; Herrschaftsantritt seines Stiefsohnes Nero, der zuvor adoptiert und mit Claudius' Tochter Octavia verheiratet wurde	Seneca: *Apocolocyntosis*
59	Ermordung Agrippinas durch ihren Sohn Nero, dessen Herrschaft sich im Folgenden in zunehmenden Wahnsinn wandelt	
62	Sturz Senecas und Scheidung Neros von Octavia, der Tochter des Claudius	Seneca: *Dialogi*

64	Großer Brand Roms; Nero macht dafür die Christen verantwortlich; in der sich anschließenden Christenverfolgung finden die Apostel Petrus und Paulus den Tod; Ausweitung von Neros Palast, der Domus Aurea	Paulusbriefe; **Seneca:** ***Epistulae morales***
65	Pisonische Verschwörung; Lucan und sein Onkel Seneca sowie Petron werden wie viele andere der Beteiligung bezichtigt und zum Suizid gezwungen	**Petron:** ***Satyrica***
66–74	jüdischer Aufstand, der in den Großen Jüdischen Krieg mündet; 73: Fall der Festung Masada	
68	Aufstand verschiedener Provinzstatthalter gegen Nero; Selbstmord Neros und Herrschaftsantritt Galbas, des Statthalters von Hispania	
68/69	Vierkaiserjahr: Galba, Otho, Vitellius, Vespasian; Ende des Bürgerkriegs infolge der Eroberung Roms durch die Truppen Vespasians, bei der der Jupitertempel auf dem Kapitol zerstört wird	Markusevangelium (vermutet); **Quintilian** erhält die erste staatlich bezahlte Rhetorikprofessur Roms

69–79	Kaiser Vespasian	Flavius Josephus: *Bellum Iudaicum*
79–81	Kaiser Titus (Sohn Vespasians)	
79	Vesuvausbruch mit Zerstörung von Pompeji und Herculaneum	Tod Plinius' des Älteren
80	Einweihung des Amphitheatrum Flavium (Kolosseum); weiterer Brand Roms (Kapitol und Marsfeld) mit anschließender Seuche	Martial: *Liber spectaculorum*; Matthäus- und Lukasevangelium, Apostelgeschichte (vermutet)
81–96	Kaiser Domitian (Bruder des Titus; mit seiner Ermordung endet die flavische Dynastie)	Quintilian: *Institutio oratoria*; Johannesevangelium (vermutet)
96–98	Kaiser Nerva (ein alter Senator)	
97	Tacitus Konsul; Einweihung des Forum Nervae	
98–117	Kaiser Traian (Adoptivsohn Nervas)	Tacitus: *Agricola*; *Germania*
100	Plinius Konsul zusammen mit Traian; danach Plinius Statthalter in Bithynien; Traian erhält den Titel Princeps Optimus	Plinius: *Panegyricus Traiani*; *Epistulae*; Martial: *Epigrammata*
101–106	Dakerkriege Traians; Dakien (das heutige Rumänien) wird Provinz	

112	Weihung des Forum Traiani mit der Traianssäule	Tacitus: *Historiae*
117	größte Ausdehnung des Römischen Reiches: von Schottland bis Nordafrika, von Spanien bis an den Persischen Golf	Tacitus: *Annales*
117–138	Kaiser Hadrian (Adoptivsohn Traians)	
125	Fertigstellung des Pantheons in Rom; Bau des Hadrianswalls in Nordbritannien	Sueton: *De vita Caesarum*
132–135	jüdischer Aufstand in Judäa unter Simon Bar Kochba; Niederschlagung und Beginn der jüdischen Diaspora	
138–161	Kaiser Antoninus Pius	
150–160	massiver Ausbau des Limes	
161–180	Kaiser Marcus Aurelius (161–169 zusammen mit Lucius Verus)	Marcus Aurelius: *Selbstbetrachtungen*
180–192	Kaiser Commodus (mit seinem Sturz endet die Zeit der »Adoptivkaiser«; danach: Bürgerkrieg zwischen verschiedenen Heerführern, aus dem Septimius Severus siegreich hervorgeht)	

193–235	severische Dynastie	
235–284	sog. Reichskrise des 3. Jh.s: nacheinander zahlreiche Kaiser, die sich vor allem auf das Militär stützen	Plotin (Neuplatonismus)
247	Tausendjahrfeier Roms unter Kaiser Philippus Arabs	
275	Einrichtung eines Staatskultes für Sol Invictus, doch dieser Sonnengott wird nach kurzer Zeit bereits wieder abgeschafft; Tod des Kaisers Aurelian, dem es zuvor gelang, die abgespaltenen Reichsteile in Gallien, Britannien und im Osten wieder unter die römische Herrschaft zu bringen	
284–325	Tetrarchie: Aufteilung des Römischen Reiches unter nominell vier (griech. *téttera*) Herrschern auf Veranlassung des Diokletian	
312	Sieg Konstantins bei der Milvischen Brücke; legendenhafte Hinwendung des Kaisers zum Christentum	Laktanz: *Institutiones Divinae*

312 – um 450	Christianisierung des Römischen Reiches	um 400 endgültige Festlegung des biblischen Kanons der Christen
324	Umbau der Stadt Byzantion in Konstantinopel, das neue Hauptstadt wird	
363	Tod Kaiser Iulians, des letzten Angehörigen der Dynastie Konstantins und des letzten heidnischen Kaisers	
378	Donauübergang der Goten; Sieg der Goten in der Schlacht bei Adrianopel, in der Kaiser Valens stirbt	
395	nach dem Tod Kaiser Theodosius' des Großen Reichsteilung in Ost- und Weströmisches Reich, die nominell zusammengehören, aber fortan die meiste Zeit getrennt regiert werden	Bibelübersetzung des Hieronymus (*Vulgata*); Augustinus: *Confessiones*
402	Ravenna wird Hauptstadt des Westreiches	
406	Einfall von Vandalen, Alanen und Sueben über den Rhein; Verlust von Britannien	
410	Plünderung Roms durch die Goten unter Alarich	Augustinus: *De civitate Dei*

418	Hispania wird den Goten als Siedlungsort überlassen	Orosius: *Historiae adversum paganos*
429–439	Verlust Nordafrikas an die Vandalen	
451	Sieg der Römer über den Hunnen Attila auf den Katalaunischen Feldern	
455	erneuter Bürgerkrieg im Westen; Plünderung Roms durch die Vandalen	
476	Absetzung des letzten weströmischen Kaisers Romulus Augustulus durch den Germanen Odoaker; Ende des Weströmischen Reiches	
529	Einrichtung des Klosters Monte Cassino durch Benedikt von Nursia	Schließung der platonischen Akademie durch Kaiser Iustinian; *Codex Iustinianus*
537	Weihung der Hagia Sophia in Konstantinopel durch Kaiser Iustinian	
565	Tod des byzantinischen Kaisers Iustinian, unter dem Italien, Nordafrika und Teile Spaniens erneut unter römische Herrschaft gekommen waren	
1453	Fall Konstantinopels an die Osmanen; Ende des Oströmischen Reiches	

Karte 1: Das Römische Reich beim Tod des Augustus

Mare Caspium
Danuvius
Moesia
Pontus Euxinus
Byzantium
Bithynia
Pontus
cedonia
Galatia
Asia
Ephesus
Athen
Achaia
Cilicia
Antiochia
Tigris
Euphratus
Syria
Creta
Cyprus
Tyrus
r n u m
Alexandria
yrenaica
Memphis
Aegyptus

GALLIA TRANSPADANA
Comum (Como)
Lacus Benacus (Gardasee)
Opitergium (Oderzo)
Aquileia
Mediolanum (Mailand)
Vercellae
Ticinus
Sirmio
Verona
Altinum
Eridanos
Padus (Po)
Cremona
Bedriacum
Patavium (Padua)
ISTRIEN
Placentia (Piacenza)
Mantua
Pollentia
GALLIA CISALPINA
Atria
LIGURIEN
Bobbio
Trebia
Parma
Mutina (Modena)
Genua (Genova)
Bononia (Bologna)
Ravenna
Apenninen
Nicaea (Nizza)
Luca (Lucca)
Rubicon
Ariminum (Rimini)
Fiesole
Sarsina
Pisaurum
Arnus (Arno)
UMBRIEN
Metaurus
Volaterrae (Volterra)
Arretium (Arezzo)
Tiber
Tifernum
Sentinum (Sassoferrato)
ETRURIEN
Cortona
Pollentia
Lacus Trasimenus
Perusia (Perugia)
Populonia
Asisium (Assisi)
PICENUM
Vetulonia
Roselle
Clusium
Asculum
Elba
Saturnia
Volsinii (Bolsena)
Telamon
Ameria
Korsika
Vulci
Falerii
Reate
Amiternum
Tarquinii
Cures
Caere
Veii
Nomentum
Corfinium
Tibur (Tivoli)
Sulmo
Rom
Praeneste
Ostia
Tusculum
Bovillae
Aricia
Arpinum
Aesernia
Alba Longa
Lanuvium
Lavinium
Setia
Monte Cassino
Antium (Anzio)
Aquinum
Forum Appii
LATIUM
SAMNIUM
Circei
Formiae
Tarracina
Sinuessa
Beneventum
Capua
Atella
Caudium
Liternum
Nola
Cumae
KAMPA-
Baiae
Vesuvius
Pandateria (Ventotene)
Pompeji
Pithecussae (Ischia)
Stabiae
Puteoli
Paestum/ Poseidonia
Neapolis
Capri
Herculaneum
Sardinien
Elea/Velia
Kap Palinurus
Tyrrhenisches Meer
Drepanum (Trapani)
Eryx
Heirkte M.
Panormos (Palermo)
Naulochos
Mylai
Soluntum
Segesta/ Egesta
Aegates Insulae
Motya
Zankle/Messana
Himera
Cal(e)acte
Tauromenion
Lilybaion
Naxos
Aetna
Selinus (Selinunt)
Sizilien
Aetna/Inessa
Enna
Katana
Akragas/Agrigentum
Leontinoi
Utica
Hippo Regius
Megara Hyblaia
Karthago
Gela
Syrakus
Kamarina
Thagaste
Zama
Madaura

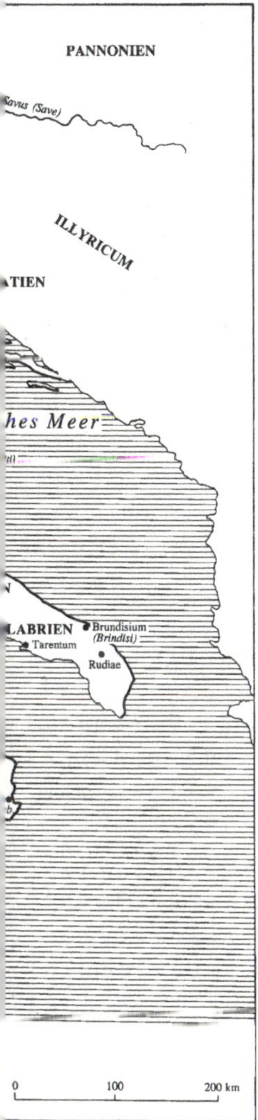

Karte 2: Italien – © Theodor Schwarz, Urbach

➤ Unter dem untenstehenden QR-Code ist eine poetische Merkhilfe für Daten aus der Geschichte Roms zu finden.

Modul II: Gattungen der lateinischen Literatur, ihre Tradition und Rezeption

Die abiturrelevanten Hauptwerke der lateinischen Literatur der Antike nehmen eine herausragende Stellung in der **Weltliteratur** ein. Dies liegt wesentlich daran, dass die Römer die von den Griechen seit dem 8. Jh. v. Chr. begründeten **Gattungen** (*genera*) der Literatur seit dem 3. Jh. v. Chr. durch Nachahmung (*imitatio*) und Wetteifern (*aemulatio*) in die lateinische Sprache übertragen haben, die in diesem Zeitraum erst zu ihrer Form fand. Damit erfuhren diese zugleich eine Modernisierung, und in dieser Ausprägung stellten sie das **Formgerüst** für die literarische Produktion auch der Neuzeit und Gegenwart zur Verfügung, wo sie eine kreative Weiterbildung (**Rezeption**) erfuhren. Die in der Antike entstandene Definition der Gattungen hat sich als feste Größe, Stabilitätsanker und Orientierungshilfe für die Literaturwissenschaft und die Literaturinterpretation bewährt, und zwar bereits seit ihren Anfängen. Die Einordnung eines bestimmten Werks in den jeweils zeitgenössischen (synchronen) und zeitübergreifenden (diachronen) Zusammenhang der Systematik einer Gattung bietet mithin wichtige Anhaltspunkte für seine Interpretation sowie für die Auslegung seiner einzelnen Abschnitte (Strukturelemente).

Die für die Entwicklung der lateinischen Literatur entscheidenden Gattungen sind im Folgenden aus einem literaturgeschichtlichen Blickwinkel aufgelistet und charakterisiert: zunächst die metrisch gebundenen Gattungen, also die **Poesie**, danach die metrisch ungebundenen Gattungen, also die **Prosa**. Ziel war, ihren jeweiligen Stellenwert innerhalb der lateinischen Literatur herauszustellen. Ein Schwerpunkt liegt auf den jeweils **vollständig erhaltenen Werken** – viele bedeutende

Werke sind im Lauf der Zeit verloren gegangen und allenfalls in Form von ›Bruchstücken‹ (Fragmenten), Kurzfassungen (*epitomaí, compendia*) oder Auszügen, etwa als Zitate oder anderweitige Bezeugungen (Testimonien), erhalten.

1 Poesie

1.1 Komödie

Die früheste und wirkungsreichste Sammlung von Texten (Textcorpus) der lateinischen Literatur gehört der poetischen Gattung des Dramas (Schauspiel für die Theaterbühne) an. Es sind heitere Stücke mit gutem Ausgang:

Die Dichter **Plautus** und **Terenz** griffen im 3. bzw. 2. Jh. v. Chr. Vorbilder aus der »Neuen Komödie« der Griechen auf und brachten sie in römischem Gewand auf die Theaterbühnen. Die römische Komödie belebte damit die **griechische Tradition** auf italischem Boden neu (s. dazu: Bernhard Zimmermann, *Die griechische Komödie*, Düsseldorf/Zürich 1998, bes. S. 9–66). Die Bauten waren für die Festspiele im Jahreskreis damals noch jeweils zu improvisieren, da es in Rom erst ab dem 1. Jh. v. Chr. Theater aus Stein gab.

Die griechische Komödie:

- Urformen (Prototypen): in Athen vordramatische (also nicht die Form von Bühnenspielen aufweisende) Umzüge (*kṓmoi*) zu Ehren des **Dionysos**, des Gottes von Wein, Rausch und Theaterspiel
- **drei (Stil-)Epochen:**

a) 5. Jh. v. Chr.: »Alte Komödie« (*archaía [kōmōidía] / prisca comoedia*): Eupolis, Kratinos, Aristophanes

b) um 400–320 v. Chr.: »Mittlere Komödie« (*mésē [kōmōidía]*)

c) um 320–120 v. Chr.: »Neue Komödie« (*nea [kōmōídia] / palliata comoedia*): Menander, Diphilos, Philemon, Apollodoros

- aufgeführt wurden Dramen in Athen im Rahmen der musischen Wettbewerbe (Agone) an großen staatlichen Festen:

a) Große (Städtische) **Dionysien** im Monat Elaphebolion (März/April): fünf Tage mit poetischen Gruppengesängen (Chorlyrik) und Dramen (fünf Komödien am zweiten Tag, dann drei Tage mit je einer Tetralogie, d. h. einer von *einem* Autor verfassten Abfolge von drei Tragödien [»Bocksgesängen«], Herrschaftsdramen mit zumeist tödlichen Konflikten, sowie einem Satyrspiel)

b) Lenäen im Monat Gamelion (Januar/Februar)

- seit 486 v. Chr. gehörten Komödien zum Festprogramm
- die Aufführungen waren als Gemeinschaftsaufgabe organisiert: die Finanzierung (*leiturgía*) übernahmen wohlhabende Bürger, die damit auch die »Leitung« eines aus Bürgern zusammengesetzten, also nicht professionellen Chores (*chorēgía*) anboten. Der künstlerische Leiter oder »Regisseur« einer Chordarbietung war der *chorodidáskalos*, die singenden, tanzenden und schauspielernden Mitglieder die *choreutaí*. Die Zuschauer bei den ganztägigen Theaterdarbietungen bekamen für ihre Anwesenheit als Verdienstausfall ein »Schaugeld« (*theōrikón*)
- archäologische Überreste zeugen von Aspekten der Aufführungspraxis: mächtige **Theaterbauten** mit Zuschauerrund, Bühnengebäude und Chorplatz; Darstellungen der das Gesicht bedeckenden und künstlerisch je nach **Rollentyp** verfremdenden **Masken** sowie der (in der Komödie oft üppigen und grotesk übertriebenen) Kostümierung
- **formale ›Bausteine‹** einer griechischen Komödie: fünf Akte; Begrenzung der Schauspielerzahl für Sprechrollen auf schließlich drei bis vier; ursprünglich Wechsel zwischen Sprechpartien des Schauspielers (in der Regel rezitativ, also solistisch, ggf. instrumental begleiteter Sprechgesang) und Chorpartien; Parabase (»Heraustreten« des Chors, der sich im Namen des Dichters direkt ans Publikum wendet und die Fiktion der Theaterillusion durch-

bricht); **Epirrhema** (auf gesungene Partie folgende Rede) und **Antepirrhema** (Gegenrede zum Epirrhema), auch epirrhematischer Agon (Streitszene in der Form des Epirrhema)

Im Hellenismus sammelten die im ägyptischen Alexandria tätigen frühen Literaturwissenschaftler die damals erhaltenen älteren griechischen Stücke und kommentierten sie sprachlich und inhaltlich (viele Einzelheiten waren im Abstand von mehreren Jahrhunderten erklärungsbedürftig geworden). Sie stellten den Texten einleitende Kurzzusammenfassungen (*hypothéseis*) voran, die den Weg zum Inhalt bahnten. Aus dieser großen Fülle des damals noch (zumeist auf Papyrus) Erhaltenen wählten sie schließlich das ›Beste‹ und ›Vorbildliche‹ aus (Krisis) und zeichneten es aus (Kanonisierung). Infolge dieser Auslese gingen viele der als weniger bedeutend bewerteten Stücke verloren.

Die beiden wichtigsten griechischen Komödiendichter werden hier kurz vorgestellt:

Aristophanes (um 450–380 v. Chr.) ist der bedeutendste Vertreter der **Alten Komödie**. Aus seinem umfangreichen Schaffen sind **elf Komödien** bis heute erhalten geblieben. Die wirkungsreichsten entstammen seiner frühen und mittleren Schaffenszeit. Diese ›Kriegsstücke‹ begleiteten die Ereignisse des Peloponnesischen Krieges (431–404 v. Chr.) und kommentierten sie satirisch. In vielen Fällen rankt sich die Handlung um das phantasiereiche bis phantastische Aufbegehren einzelner einfacher Bürger der Stadt (Polis) Athen oder ihres Umlandes gegen schier übermächtige Missstände in Außen- und Innenpolitik (Volksverführung/Demagogie und Prozesssucht):

Im *Frieden* (*Eirénē*; 421 v. Chr.) wagt der komische Held Trygaios (»Winzer«) eine Friedensmission in Gestalt eines Himmelfahrtskommandos zu Zeus mit einem Mistkäfer als Fluggerät.

In den *Wolken* (*Nephélai*, 423 v. Chr.) beherrscht ein Zerrbild des Philosophen Sokrates die Bühne. In seinem »Wolkenkuckucksheim« wirkt er als absurder spekulativer Genius, der die Jugend auf gemeingefährliche Abwege bringt. So will Aristophanes die verderblichen, weil rhetorisch wirkungsvollen Wort- und Sachverhaltsverzerrungen der Sophisten anprangern, die damals als teuer bezahlte Wanderlehrer großen Einfluss auf die Menschen hatten.

In seiner bis heute wirkungsvollsten und nach wie vor oft aufgeführten Friedens-Utopie *Lysístrate* aus der Spätphase des Peloponnesischen Krieges (411 v. Chr.) erzwingen die Frauen ganz Griechenlands auf die beherzte Initiative der Athener Titelheldin hin durch Sexstreik von ihren Männern den gesamtgriechischen (panhellenischen) Friedensschluss.

In den literaturkritisch angelegten *Fröschen* (*Bátrachoi*; 405 v. Chr.) unternimmt der Theatergott Dionysos persönlich eine Unterweltsmission. Er möchte nach dem Tod aller drei großen tragischen Dichter (Aischylos, Sophokles und Euripides) den besten von ihnen ins Leben zurückholen, damit er durch seine Bühnentätigkeit heilsam auf die inzwischen völlig zerrütteten Verhältnisse in seiner Polis einwirken könne. Im Totenreich kommt es zu einem lebhaften Dichterwettstreit zwischen dem erzkonservativen Aischylos und dem modernistischen Neuerer Euripides.

Aristophanes' Komik blieb auch in den ›Nachkriegsstücken‹ wie *Reichtum* (*Ploûtos*) oder *Frauenvolksversammlung* (*Ekklēsiázousai*), die schon die bürgerliche Komödie des Hellenismus erahnen lassen, satirisch-kabarettistisch. Denn der Dichter verband darin das *delectare* (»Unterhalten«) mit dem *prodesse* (»Nützen«) einer moralistischen Gesellschaftskritik.

Menander (342/341–291/290 v. Chr.) ist der feingeistige Klassiker der **Neuen Komödie**. Die anderen Hauptvertreter dieser

Gattung – Diphilos aus Sinope, Philemon aus Syrakus und Apollodoros von Karystos – sind nur über ihre lateinischen Bearbeitungen (Adaptionen) greifbar. Daher ist Menander aus heutiger Sicht das wichtigste, auch durch Neufunde zu Beginn des 20. Jh.s am besten greifbare griechische Vorbild für die lateinischen Komödien des Plautus und Terenz (***palliata [comoedia]***, »Griechenmantel-Komödie«).

Merkmale der Neuen Komödie:

- thematisch deutliche Veränderungen im Vergleich zur Alten Komödie mit ihren hochpolitischen und aktuellen Themen: Rückzug vom Polis-Leben in den privaten Bereich der persönlichen Beziehungen und mit den daraus hervorgehenden Konflikten und Irrungen, die aber in ein gutes Ende (›Happy End‹) münden; ›Beschränkung‹ auf Familienaffären, Liebesgeschichten, Wiedererkennung und -vereinigung lange Getrennter
- gleichzeitig: Attraktivität durch Ausweitung des sehr zeitgebundenen Spektrums der Alten Komödie ins ›Allgemein-Menschliche‹; der gigantische Siegeszug der Neuen Komödie in der späteren Rezeption – darunter schon die frühen römischen Komödiendichter – liegt in dieser Attraktivität begründet

Menander studierte bei dem Philosophen Theophrast (Nachfolger des Aristoteles) und unterhielt freundschaftliche Verbindungen zu dem Philosophen Epikur. Mit Blick auf die Komödiendichtung war er ein ›Schüler‹ des Alexis, eines Meisters der Mittleren Komödie. 97 Komödientitel sind überliefert, aber nur acht Komödienwettbewerbssiege sind bezeugt. Sein Debüt datiert etwa in das Jahr 321 v. Chr.: *Orgḗ* (*Der Jähzorn*). 317/316 v. Chr. folgte *Dýskolos* (*Der Griesgram*) – darin wird ein arg verhärmter Menschenfeind allmählich weich, während er im Zuge der Handlung (es geht um die Liebe eines von ihm zunächst strikt abgelehnten jungen Mannes zu seiner Tochter) erkennt, dass er auf seine Mitmenschen angewiesen ist. Relativ früh entstand wohl auch *Aspís* (*Schildkomödie*), in der Mitte seiner Schaffenszeit *Epitrépontes* (*Schiedsgericht*) – darin dient ein wiedergefundenes Kind als ›Kitt‹ einer krisenhaften jungen Ehe – sowie *Samía* (*Die Frau aus Samos*), eine Komödie um eine Doppelhochzeit mit Hindernissen, in der die ›edle Hetäre‹ Chrysis eine Hauptrolle spielt.

Menanders Nachruhm in Griechenland und Rom war gewaltig. Etwa hundert Jahre nach seinem Tod – er starb bei einem Tauchunfall – nahm sich der lateinische Autor **Terenz** ihn zum Vorbild; vier von sechs erhaltenen Komödien sind nach Vorlagen Menanders gestaltet: *Andria* (*Das Mädchen aus Andros*), *Heautontimorúmenos* (*Der Selbstquäler*), *Eunuchus* (*Der Eunuch*), *Adélphoi* (*Die Brüder*). Unter den erhaltenen Komödien des **Plautus** lassen sich in folgenden Fällen Vorlagen Menanders nachweisen: *Bacchides* (*Die Schwestern Bacchis*), *Cistellaria* (*Kästchenkomödie*), *Stichus*; auch im Fall der *Aulularia* (*Topfkomödie*) ist ein Vorbild Menanders wahrscheinlich.

Merkmale der Palliata (»Griechenmantel-Komödie«):

- **erfundene (fiktive) Handlung** rankt sich um Familienkonflikte im städtischen oder stadtnahen Alltagsleben im **griechischen Kulturkreis**
- Bandbreite der **Verwicklungen** reicht von Generationenkonflikten zwischen geizigen Vätern und verschwenderischen (weil in anspruchsvolle junge Frauen mit materiellen Interessen [*meretrices*] verliebten) Söhnen über Ehezwist und Nachbarschaftsstreit bis zu Verwechslungsgeschichten (Doppelgängermotiv), Wiedererkennungshandlungen (Wiederfinden einst ausgesetzter Kinder, die ihre wahre Identität wie ihren gesellschaftlichen Status eingebüßt hatten) und zur ›Zähmung‹ von durch Charakterschwächen wie Geiz, Eigenbrötelei oder gar

gierige Skrupellosigkeit (wie bei den Zuhältern [*lenones*]) deformierten Figuren

- oft **sprechende Namen**
- recht eng begrenztes Repertoir von fest ausgeprägten und entsprechend berechenbaren **Figurentypen**. In Plautus' *Gespensterkomödie* (*Mostellaria*) z. B. gibt es: den sparsamen, bis zum Aberglauben frommen, den Wünschen des Sohnes gegenüber zunächst unnachgiebigen Vater (Theopropides, »Pilgerväterchen«, als *senex durus*); den unsterblich verliebten, aber wenig einfallsreichen und eher chaotischen jungen Herrn (Philolaches, »Vabanque«, als *iuvenis amator*); die ebenso verführerische wie fordernde Geliebte (Philematium, »Kissy«); die diese in ihren materiellen Interessen bestärkende Hausangestellte (Scapha, »Humpen«, als *ancilla lena*); und vor allem den mit allen Wassern gewaschenen und für seinen jungen Herrn jede noch so waghalsige Intrige aushekenden und verfechtenden schlauen Stadtsklaven (Tranio, »Ruderer, Gerber, Schlaumeier«, als *servus callidus*)
- Gang der **Handlung**: Eröffnung (Prolog) als Einzelrede (Monolog) oder Szene; Entfaltung des komischen Konflikts oder der Täuschung (Intrige); Folge sich (oft in ihrer Dreistigkeit) steigernder Einzelszenen; Aufdeckung/Erkenntnis/Entladung und durch Vermittlung erwirkte Lösung des Konflikts, oft mit gleitendem Übergang in eine ›dionysische‹ Festivität
- **Sprechverse** (v. a. Jambische Senare und Trochäen) sowie (bei Plautus auch) **gesungene Partien** (*cantica*) in großer **metrischer Vielfalt**
- keine reinen Choreinlagen
- Vorgaben der griechischen Komödie (fünf Akte, Begrenzung der Schauspielerzahl) sind recht frei interpretiert
- Vorspiegelung (Simulation) von **Umgangssprache**; auch **Wortspiele**, kreative Spracharbeit, **Parodie von erhabener Sprache**, affektisches Reden und derbe **Beschimpfungen** (Skoptik)

Römische Komödiendichter

Titus Macc(i)us **Plautus** (um 254–184 v. Chr.; Namenskuriositäten: *maccus* – »Tölpel, Clown«; *plotus* – »Plattfuß«; *plautus* – »schlappohrig«, evtl. »Phallus«?): Über sein Leben ist nur wenig bekannt. Überliefert ist eine niedere Herkunft aus Sarsina, Umbrien. Seine ersten Stücke lassen sich als **Atellanenpossen** (Stegreifkomödien als gröbere Form der Volksbelustigung) einsortieren. Durch seine Theatertätigkeit, zunächst als Bühnenarbeiter und auch Schauspieler, dann als Autor und Produzent von Stücken, soll Plautus den sozialen und materiellen Aufstieg geschafft haben. Doch er soll schließlich verarmt nach Rom gegangen sein und dort als *pistor* (Bäcker) unter Mühlknechten gearbeitet haben. Von ca. 130 ihm zugeschriebenen Stücken stammen womöglich nur 20 tatsächlich von ihm, aus den 30 Jahren zwischen 215 und 185 v. Chr. Sie offenbaren, dass Plautus an einer möglichst turbulenten und mitreißenden Bühnenaufführung mit vielen durch Sprachwitz und Typenspott erzeugten Effekten gelegen war.

In Plautus' Stücken sind die Situationskomik, das Klamaukhafte, das Absurde, Spielfreudige, Rasante und auch das Zotige des Komödienwitzes tendenziell stärker ausgeprägt als bei Terenz.

Publius **Terentius** Afer (um 195/190–159 v. Chr.): Nach bereits antiker biographischer Überlieferung kam er als junger Sklave aus Karthago (in Afrika) nach Rom ins Haus des Senators Terentius Lucanus und erhielt aufgrund seines herausragenden Talents und seines ansprechenden Äußeren eine höhere Bildung. Schließlich wurde er von seinem Herrn in die Freiheit entlassen (so kam er zum Namen Terentius) und freundete sich mit herausragenden Vertretern der damaligen geistigen Elite Roms an (etwa mit dem jüngeren Scipio sowie Laelius).

Alle sechs erhaltenen Stücke sind zwischen 166 und 160 v. Chr. entstanden. Sie lassen sich deshalb zuverlässig datieren, weil durch den spätantiken Kommentator Aelius Donatus die entsprechenden »Didaskalien« überliefert sind, die offiziell dokumentierten Eckdaten der Theateraufführungen an den jeweiligen Festspielen im römischen Jahreskalender.

Terenz' Komik wirkt gegenüber derjenigen des Plautus stärker psychologisierend und gedämpft, was sich in längeren Figurenreden und Nachdenklichkeit (Reflexion) zeigt sowie in der Lebensphilosophie. Oft begegnet eine Doppelhandlung mit zwei Strängen (entsprechend den konventionellen zwei Bühnenhäusern, die zwei bürgerliche Haushalte beherbergen), die Struktur ist komplexer als in den meist einsträngigen Stücken des Plautus.

Die Wirkungsmacht der römischen Komödie

Nach der Antike orientierten sich Komödienautoren an den römischen Vorbildern, nicht an den griechischen: in der Gestaltung der Handlung, der Figuren und der Konflikte. Einschlägig sind z. B. die lateinischen *comoediae* des Mittelalters, die Aufführungen der italienischen *Commedia dell'arte* (»Berufsschauspielkunst«) im 16.–18. Jh., die Komödien William Shakespeares (1564–1616), die deutschen bürgerlichen Lustspiele des 18. und 19. Jh.s, die leichten Stücke des Boulevardtheaters oder die Schwänke des Bauerntheaters im 20. und 21. Jh. – Auch das komische Musical hat seine Wurzeln in der römischen Komödie. Dies beweist etwa das Stück *A Funny Thing Happened on the Way to the Forum* mit Musik und Liedtexten von Stephen Sondheim (1966 verfilmt; dt. Titel: *Toll trieben es die alten Römer*), eine Collage aus Versatzstücken römischer Komödien.

1.2 Lehrgedicht

Die lehrhafte (didaktische) Poesie war von Beginn an fester Bestandteil der griechischen Literatur. Vom Heldenepos, als dessen ›Ableger‹ oder Schwestergattung es gilt, hat das Lehrgedicht die traditionelle Form des **daktylischen Hexameters** übernommen. Mit der poetischen Ausdruckskraft und Bilderwelt verbindet es die Merkmale des frühen wissenschaftlichen Schreibens. Dazu zählen etwa Fachsprachlichkeit, Definitionen, Unterscheidungen (Distinktionen), methodische Nachvollziehbarkeit und Veranschaulichungsbeispiele.

Nach ihrer literaturgeschichtlichen Einbettung unterscheidet man zwei Ausprägungsformen:

- Der **Ältere Typus** (um 700–450 v. Chr.) entfaltet Grundlagen der ›großen‹ Welterklärung und Wissensvermittlung. Beispiele: **Hesiods** *Theogonie* (mythische Entwicklungsgeschichte des Kosmos in Gestalt eines als Stammbaum entfalteten Panoptikums der göttlichen Mächte und urtümlichen Kräfte, die die Welt im Innersten zusammenhalten) und *Érga kai hēmérai* (*Werke und Tage*, Manifest über das bäuerliche und landwirtschaftliche Wirken im Jahreslauf als Lebensgrundlage im ›eisernen Zeitalter‹); die Lehrgedichte mit dem Titel *Perí phýseōs* (*Über die Natur*) der frühgriechischen Dichterphilosophen wie **Parmenides** (um 520/515–460/455 v. Chr.) und **Empedokles** (um 484/483–424/423 v. Chr.) (naturphilosophische Auffassungen). Diese Lehrgedichte gelten als **sachbezogen**.
- **Jüngerer Typus** (ab dem 3. Jh. v. Chr.): Da (philosophische) Welterklärung und allgemeine Wissensvermittlung später üblicherweise in prosaischer Fachliteratur erfolgten, rückten formale Gesichtspunkte ins Zentrum. Die kunstvolle dichterische Überhöhung (Ästhetisierung) von ›unpoetischen‹

Themen wie Gestirnen, Verwandlungen, Giften, Meeresgetier und Landbau diente eher der intellektuell anspruchsvollen Unterhaltung des Zielpublikums als der bodenständigen Belehrung. Diese Lehrgedichte gelten als **formbezogen**.

Römische Autoren von Lehrgedichten

Titus **Lucretius** Carus (vielleicht um 96–53 v. Chr.) stellte sich bewusst in diese Gattungstradition. In seinem rationalistischen Epos *De rerum natura* brachte er die epikureische Philosophie in das für diese hellenistische Philosophierichtung (Kepos, »Garten«) besonders aufgeschlossene spätrepublikanische Rom. Doch um sie zu vermitteln, griff er nicht auf die jüngsten Vorbilder aus der hellenistischen Zeit zurück, sondern orientierte sich an der altehrwürdigen Form des welterklärenden Lehrgedichts in der *Perí phýseōs*-Tradition (also am Älteren Typus). Zugleich wirkte er stark **sprachschöpferisch**, da er die Begrifflichkeiten der griechisch verfassten Welterklärung erst in die vergleichsweise junge lateinische Literatursprache übertrug.

➤ S. 129–137

In seinem Weltgedicht entwickelt er eine konsequent **materialistisch-atomistische Konzeption** der natürlichen Vorgänge. Diese bestimmten das menschliche Leben und entlarvten die gängigen Vorstellungen von Göttern, Jenseits und Religiosität als Blendwerk und Selbsttäuschung. Daher konnte Lukrez im 20. Jh. sogar zu einer Art Identifikationsfigur für den lehrhaft-engagierten Dichter Bertolt Brecht werden – und das in stofflicher wie formaler Hinsicht.

Die sechs Gedichtbücher des Lukrez sind nach dem Vorbild des Epos mit programmatischen Vorreden (Proömien) und einer Art Musenanruf versehen. Letzterer richtet sich zu Beginn an Venus, die Liebesgöttin und Ahnherrin Roms. Der Aufbau des Werks sei hier beispielhaft vorgestellt:

Bücher 1–2	Prinzipienlehre (Grundlagen)
Buch 1	Warnung vor Religion und Priestern, Segen der Naturwissenschaft, Leere und Atome als basale Prinzipien, Widerlegung alternativer Antworten auf die Frage nach der *arché*, griechisch für »Anfang«, also dem Urstoff der Welt
Buch 2	Wesen, Bewegung, Form, Anzahl, Dauer und Verbindung der Atome, Erklärung von Empfindung, Schmerz und Freude, Tod, Entstehung der Welt ohne Wirken der Götter
Bücher 3–4	**Anthropologie (Menschenbild)**
Buch 3	Materialismus von Geist und Seele, Gleichheit von Körper und Geist, Herz als Sitz der Seele, Endlichkeit des Lebens, Nichtigkeit des Todes, Entwertung der Angst vor dem Tod als ungerechtfertigt
Buch 4	Sehtheorie: Bilderlehre, Sinnestäuschung, Hören, Schmecken, Riechen, Denken, Liebe, Liebeswahn, Sexualität, Wahl der Ehefrau, Familiengründung
Bücher 5–6	**Kosmologie (Weltbild) und Kulturentwicklung**
Buch 5	Weltuntergang, Bewegung der Gestirne, Unvollkommenheit der Welt, die Elemente, Sonne und Mond, Flora und Fauna, Leben der Urmenschen, Sprache, Kulturgeschichte als Aufwärtsentwicklung (Aszendenz)
Buch 6	Meteorologie, religiöser Aberglaube, Erdbeben, der Ätna, Erklärbarkeit wundersamer Phänomene, Magnetismus, Entstehung von Seuchen, die Pest in Athen

Publius Vergilius Maro (70–19 v. Chr.) hat mit seinem Lehrgedicht vom Landbau, den *Georgica*, ebenfalls die von Hesiod mit seinem Landlehrgedicht *Werke und Tage* begründete Gattung wiederbelebt. Er interpretierte die griechische Vorlage durch die römisch-italische Einfärbung konsequent um. Zudem führte er Lukrez' Sprachgewalt und Stoffbeherrschung weiter und brachte sie auf die Höhe der klassischen lateinischen Literatur. ➤ S. 181–194

Publius Ovidius Naso (43 v. Chr. – 17/18 n. Chr.) hat auf der Grundlage der Vorarbeiten von Lukrez und Vergil mit seinem Zyklus von Liebeslehrgedichten, der *Ars amatoria* (*Liebeskunst*) und den *Remedia amoris* (*Therapien gegen die Liebe*), das Lehrgedicht mit der Liebeselegie gemischt (Kontamination). So schuf er die vorher ganz unbekannte Gattung des Liebeslehrgedichts in elegischen Distichen. ➤ S. 205–214

Die Wirkungsmacht des lateinischen Lehrgedichts

Ende des 1. Jh.s n. Chr. setzte die lateinische Lehrgedichtsproduktion aus. In den folgenden Jahrhunderten entstanden dann weitere Lehrgedichte über Einzelthemen wie Metrik oder Medizin. Die Bedeutung der klassischen Vorbilder erreichten sie nicht mehr. Im Mittelalter erblühte insbesondere in ovidischer Tradition die Gattung der in Versen gehaltenen informierenden Literatur neu. Sie deckt zahlreiche Wissensgebiete der damaligen höheren Bildung ab. In der Neuzeit und Moderne gewann dagegen die Fachprosa eindeutig die Überhand. Gleichwohl gibt es selbst in der Gegenwart Tendenzen zur Wiederbelebung der Lehrgedichtstradition, in deutscher Sprache etwa durch Raoul Schrott (*Erste Erde. Epos*, München 2016): ein stark auf die antiken Muster bezogenes literarisches Experiment.

1.3 Jambus, Epode und (äolische) Lyrik

Der Ich-Sprecher oder das Dichter-Ich hatte sich im homerischen Epos zurückgenommen. Er war als Sänger (Aöde) ganz hinter seine durch die Musen inspirierte Großerzählung zurückgetreten. In Hesiods *Theogonie* (um 700 v. Chr.) gewann das Dichter-Ich als Begünstigter der ›Dichterweihe‹ durch die Musen am Helikon ein eigenes Rollenprofil. Doch gänzlich subjektiv durch einen Ich-Sprecher geprägte und gestaltete Dichtung gab es erst etwas später in der »archaischen« (alten) griechischen Dichtung. Als Entdecker des poetischen Ichs gilt **Archilochos** von der Insel Paros (um 680–645 v. Chr.).

Begriff und Tradition des Iambos/Jambus:

- Der griechische Begriff *iámbos* bezeichnet zunächst das **Versmaß**, dessen Keimzelle und Grundmuster auf der Abfolge einer kurzen und einer langen Silbe beruht.
- Die in diesem Versmaß gehaltenen kürzeren Gedichte werden ebenfalls als *iámboi* (Jamben) bezeichnet.
- Wie der Hexameter ursprünglich für epische Erzählung und Lehre bestimmt war, so diente der *iámbos* in seinen Anfängen als Ausdrucksmittel der durch den Ich-Sprecher geprägten dichterischen Kurzformen.
- Häufige Themen sind Schmähungen, Fremd- und Selbstverspottung, Angriff (**Invektive**) sowie (erotische) Begierde.

Gegen das archaische Ideal heroischer Selbstaufopferung im Krieg setzt Archilochos als »Schildwegwerfer« den Wert der eigenen Überlebensrettung (*Fragment* 6 Diehl):

An meinem Schild ergötzt sich ein Saier, den beim Gebüsch ich
als eine Waffe von Wert liegen ließ gegen den Plan,
mich aber konnte ich retten; was schert mich dann dieser Schild da?
Sei er dahin; demnächst kaufe ich guten Ersatz.

In seiner *Ars poetica* vertritt der römische Dichter Horaz die wirkungsreiche Auffassung, dass bei jeder literarischen Gattung Inhalt und Form stimmig zueinander passen sollten (*Epistula* 2,3,73–118). Den Jambus habe Archilochos als heftige und schonungslose Invektive (persönlichen Angriff) erfunden. Gleichwohl sei dieses Versmaß später von Komödie (*soccus* – »leichter Schuh«) und Tragödie (*cothurnus* – »Stelzenstiefel«) als **Sprechvers** übernommen und den jeweiligen Gattungserfordernissen angepasst worden. Es sei bestens geeignet zur Verdeutlichung von **Handlung**.

Sodann geht Horaz auf das **Melos** (zur Lyra/Leierbegleitung gesungenes Lied) ein. Diese »Lyrik« im engeren Sinn weise eine recht große thematische Vielfalt auf.

Strophische Lyrik (Melos):

- zumeist in festen Versgruppen (Strophen) gegliederte Gedichtform
- Lobgesänge/Gebete an Götter (Götterhymnen), Lobgesänge/Enkomien (etwa auf Herrscher und ihre *pueri*), Siegeslieder (Epinikien), Gelagepoesie (griech. *sympotiká*) und Liebesdichtung (griech. *erōtiká*)

Die beiden wichtigsten Leitfiguren der Lyrik entstammen ebenfalls dem archaischen Griechenland. Sie wirkten beide bereits im 7./6. Jh. v. Chr. auf der Insel Lesbos und dichteten im äolischen Dialekt: Alkaios und Sappho. **Alkaios'** Gedichte spiegeln seine Verwicklung in die erbitterten politischen Konflikte seiner Heimatstadt und auch in Kriegshandlungen wider. **Sappho** dagegen, die berühmte Dichterin der Antike, die man als zehnte Muse verehrte, setzte sich deutlich von diesen großen heroischen Themen ab. In ihren gefühlsbetonten (pathetischen) und das Innerste in Musik verwandelnden Liedern rückte sie das Liebesverlangen (*érōs*) an die erste Stelle. Von diesem fühlt sich ihr lyrisches Ich etwa gepackt und gebeutelt, wenn sie von einem innig geliebten Mädchen Abschied nehmen muss, dessen Lehrmeisterin sie gewesen war. Von ihren einst neun Buchrollen umfassenden Gedichten sind heute nur Bruchstücke (Fragmente) erhalten. Einen größeren Zusammenhang bietet *Fragment* 16. Die metrisch getreue Übersetzung verdeutlicht die Gestaltung der Sapphischen Strophen, die Catull (in zwei Gedichten) übernahm und die für Horaz (neben der Alkäischen Strophe) formgebend werden sollte:

> Mancher hält ein Reiterheer, mancher Fußsol-
> daten, mancher Flotten auf schwarzer Erde
> für das Allerschönste, doch ich nur das, in
> was man verliebt ist.
>
> Spielend leicht kann man das verständlich machen
> allgemein; denn die weitaus meistbestaunte
> Menschenschönheit Helena ließ den Gatten,
> den (aller?)besten,
>
> hinter sich und fuhr mit dem Schiff nach Troja:
> Weder auf ihr Kind noch die lieben Eltern
> nahm sie irgend Rücksicht, indes erlag sie
> (ganz?) der Verführung.

[...]
lässt mich jetzt Anaktorias gedenken,
die ja nicht hier weilt.

Von der würde ich lieber süße Schritte
und das lichte Strahlen im Antlitz sehen
als die Lyderwagen und in der Rüstung
kämpfendes Fußvolk.

Römische Lyrik

Quintus **Horatius** Flaccus (65–8 v. Chr.) ernannte sich in der lateinischen Literatur selbstbewusst zum Pionier (Archegeten) einer sprachlichen wie geistigen Übertragung von Archilochos' Dichtungsart nach Rom (*Parios ego primus iambos / ostendi Latio*; *Epistula* 1,19,23–24). Das stimmt jedoch nur, wenn man es auf die Gattung der **Epode** bezieht. Denn tatsächlich neu ist bei Horaz die Wiederbelebung einer auf einer Abfolge von zwei (zumeist jambischen) Versen fußenden Grundform (*epōdós [stíchos]* bedeutet wörtlich »der dazugesungene, metrisch abweichende zweite Vers«). ➤ S. 191–204

Auch im Bereich der **Lyrik** fungierte Horaz als Vermittler: Seine *Carmina*/*Oden* übertragen die archaischen wie kallimacheischen griechischen Liedformen in das Umfeld der wertorientierten Erneuerungspolitik des Alleinherrschers (*princeps*) Augustus und seines ›Kulturministers‹, des sprichwörtlichen Maecenas.

Von dieser speziellen Form abgesehen gab es lateinische **Jambographen** (Jambendichter) schon in der Generation vor Horaz: Die »Neuerer« (**Neoteriker**) griffen auf dem Umweg über die hellenistische gelehrte und anspielungsreiche Kurzpoesie auf den Ahnherrn der Gattung zurück. Ihr wichtigstes

Vorbild war hierbei der hochgelehrte Dichter Kallimachos (um 305–240 v. Chr.), der in Alexandria wirkte. Der bei weitem einflussreichste Vertreter dieser Gruppe war Catull.

➤ S. 137–143

Gaius Valerius Catullus (um 84–54 v. Chr.) spricht als jambisches Ich in jeweils silbenzahlgleichen (stichischen) Versen. Er bevorzugte Elfsilbler (Hendekasyllaben) und Hinkjamben (Skazontes). Thematisch aktualisierte er Archilochos' Muster in Gedichten etwa über sein eigenes Dichten (Metapoetik), in Liebesgedichten (Lesbia- und Iuventius-Zyklus) und derben Schmähungen persönlicher Widersacher oder missliebiger Politiker.

Die jambische Seite von Catull und Horaz ist in die Tradition des römischen Epigramms eingeflossen (s. S. 94 f.).

Die Wirkungsmacht der römischen Lyrik

Wirkungsgeschichtlich ist das jambische Dichten im lyrischen Dichten aufgegangen, das nachantike Epochen weiter fassen als die griechische und römische Tradition. Unter den deutschsprachigen Dichtern, die kreativ an den Grundtexten Catulls weiterarbeite(te)n, sind etwa Thomas Kling mit einer Übertragung des »Kussgedichts« und Christoph W. Bauer (*mein lieben mein hassen mein mittendrin du*, Innsbruck/Wien 2011) zu nennen. Die kreative Aufnahme und Weiterentwicklung (Rezeption) von lyrischen Formen und Gehalten der horazischen Poesie hat über alle Epochen der Literatur- und Musikgeschichte hinweg reiche Früchte getragen. Stark beeinflusst von seinen Grundmustern sind bis heute die Ausprägungen lyrischen Sprechens in der hohen Poesie wie auch etwa Liedtexte (›Lyrics‹) in der populären Musik. Zwei neuere Beispiele: Steffen Jacobs, *Der Lyrik-TÜV. Ein Jahrhundert deutscher Dichtung wird geprüft*, Frankfurt a. M. 2007 (mit Interpretationen zu Gedichten von Busch, Rilke, George, Weinheber, Benn, Rühmkorf, Enzensberger, Hartung, Gernhardt, Grünberg); Durs Grünbein, *Äquidistanz. Gedichte*, Berlin 2022.

1.4 Satire

Die Satire ist diejenige literarische Gattung, deren Ursprung Rom »ganz« für sich beansprucht. Gleichwohl ist die Aufnahme und modernisierende Verarbeitung griechischer Vorbilder auch in dieser Gattung unverkennbar. Horaz führt sie auf die **Alte Komödie** der Griechen zurück. Er sieht aber im Verzicht der Satire auf allzu große Freizügigkeit bei der namentlichen Verspottung bekannter Persönlichkeiten einen wesentlichen Unterschied. Die aus dem kulinarischen Bereich stammende Gattungsbezeichnung *satura (lanx)* (Pudding[schüssel]/Obstschale/Allerlei) verweist auf den Wesenszug des bunt Zusammengewürfelten.

Die **Hexametersatire** eignet sich das hohe Versmaß von Epos und Lehrgedicht als **Gesprächsvers** (ähnlich dem Jambus) an. Dies ist nur möglich, weil das strenge Regelwerk des epischen Hexameters hier locker ausgelegt ist. Horaz nennt den tatsächlich sehr kunstreichen, aber volkstümlich erscheinenden Satirenvers »Alltagsgespräch in Reinkultur« (*sermo merus*).

Die Gattung der römischen **Verssatire** und eng verwandter Formen hat vom 2. Jh. v. Chr. bis ins 2. Jh. n. Chr. eine eindrucksvolle Tradition begründet, in deren Mittelpunkt unangefochten Horaz steht.

Merkmale der römischen Satire:

- Formale ›Zutaten‹ (Ingredienzen) sind: Dialog, Erlebniserzählung, Reflexion und (Sitten-)Predigt (popularphilosophische Diatribe).
- Das Motto *ridentem dicere verum* (»lachend verkünden die Wahrheit«; Horaz, *Satire* 1,1,24) trifft genau auf die komisch-philosophische Doppelnatur der *sermones* des Horaz zu.
- Ein in alltäglich wirkendem Konversationston gehaltener Dialog kann eine Erzählung rahmen oder beleben oder das formale Gerüst für ein Streitgespräch über die richtige Lebensführung abgeben.
- Mit dem Mittel der komischen Überzeichnung werden menschliche Schwächen (*vitia*) wie Gier (*avaritia*), Ehrgeiz/Karrierismus (*ambitio*), Geltungssucht, Geschwätzigkeit, Sexversessenheit oder Verschwendungssucht (*luxuria*) bloßgestellt.
- Der satirische Trick soll die Rezipienten für die allgemeine Moralkritik gewinnen.
- Als literarische Mittel wirken oft Lächerlichmachung (Parodie, wörtlich: »Tonverfehlung«) hoher literarischer Werke oder Ironisierung bei der Gestaltung der Figuren oder *personae* (wörtlich: »Masken«).

Römische Satiriker

Von folgenden römischen Autoren sind Satiren erhalten:

Gaius **Lucilius** (um 180–103/102 v. Chr.) aus Suessa im Kampanien (30 Bücher *saturae*; nur fragmentarisch erhalten) war für Horaz als Vorgänger wichtig, von dem er sich entschieden absetzen wollte.

Marcus Terentius **Varro** (116–27 v. Chr.) aus Reate im Sabinerland war ein Universalgelehrter, der neben vielem anderen auch vier Bücher mit Satiren geschrieben hat: 150 **prosimetrische** Traktate im Stil des **Menippos** von Gadara in Syrien (um 280 v. Chr.).

Quintus Horatius Flaccus (65–8 v. Chr.) hat je zwei Bücher *Satiren* und *Episteln* geschrieben. ➤ S. 194–204

Von Lucius Annaeus Seneca iunior (1 v. oder 1 n. Chr. – 65 n. Chr.) stammt die *Apocolocyntosis* (*Ludus Senecae de morte Claudii Neronis*; *Verkürbissung des Claudius*) – eine menippeische Satire, die Kaiser Claudius aufs Korn nimmt (reg. 41–54). ➤ S. 227–238

Petronius Arbiter: Der Roman *Satyrica* (*Satyrngeschichten*; Mitte des 1. Jh.s n. Chr.) verbindet Bestandteile von satirischem Typenspott und Zeitkritik mit solchen des antiken Abenteuerromans (mit **Parodie** einer epischen Heldenreise). ➤ S. 238–252

Aules Persius Flaccus (34–62 n. Chr.) hat sechs Satiren in 650 Hexametern (außerdem: 14 Hinkjamben) verfasst.

Von Decimus Iunius Iuvenalis (nach 55 – nach 138 n. Chr.) sind 16 Hexametersatiren in fünf Büchern überliefert – zum Teil völlig unverblümte, auch namentliche Verspottung von verwerflichen Persönlichkeiten etwa im Umfeld des Kaisers Domitian.

Die Wirkungsmacht der römischen Satire

Die römische Satire hat insbesondere durch die klassischen Werke des Horaz eine lange und vielseitige Karriere erlebt. Inhalte, Mittel, Techniken und Tricks haben sich bei allem Wandel der Zeiten als menschlich beständig erwiesen (anthropologische Konstante). Starken Veränderungen ist dagegen das formale Gerüst unterworfen. Die Versform oder gebundene Form ist inzwischen die Ausnahme geworden. Als Satire gilt mittlerweile jede künstlerische Form der bloßstellenden Kritik an Einzelpersonen, Einzelvorgängen oder Zuständen (bevorzugt der Gegenwart, aber durchaus auch der Geschichte). Das bereits in der Antike vorhandene Nahverhältnis zu Jambus und Epigramm äußert sich u. a. in einer allen diesen Gattungen gemeinsamen Frage: Wo sind die Grenzen einer (unter Umständen persönlichen und namentlichen) künstlerischen Anprangerung (heutzutage über die Massenmedien sowie im digitalen Raum) anzusetzen? Ein neueres Beispiel bieten die Diskussionen um die ›Schmähkritik‹ des TV-Satirikers Jan Böhmermann am türkischen Präsidenten Erdogan (2016).

1.5 Versepistel

Die Mischgattung verbindet Sprachgestalt, Formgerüst und (zum Teil) auch thematische Schwerpunkte der **Hexametersatire** mit dem ausgeprägten Gattungsgefüge des literarischen Briefes (***epistula***) in Prosa.

➤ S. 194–204
➤ S. 205–214

Als vielseitigste Vertreter dieser Mischform in der lateinischen Literatur sind Horaz (zwei Bücher *Episteln*) und Ovid zu nennen. Neu ist bei Ovid die elegische Einfärbung, denn er ersetzte – wie schon beim Liebeslehrgedicht *Ars amatoria* – den Hexameter durch das **elegische Distichon**: *Heroides / Epistulae heroicae* (*Briefe von Heldenfrauen*); *Tristia* (*Trauergedichte*); *Epistulae ex Ponto* (*Briefe vom Schwarzen Meer*).

1.6 Bukolik

Der Gattungsname leitet sich vom griechischen Wort *bukólos* (»Rinderhirte«) ab. Der Begriff *bukoliká* bezeichnet kunstvolle und anspielungsreiche, oft auch hintersinnige Gedichte, die in der **Welt der Hirten** angesiedelt sind. In der griechischen Tradition hat der gelehrte Dichter Theokrit von Syrakus (um 300–260 v. Chr.) die Gattung in eine Form gebracht (kanonisiert), wie sie später oft als mustergültig übernommen wurde. Seine Gedichte hat man als *eidýllia* (»Schaustückchen, Prunkstückchen«) bezeichnet. Daraus leitet sich das Verständnis von

»Idyll« als beschauliche, heimelige Örtlichkeit und darauf bezogene Dichtung ab. Theokrit war Stadtmensch mit einem einerseits verklärenden (idealisierenden), andererseits ironisch gebrochenen Verhältnis zum Landleben. Er verfasste auch nichtbukolische Lobgedichte (Enkomien) auf die Herrscher Hieron von Syrakus, seinen Förderer, und Ptolemaios Philadelphos. Doch nach der Enttäuschung über Hieron soll er nach Kos und Alexandria emigriert sein.

Hirtengedichte sind typisch für die hellenistische Dichtung. Diese lebt von der produktiven Spannung zwischen städtischer Form/Stilisierung (»künstlerische Perfektion«, griech. *leptótēs* – »Feinheit«) und pastoralen Gegenständen (»Schlichtheit«). Es geht um Hirtenfiguren, die etwa als Sänger (im Wechselgesang, teilweise sogar mit Refrains) friedliche Wettbewerbe austragen. Auch Liebeszauber und Affären mit schönen Frauen vom Land inmitten der Herden sind prominente Themen. Dazu kommen mythologische Gegenstände, die dem musischen Hirtenumfeld angepasst sind: So erscheint der in Homers *Odyssee* asoziale und menschenfressende Kyklop Polyphem als Liebhaber. Er findet im Gesang an die von ihm vergötterte Galatea Trost über das Unglück seiner unerfüllten Liebe. Die bukolische Welt ist ganz ländlich gezeichnet. Die menschenfreundliche Landschaft dient als Szenerie, deren Friedlichkeit ungetrübt bleibt von Raubtieren, Unwegsamkeit und schlimmen Entbehrungen.

Römische Bukolik

Publius **Vergilius** Maro (70–19 v. Chr.): Vergils ländliche Herkunft (Geburtsort Andes bei Mantua in der Poebene; bald Umzug nach Cremona; grammatische und rhetorische Ausbildung in Mailand und Rom) prägt alle seine Werke und zeugt

➤ S. 181–194

von eigener Erfahrung, die sich in zahlreichen Details niederschlug. Sein erstes größeres Werk, ein zehn Gedichte umfassendes, höchst kunstvoll gebautes Buch, heißt *Bucolica* oder *Eclogae* (*Auserlesene Gedichte*). Darin öffnet Vergil seinen bukolischen Horizont noch weiter als Theokrit für ›Nichtbukolisches‹ wie: Politik/Politiker und damit auch Herrscherlob (Panegyrik); Bürgerkriege/Landenteignungen; Religion; Dichtung/Dichtungstheorie und Literaturkritik.

In den späteren *Eclogen* ist die bukolische Szenerie nach Arkadien verlegt (auf der Peloponnes in Griechenland). Vergil schuf so eine geistige Landschaft, die eine enorme Wirkung auf spätere Dichter ausübte.

Die Wirkungsmacht von Vergils *Eclogen*

Mit Vergils *Eclogen* als Hauptbezugspunkt entstanden in der späteren Antike und in den nachantiken Epochen immer wieder Hirtengedichte. Bukolische Elemente flossen zudem in Gattungen wie Liebeselegie, Epos und Lyrik ein. Eine noch breitere Wirkung ist in anderen Kunstgattungen nachweisbar: Pastorale (Hirtenmotive) finden sich in der Instrumentalmusik, im Schäferspiel (seit der Renaissance) und daraus entwickelten Opern (besonders des 17. und 18. Jh.s) sowie in der bildenden Kunst (als Hirten- bzw. Schäferszenen in Malerei, Bildhauerei und anderen Formen). Aktuelle literarische Experimente mit bukolischen Sprech-, Erzähl- und Dialogformen und den darin aufscheinenden Geschlechterrollen hat die kanadische Dichterin und Übersetzerin Lisa Robertson unter dem Titel *XEkloge* veröffentlicht (übersetzt von Joanna Kostopoulou und Marcus Coelen, Wien/Berlin 2021; englischer Originaltitel: *XEclogue*). Zu Beginn von »Erste Ekloge Ehre« heißt es dort: »Ich werde das latinisierte Glück beschreiben, das mir als kleine büschelige

Silben im Dämmerlicht erschien, grünlich und zitternd wie Gräser.«

1.7 Liebeselegie

Der Name der Gattung **Elegie** geht zurück auf die griechische Bezeichnung für »Klagelied, Trauergesang«, die man sich vorwissenschaftlich, also »volksetymologisch«, als *e e légein* (»›Weh!‹ und ›Ach!‹ rufen«) erklärte. Später verblasste der ursprüngliche Zusammenhang mit Äußerungen der Trauer. Als Elegie wird seither schlicht ein **Gedicht in Distichen** bezeichnet, im Metrum **elegisches Distichon** (daktylischer Hexameter im Wechsel mit Pentameter), das etwa auch in Ovids Liebeslehrgedichten und Versepisteln zum Einsatz kommt.

Die Anfänge der Gattung reichen ähnlich weit zurück wie diejenigen der eng verwandten Lyrik: Ausgangspunkt war die **griechische subjektive Elegie** der Archaik (7./6. Jh. v. Chr.): Darin herrschte persönliche Ermahnung und Belehrung (Paraimese) in politischen und allgemein moralischen Fragen vor. Vertreter waren Kallinos von Ephesos, Tyrtaios aus Sparta (Mitte 7. Jh. v. Chr.) mit seinen arg kämpferischen Aufrufen etwa zum »schönen Tod unter den Vorkämpfern« sowie der Staatsmann und Dichter Solon aus Athen (um 600 v. Chr.) mit seinen poetischen Denkanstößen, die seine Landsleute zur »guten gesetzlichen Ordnung« (*eunomía*) anleiten sollten.

Diese eher den großen Themen verpflichtete Form der Verlautbarung entwickelte sich weiter bis zur der Zweisamkeit gewidmeten ›objektiv erotischen‹ Liebeselegie. In dieser Form scheinen persönliche Gefühlsäußerungen eines elegischen Ich-Sprechers zu fehlen oder gegenüber der gleichwohl als Vorbild wichtigen archaischen Liebeslyrik zurückgenommen. Hauptvertreter der griechischen Liebeselegie waren Mimnermos von Kolophon (6. Jh. v. Chr.) mit seiner der Geliebten Nanno gewidmeten Gedichtsammlung und **Antimachos** von Kolophon (5./4. Jh. v. Chr.) mit seinen Gedichten an Lyde. Immerhin hat darin der Ich-Sprecher ein festes weibliches Gegenüber als interne Adressatin.

Die ›objektiv erotische‹ Elegie des Hellenismus mit ihren Katalogen erotischer Mythen gilt als Zwischenstufe hin zur römischen Liebeselegie: **Hermesianax** von Kolophon (um 300 v. Chr.; drei Bücher für Leontion), **Philetas** von Kos (um 350–290 v. Chr.; Gedichte für Bittis oder Battis), den die Elegiker neben Kallimachos (mit seinen erotischen Jamben) ausdrücklich als Vorbild zitieren, und **Parthenios** von Nikaia (1. Jh. v. Chr.).

Schon diese wichtigen Vorbilder wiesen vermutlich ›subjektiver‹ und persönlicher gekennzeichnete Ich-Sprecher auf, als die Forschung ihnen das zugesteht. Gleichwohl fand die ›subjektiv erotische‹ Liebeselegie erst bei den lateinischen Autoren ihre charakteristische Form. Somit hätten die Römer neben der Satire auch die Liebeselegie fast zur Gänze als ihre Gattung bezeichnen können. Die Gattung ist durch eine Reihe von festen Gestaltungselementen (Topoi) gekennzeichnet.

Merkmale der römischen Liebeselegie:

- Die erotische Wertewelt dient als Gegenkonzept zur politischen Wirklichkeit der *res publica*.
- Liebe als Sklaverei (*servitium amoris*): Der ›arme‹ Liebende und Dichter (*pauper poeta*) liefert sich ganz den Launen seiner sozial tiefer stehenden (?) Angebeteten (meist wohl aus der Schicht der Freigelassenen [Libertinen]?) aus. Er scheut kaum eine Form der Erniedrigung (etwa Zofendienste, 24-Stunden-Verfügbarkeit, Schmeichelei, Bevorzugung von Rivalen, Nachtwachen vor verschlossener Tür …). Die *puella* ist zugleich *domina* (»Gebieterin«), die den gesamten Lebenslauf des Verliebten beherrscht.

- Liebe als (nichtehelicher) Lebensbund (*foedus aeternum*): Elegische Liebe ist, bei allem Leid, grundsätzlich auf Lebenslänglichkeit und Unentrinnbarkeit angelegt. Umso größer ist die Erleichterung, wenn man doch davon loszukommen vermag.
- Liebe als Obsession (*furor amoris*): Liebende steigern sich dermaßen in ihre Affären hinein, dass sie zu *amantes amentes* werden, vor Liebe wahnsinnig und nicht mehr zurechnungsfähig. Sie erinnern an die oft planlosen und hilfsbedürftigen *iuvenes amatores* aus der Komödie.
- Liebe als Lebensform und ›staatstragende‹ Vollzeitbeschäftigung: Die Liebe wird zur alternativen »Geschäftstätigkeit« (*negotium*) und damit zum Beruf, zur Lebensaufgabe stilisiert. Eine Extremform stellt der »erotische Kriegsdienst« (*militia amoris*) mit Kämpfen und Märschen bei Nacht, Wind und Wetter sowie mannigfachen Gefahren für Leib und Leben dar.
- *amator miser*: Die Liebe ist (fast) immer unglücklich. Nur selten wird die Erfüllung durch »gegenseitige Liebesleidenschaft« (*mutua voluptas*) verwirklicht.
- Die Schilderung der wechselvollen und bisweilen aufregenden Liebeserlebnisse des Ich-Erzählers ist immer wieder von (direkt oder indirekt) lehrhaften Elementen durchsetzt (*praecepta amoris*).

Römische Liebeselegiker

Wegbereiter der Gattung war **Catull**, v. a. mit seinen Liebesgedichten im elegischen Distichon. ➤ S. 137–143

Gattungsbegründer wurde wohl Cornelius **Gallus** (um 69/68–27/26 v. Chr.; Vergil setzte seinem früh verstorbenen Freund in seiner letzten *Ecloge* [10,31–69] ein Denkmal) mit vier Büchern *Amores* (*Liebesgedichte*) an Cytheris, von denen allerdings fast nichts überliefert ist.

Die ›großen Drei‹ der erhaltenen römischen Liebeselegiker sind: **Properz** (um 47–2 v. Chr.) mit seiner Geliebten Cynthia

(Buch 1, sog. »Monobiblos«, um 29/28 v. Chr.; Buch 2 um 25 v. Chr.; Buch 3 um 22 v. Chr.; Buch 4 um 16 v. Chr.); **Tibull** (um 55–18/17 v. Chr.) mit mehreren weiblichen (Delia, Nemesis) und auch einem männlichen Geliebten (Marathus) (Buch 1 um 26/25 v. Chr.; Buch 2 vor 18/17 v. Chr.; Buch 3, sog. »Corpus Tibullianum«, ist in seiner Echtheit umstritten: »Lygdamus« liebt Neara, Sulpicia liebt Cerinthus); **Ovid** (43 v. Chr. – 17/18 n. Chr.) mit Corinna als der wichtigsten Geliebten in den *Amores* (*Liebesgedichte*).

➤ S. 205–214

Die Gattung der römischen Liebeselegie gilt als kurzlebig: Ovid hat mit seinen *Amores* bereits einen Schlussstrich gezogen. Zudem hat er die Leiden des verliebten Dichters als Ich-Sprecher durch seine späteren liebesdidaktischen Werke (*Ars amatoria* und *Remedia amoris*) in der Rolle des Liebeslehrers produktiv überwunden.

Die Wirkungsmacht der römischen Liebeselegie

Ovids Liebeslehre hat besonders in der mittelalterlichen und neuzeitlichen Rezeption denn auch ein reichhaltigeres Fortleben entfaltet als die Liebeselegie. Diese wirkte auf den mittelalterlichen Minnesang (12./13. Jh.) merklich ein. In der Weimarer Klassik war Goethe ein glühender Verehrer der römischen Elegie. Als er sich in Rom aufhielt, ließ er sich vom Zauber der Stadt und der Römerinnen derart inspirieren, dass er sich plötzlich wie ein Zeitgenosse von Tibull, Properz und Ovid fühlte und seine *Römischen Elegien* (1790, erschienen 1795) schrieb.

Im 20. Jh. hat besonders Rainer Maria Rilke die antike Gattung mit seinen *Duineser Elegien* (1912–22) neu belebt. Werke aus der Musik oder Filmkunst offenbaren durch Titel wie *Elegie für junge Liebende* (Oper von Hans Werner Henze, 1961) oder

Elegy oder die Kunst zu lieben (Kinofilm von Isabel Coixet, USA 2008) eine gewisse Rückbindung an die römische Liebeselegie. Auch in diesen Rezeptionsformen wird eine melancholisch-betrübte Grundstimmung nach dem Alltagsbegriff des »Elegischen« mit erotischen Themen verknüpft.

1.8 Epos

Das Heldenepos steht am Anfang der griechischen und damit der antiken Literatur (8. Jh. v. Chr.). Entsprechend seiner unübertrefflichen Wertschätzung als »hohe Gattung« (*genus grande*) widmeten sich Autoren von Beginn der lateinischen Literatur im 3. Jh. v. Chr. an ihrer Übertragung. Allerdings dauerte es bei dieser Meistergattung deutlich länger, bis sie im Lateinischen zu ihrer mustergültigen und mithin klassischen Form fand: bis zu Vergil und Ovid in der Zeit des Augustus. Sie lösten die **homerische Gattungstradition** durch Neuinterpretation ab.

Der Name *épos* bedeutet im homerischen Griechisch »Wort«; als Bezeichnung für das **monumentale »Heldengedicht«** hat er sich erst später eingebürgert. Horaz erklärt in *Satura* 1,10,43–44, dass das »wackere Epos« (*forte epos*) eines feurigen und temperamentvollen (*acer*) Dichters bedarf. In der *Ars poetica* (*Epistula* 2,3,73–74) schreibt er dem Versmaß des **homerischen Hexameters** die Kraft zu, für die typischen Inhalte (»Tatenberichte um Könige, Kommandanten und traurige Kriege«) die passgenaue Form zu liefern.

Als »des trojanischen Krieges Verfasser« (*Epistula* 1,2,1) galt Horaz wie uns der Dichter Homer. Dessen Person war freilich bereits in der Antike eine legendenumwobene Gestalt. Es ist sogar möglich, dass der Name nur als Sammelbezeichnung oder Etikett für ein Kollektiv frühgriechischer epischer Sänger

(Aöden) zu sehen ist. Diese sind zumindest in späterer Zeit im Plural als »Homeriden« oder »Rhapsoden« (Sänger im Stil Homers) belegt. Gleichwohl muss am Übergang von mündlicher epischer Überlieferung und mehr oder minder improvisierter Vortragskunst zur Fixierung der uns überlieferten Epen *Ilias* und *Odyssee* eine bedeutende Dichterpersönlichkeit gewirkt haben (Konzept und Ausgestaltung).

In den 24 Gesängen/Büchern der *Ilias* greift der Erzähler aus der Geschichtenfülle des zehnjährigen Krieges der Griechen gegen Troja (= Ilion) nur eine episodische Ereigniskette aus der Schlussphase heraus: den folgenschweren Rangstreit zwischen dem Oberkommandierenden Agamemnon und seinem besten Kämpfer Achilleus, der die Elitetruppe der Myrmidonen (2500 Mann) anführt. Der Streit entzündete sich am Ringen um den Besitz eines Beutemädchens und der damit verbundenen Kriegerehre (griech. *géras*), und er bringt als Motor eine epische Handlung in Gang. Diese umspannt vom Vorspiel um den Priester Chryses und die von diesem gegen die Griechen herbeigebetete Bestrafung durch Apollo im 1. Gesang bis zur Bestattung Hektors, des besten Kämpfers der Trojaner, im 24. Gesang 51 Tage aus dem zehnjährigen Krieg. Von diesem Ausschnitt sind allerdings nur vier ›Kampftage‹ in voller epischer Breite ausgestaltet. Leitthema ist der genannte ›Ehr-Zorn‹ des Achilleus gegen Agamemnon, infolge dessen die eigene, die griechische Seite an den Rand der Niederlage getrieben wird. Da tritt Achilleus' Herzensfreund Patroklos dem Hektor entgegen und wird von diesem auf dem Schlachtfeld getötet. Dies löst in Achilleus einen schrecklichen ›Rache-Zorn‹ gegen Hektor und alle Trojaner aus. Im 22. Gesang kommt es zum Endkampf, bei dem Hektor schließlich, von seinem göttlichen Helfer Apollo verlassen, dem Achilleus unterliegt. Dies lässt sich als Ausblick auf die Niederlage Trojas lesen, die aber in der *Ilias* ebenso wenig erzählt wird wie die noch davor erfolgte Tötung des Achilleus.

Die ebenfalls 24 Gesänge/Bücher der *Odyssee* erzählen von der langwierigen, abenteuerlichen und hindernisreichen Heimkehr (griech. *nóstos*) des Helden Odysseus aus dem trojanischen Krieg. Nach der Zerstörung des durch seine List mit dem Holzpferd besiegten Troja begibt er sich mit seinen Kameraden auf die Rückreise nach der Insel Ithaka, deren König er ist. Da er sich aber den Zorn des Meeresgottes Poseidon zuzieht, wird die Fahrt über das Mittelmeer zum Horrortrip. Odysseus gerät mehrmals in Seenot, verliert alle Gefährten und strandet auf der märchenhaften Insel der Nymphe Kalypso, die sich in ihn verliebt und sieben Jahre bei sich festhält. Zu Beginn der Handlung der *Odyssee* erwirkt die göttliche Helferin des Helden, Athene, beim höchsten Gott Zeus dessen Freilassung durch Kalypso. Die restliche Heimreise nach Ithaka muss er allein meistern. Das Epos endet mit der Wiedererringung seiner Herrschaft: Zusammen mit seinem Sohn Telemachos muss Odysseus erst die jungen Brautwerber um seine Ehefrau Penelope besiegen, die fest mit seinem Tod gerechnet hatten.

Zu dem Großthema ›trojanischer Krieg‹ sind neben diesen beiden berühmten Epen noch eine Reihe weiterer entstanden, wie die *Kleine Ilias* oder die *Iliupérsis* (*Zerstörung Ilions/Trojas*). Sie sind allerdings nicht mehr erhalten. Wir zählen sie heute zum ›Epenkreis‹ oder **epischen Kyklos um Troja**, zu dem auch die Vorgeschichte des Krieges (besonders der Raub der Helena) und die Folgen gehören.

Das einzige griechische Epos, das zwischen Homer und dem spätantiken Quintus aus Smyrna (4. Jh. n. Chr.) vollständig erhalten ist, sind die *Argonautika* (*Argonautengeschichten*) des gelehrten Dichters **Apollonios** von Rhodos (um 300–240 v. Chr.). Dieser war Erzieher eines ptolemäischen Prinzen und

Leiter der berühmten Bibliothek von Alexandria. In der ersten Hälfte seines auf nur vier Bücher verknappten Epos beschreibt er die Fahrt des ersten Schiffes der Menschheit, der Argo, von Iolkos in Thessalien nach Kolchis an der Schwarzmeerküste. In der zweiten Hälfte geht es um die abenteuerliche Rückfahrt der Heldengruppe um den Prinzen Iason auf teils phantastischen Routen. Dieser hat in Kolchis mithilfe der in ihn verliebten Königstochter Médeia/Medea, die er dann mit nach Griechenland nimmt, das Goldene Vlies geraubt.

Merkmale des Epos:

- Musenanrufe in Haupt- und Binnenvorreden (Proömien)
- schmückende Beiworte (*epitheta ornantia*) zur Kennzeichnung wichtiger Figuren und Erscheinungen der Handlung
- Vergleiche und ausgearbeitete Gleichnisse zur Veranschaulichung des Dargestellten auf einer anderen Bildebene
- Auflistungen (Kataloge) zur quasi-historischen Dokumentation (etwa von Schiffs- oder Landtruppenkontingenten)
- Kunstwerksbeschreibungen (griech. *ekphráseis*)
- wiederkehrende Verse oder Versgruppen (Formelverse) bei typischen Szenen (wie Tagesanbruch, Speisenzubereitung und -verzehr, Rüstung)
- Wechsel von Erzählung, Redeeinleitung, wörtlicher Rede und Redeabschluss
- Götterapparat (Götter greifen in die Handlung ein)
- erhabene, oft gezielt altertümliche Sprachgestalt (bei Homer: ›Kunstsprache‹ aus verschiedenen dialektalen Bestandteilen)

Römische Epen

Die Form des epischen Dichtens leistete merkliche Geburtshilfe bei der Entstehung der lateinischen Literatur. Seit deren Anfängen sind Epen bezeugt. Von diesen sind allerdings nur recht spärliche Bruchstücke (meist in Form von Zitaten einzelner Verse oder Versteile) auf uns gekommen. Sie behandeln sowohl mythische als auch historische Themen:

Livius Andronicus (um 240 v. Chr.) hat die *Odyssee* unter dem Titel *Odusia* ins Lateinische übersetzt und die homerischen Hexameter in das Versmaß der **Saturnier** übertragen, das allerdings recht bald aus der Mode kam.

Als episches Metrum übernommen hat es der aus Kampanien stammende Gnaeus **Naevius** (gestorben um 201 v. Chr.). Er schrieb ein zeitgeschichtliches Epos über den 1. Punischen Krieg (264–241 v. Chr.). In die Handlung war eine Ursachenerklärung (Aition) für den Konflikt der ›Erbfeinde‹ Rom und Karthago eingeschoben. Ein Rückblick erzählte von den Irrfahrten des überlebenden Trojaners Aeneas, eines Sohnes der Liebesgöttin Venus, und seiner Leute vom zerstörten Troja über Sizilien und Nordafrika nach Latium in Mittelitalien. Dieser Exkurs ist in Vergils *Aeneis* Hauptthema.

Den **lateinischen Hexameter** ›erfunden‹ hat der in Kalabrien geborene Quintus **Ennius** (239–169 v. Chr.). In seinem Hauptwerk *Annales* (*Jahrbücher*) spannte er einen größeren historischen Bogen als jeder Epiker vor ihm: In den 18 Büchern (davon sind noch etwa 600 Verse ganz oder teilweise erhalten) behandelte er die gesamte Geschichte von der Gründung Roms bis in seine eigene Zeit.

Publius **Vergilius** Maro (70–19 v. Chr.) schließlich verlieh den trojanisch-homerischen Hintergründen und Anfängen Roms in der *Aeneis*, *dem* Allzeitklassiker, zwischen Vergangenheit, Gegenwart und Zukunft weltgeschichtlichen und weltliterarischen Rang. Kaiser Augustus hatte dieses Werk dringend eingefordert, doch der Dichter der kleinen Form hatte ein großes ›Römerepos‹ lange abgelehnt. In den zwölf Büchern schildert Vergil die Irrfahrten des Trojaners Aeneas, eines Sohnes

➤ S. 181–194

der Liebesgöttin Venus, und seiner Leute vom zerstörten Troja über Sizilien und Nordafrika (Liebe zur karthagischen Königin Dido) nach Latium in Mittelitalien sowie die dortigen Kämpfe.

➤ S. 205–214 Publius **Ovidius** Naso (43 v. Chr. – 17 n. Chr.) führte als jüngerer Zeitgenosse Vergils dessen Erneuerung und Uminterpretation der homerischen und altlateinischen Epik fort. In seinen *Metamorphosen* (*Verwandlungsgeschichten*) entwirft er in einer Zeit der Stabilität das Panorama einer Welt im steten Wandel und beginnt dabei nicht etwa (wie Ennius) bei den Anfängen Roms, sondern bei den Anfängen des Kosmos. Die 15 Bücher umfassende fortlaufende Großerzählung (ein *carmen perpetuum*) ist aus einer Fülle von kunstreich verwobenen Einzelerzählungen (*carmina deducta*) über Gestaltverwandlungen in allen großen Sagenkreisen komponiert.

Anders als bei der Liebeselegie kam die Entwicklung des Epos nach Ovid nicht zum Stillstand. Auf den Spuren der Klassiker Vergil und Ovid gewannen **kaiserzeitliche Epiker** der Gattung neue historische und mythologische Facetten ab:

In **neronischer Zeit** goss Marcus Annaeus **Lucanus** (39–65 n. Chr.) Handlungen aus dem Bürgerkrieg zwischen den Parteiungen des Gaius Iulius Caesar und des Pompeius (ab 49 v. Chr.) in die Form eines historischen Epos namens *Bellum civile* (*Bürgerkrieg*), auch *Pharsalia* (*Geschichten um Pharsalos*) genannt. Das Werk endet mit dem zehnten Buch abrupt. Einen Bruch mit der Gattungskonvention stellt Lucans Verzicht auf den »Götterapparat«, also auf Götter als handelnde Figuren im Epos, dar.

Aus **flavischer Zeit** sind drei Epen erhalten:

Der Politiker, glühende Vergil-Verehrer und Hobbydichter **Silius Italicus** (um 25–100 n. Chr.) kehrte zu den konventionellen Formen eines historischen Epos zurück. Seine *Punica* (*Punische Geschichten*) mit ihren über 12 000 Versen in 17 Büchern sind das umfangreichste Epos der antiken lateinischen Literatur. Die behandelte Zeit, der 2. Punische Krieg gegen Hannibal (218–202 v. Chr.), verklärt Silius zur ruhmreichen Vergangenheit Roms. Diese reichert er mit dem Götterapparat und weiteren Beigaben aus dem Mythos an.

Der Senator **Valerius Flaccus** (gestorben um 90 n. Chr.) wagte einen Sprung zurück in die rein mythische Tradition des Epos: Mit seinen *Argonautica* (*Argonautengeschichten*) suchte er in Thema und Grobstruktur den Anschluss an das große Vorbild Apollonios. Er verdoppelte jedoch die Buchzahl. Die sprachlichen Härten der griechischen Vorlage suchte er im Lateinischen nachzuahmen, was aber stilistisch hier und da verquer wirkt. Vergilischer Einfluss wird in der Sinngebung für die Argonautenfahrt als kulturbringender Fortschritt sichtbar.

Publius Papinius **Statius** (um 40/50 – vor 96 n. Chr.) stammte aus Neapel und war, anders als seine eben vorgestellten Zeitgenossen, professioneller Dichter. Sein nicht nur hinsichtlich der Zwölfzahl der Bücher an Vergil angelehntes Epos, die *Thebais*, ist gänzlich in der Welt des griechischen Mythos angesiedelt. Statius breitet darin einen Mythenstrang aus der frühen Heroengeneration aus: den für beide tödlichen Bruderzwist und Konkurrenzkampf der Ödipussöhne Eteokles und Polyneikes (er wurde auch in Tragödien vielfach thematisiert). Die Kämpfe gegen Theben beginnen erst in der zweiten Werkhälfte (Buch 7); zuvor gibt es ausladende Exkurse, etwa zur Entstehungsgeschichte (Aition) der Spiele in Nemea. An mehreren Stellen sorgen Verfluchungen und Geistererscheinungen für Grusel und Schauder. Das Epos stellt sich somit auch in die Tradition der Bühneneffekte der griechischen und lateinischen Tragödie (wie derjenigen Senecas des Jüngeren).

Die Wirkungsmacht der griechischen und lateinischen Epik

Die spätantike und nachantike Rezeption der griechischen und lateinischen Epik ist unermesslich. Neben formbewahrenden Neuansätzen in lateinischer Sprache finden sich Gattungswechsel. Epische Stoffe wurden etwa im Roman der Spätantike, des Mittelalters und der Neuzeit weiterverarbeitet. In der Gegenwartsliteratur sind die Formen der ›Epen‹ und des ›Epischen‹ ungemein vielfältig: Die Kernthemen der klassischen antiken Epen (Troja, Aeneas, Verwandlungsmythen) begegnen in hochkulturellen Werken ebenso wie in veralltäglichenden (popularisierenden) Fassungen (Adaptionen) auf Schritt und Tritt, Heldenreisen (mit antiken und nichtantiken Stoffen) finden sich in Literatur, Film, Musik und anderen Medien als beherrschendes Strukturmuster. Dieses knüpft immer wieder offen oder versteckt an antike Muster an. Berühmte Beispiele sind etwa J. R. R. Tolkiens Roman *Der Herr der Ringe* und die Science-Fiction-Filmsaga *Star Wars* des Regisseurs George Lucas. Die antiken Basistexte werden stetig neu übersetzt, nacherzählt, illustriert, kommentiert.

1.9 Versfabel

Fabula (wörtlich: »Erzählung, Geschichte«) bezeichnet eine Gattung, die in ihren Anfängen bei den Griechen noch keinen oder einen allenfalls geringen literarischen Rang besaß. Fabeln wurden vielfach mündlich weiterüberliefert, die Gattung kann für diese Zeit also allenfalls als ›subliterarisch‹ gelten.

Fabeln sind lehrhafte (didaktisierte) Kurzerzählungen. Diese ranken sich zumeist um vermenschlichte, da mit Sprechfähigkeit und menschlichen Charakterzügen ausgestattete Tierfiguren. Es kommen aber auch Menschen (etwa aus dem Repertoire der Komödien) oder Götter (wie Jupiter oder Merkur) als handelnde Figuren vor. Was die jeweilige Fabel lehrt, das *fabula docet*, steht in der Regel entweder vor der Erzählung als *promythion* oder als abschließende Moral am Ende als *epimythion*. Ein Beispiel für ein solches *promythion* ist etwa das heute (in Reimversen) sprichwörtliche »Wer einmal lügt, dem glaubt man nicht, und wenn er auch die Wahrheit spricht«. Dieses hat der römische Autor **Phaedrus** (Lebensdaten recht unsicher: um 20/15 v. Chr. – 45 n. Chr.), der weitaus bedeutendste Vertreter der lateinischen Fabel, seiner Fabel 1,10 »Wolf und Fuchs vor dem Richter-Affen« vorangestellt: *Quicumque turpi fraude semel innotuit, / etiam si verum dicit, amittit fidem.*

Phaedrus war Grieche. Er gelangte als Sklave nach Rom, wurde aber von Kaiser Augustus oder Tiberius wegen seiner hohen Bildung in die Freiheit entlassen. Unter dem einflussreichen Prätorianerpräfekten Seianus geriet er dann allerdings in die Mühlen der Justiz: Man warf ihm in böswilliger Absicht die Kritik an den Mächtigen vor, die man aus einigen Fabeln herauszulesen meinte.

Phaedrus erklärt in der Vorrede seiner fünf Bücher Fabeln, er habe dem Material des Äsop/Aesopus (griech. *Aísōpos*) mit dem Sprech-Versmaß des Jambischen Senars einen (lateinischen) »Feinschliff verpasst« (*polivi*, Prologus 2). So umschreibt er sein Programm, die in Prosa gehaltenen kleinen Geschichten des griechischen Gattungshelden in kunstreiche Gedichte nach dem Vorbild der Neoteriker umgestaltet und aufgewertet zu haben. Phaedrus hat damit die **Versfabel** geschaffen. **Aisopos** selbst bleibt – ähnlich wie sein epischer großer Bruder Homer – eine sagenumwobene Gestalt. Sein Name wurde zum ›Etikett‹ für die reichhaltige griechische Fabelüberlieferung.

Die Wirkungsmacht der lateinischen Fabel

Zwar geriet Phaedrus' Name in den nachfolgenden Jahrhunderten zunächst weitgehend in Vergessenheit, nicht jedoch die von ihm wiederbelebte Gattung. Denn die mittelalterliche Fabelüberlieferung ist überaus vielfältig und weitverzweigt. Es ist davon auszugehen, dass Fabeln in der höheren Schulbildung und in der Praxis von öffentlicher Rede und Predigt eine große Rolle spielten. Man griff dabei auf eine Sammlung von lateinischen **Prosafabeln** zurück, die auch unter den Titeln *Romulus* oder *Aesopus* bekannt war. Darin wurden Phaedrus' Fabeln mit anderen vermischt, die unter dem Namen *Aesopus Latinus* überliefert sind. Neuzeitliche Autoren lieferten stetig eigene Beiträge zum Traditionsstrom dieser nur auf den ersten Blick schlichten Gattung, die sich als sehr anpassungsfähig erwiesen hat. Als Theoretiker und Praktiker der Fabel ragt im 18. Jh. Gotthold Ephraim Lessing heraus. In der Gegenwartskultur sind neue illustrierte Nacherzählungen antiker Fabeln für ein jüngeres Zielpublikum erschienen, wie *Aesops Fabeln oder Die Weisheit der Antike* (München 2004) des bulgarisch-deutschen Kinderbuchautors Dimiter Inkiow.

1.10 Epigramm

Das Wort Epigramm stammt aus dem Griechischen (*epígramma*) und setzt sich aus dem Bestandteil *epí* (»auf«) und dem vom Verbum *gráphein* (»schreiben«) abgeleiteten Substantiv zusammen. Es handelte sich ursprünglich um eine Aufschrift, vergleichbar etwa heutigen Graffiti auf Hauswänden oder Betonmauern.

Neben großformatigen Aufschriften gab es auch kleinere Vermerke auf Gegenständen wie dem berühmten »Nestorbecher«. Dieses Gefäß, auf der Insel Ischia entdeckt, wurde bereits im 8. Jh. v. Chr. auf der griechischen Insel Rhodos hergestellt. Darauf steht eingeritzt von links nach rechts in griechischen Buchstaben, hier in Übersetzung in gewöhnlicher Leserichtung:

> Nestor hatte ein Trinklust förderndes Trinkgefäß. (Oder:
> Fort mit Nestors Trinklust förderndem Trinkgefäß!)
> Doch wer aus diesem Gefäß hier trinkt, den wird gleich
> Lust übermannen nach dem hübschen Kranz Aphrodites.

Der Dichter Simonides von Keos (556–468 v. Chr.) verfasste zur Erinnerung an die spartanischen Soldaten, die im Jahr 480 v. Chr. in der Schlacht an den Thermopylen gefallen sind, folgende ›Gedächtnisaufschrift‹ oder ›Grabinschrift‹ in Versform:

> Fremder, melde den Lakedaimoniern, dass wir an dieser
> Stelle liegen; was sie anwiesen, war uns Befehl.

Das Denkmal, auf dem dieser Text einst stand, ist verloren, der Text hingegen ist in der Sammlung *Anthologia Graeca* überliefert (7,249).

In Pompeji sind unzählige Wandinschriften aus der Zeit bis 79 n. Chr. erhalten, darunter Wahlaufrufe, Hinweise auf Gladiatorenspiele und (gekritzelte) Kurznachrichten unterschiedlichsten Inhalts. Viele Graffiti widmen sich zudem dem Thema Liebe. Das folgende ist in zwei Hexametern abgefasst und lehnt sich an Vorbilder aus den Liebeselegien von Properz und Ovid an (*Corpus Inscriptionum Latinarum* 4,1520, Abweichungen vom Standardlateinischen normalisiert):

Candida me docuit nigras odisse puellas.
Odero, si potero; si non, invitus amabo.

Eine Helle lehrte mich dunkle Mädchen verachten.
Ich verachte, wenn möglich; wenn nicht, dann liebe
ich lustlos.

Auf Stein oder Bronze übertragene Texte im öffentlichen Raum hatten in der römischen Schriftkultur und Informationsgesellschaft auch wichtige offizielle Funktionen. So etwa als Kalender, Gesetze/Urkunden, Weihungen, Ehrungen und Grabinschriften. Ein Beispiel für letztere Gattung: der Grabstein des Schusters Iulius Helius aus dem Rom des frühen 2. Jh.s n. Chr. (s. Abb.). Im Giebel über der Nische mit der vollplastisch ausgearbeiteten, nackten Büste des Auftraggebers und Geehrten steht die Grabformel *D(is) M(anibus)* (»den Totengöttern«). Im gerahmten Feld darunter steht (*Corpus Inscriptionum Latinarum* 6,33914):

C(aius) Iulius Helius sutor a
Porta Fontinale fecit sibi et
Iuliae Flaccillae fil(iae) et C(aio) Iulio
Onesimo liberto libertabusque
posterisque eorum v(ivus) f(ecit)

Gaius Iulius Helius, Schuster bei
der Porta Fontinalis, hat dies für sich und
für Iulia Flaccilla, seine Tochter, und für Gaius Iulius
Onesimus, seinen Freigelassenen, für die weiblichen
Freigelassenen
und die Nachkommen von ihnen zu Lebzeiten erstellt.

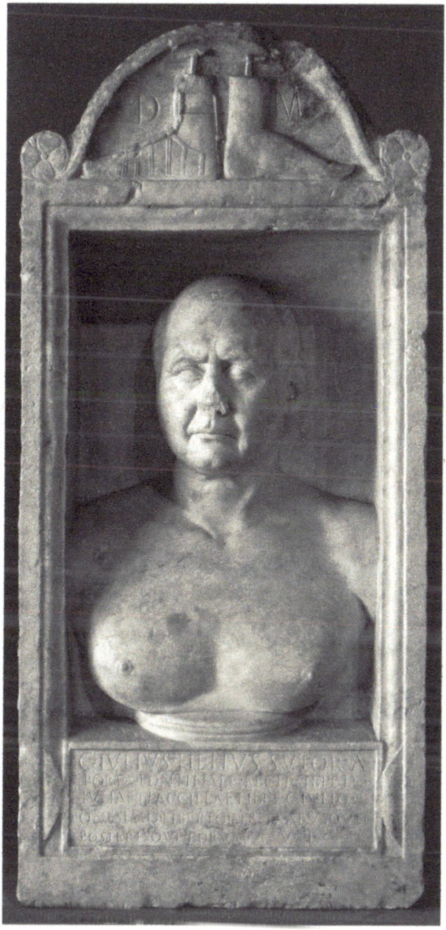

Grabstein des Schusters Iulius Helius – © Adam Eastland / Alamy Stock Foto

Die Gattung Epigramm umfasst schließlich auch Texte, die gar nicht als Aufschrift im engeren Sinne gedacht waren: pointierte kurze Gedichte in elegischen Distichen.

Römische Epigramme

Der frühe römische Dichter Quintus **Ennius** (239–169 v. Chr.) hat als stolze ›Verewigungsinschrift‹ für sein eigenes Werk eine Art Grabverweigerungsepigramm verfasst (*Epigrammata* 17):

Nemo me lacrimis decoret nec funera fletu
Faxit. Cur? volito vivos per ora virum.

Niemand soll mich mit Weinen verehren, ins Grab unter Tränen
betten. Warum? Im Flug bin ich lebendiger Spruch.

➤ S. 137–143 Der spätrepublikanische Dichter **Catull** (um 84–54 v. Chr.) hat nach hellenistischen Vorbildern schließlich das lateinische **Spottepigramm** begründet und auch erotische Themen in dieser Form behandelt. Er ist zum wichtigsten römischen Vorbild Martials geworden. Ein typisches Epigramm Catulls lautet folgendermaßen (*Carmen* 70):

Nulli se dicit mulier mea nubere malle
quam mihi, non si se Iuppiter ipse petat.
Dicit: Sed mulier cupido quod dicit amanti,
in vento et rapida scribere oportet aqua.

Keinen, sagt meine Frau, will sie lieber zum Ehemann haben
als mich, auch nicht, wenn Jupiter selbst sie umwirbt.

Sagt sie: Doch was eine Frau auch sagt zum Freund
und Geliebten,
kann man getrost in den Wind schreiben und in die Flut.

Den Vorrang als hauptberuflicher Epigrammatiker oder ›Epigrammatist‹ in der lateinischen Literatur hat sich allerdings im 1. und frühen 2. Jh. n. Chr. der aus Spanien stammende Marcus Valerius **Martialis** erworben. Auf den Spuren seines Hauptvorbildes Catull hat er den Kreis der Gattungsthemen zeitgerecht erweitert. Neben (satirischem) Typenspott, Angriffslust, Sittenbildern der (sexuellen) Triebe und Abwege sowie Kritik an gesellschaftlichen Zuständen ›von unten‹ treten bei ihm auch lebenskräftige Porträts der eigenen Kultur (Bauten und Spiele) und des diese tragenden Herrschers (*princeps*).

➤ S. 252–260

Die Wirkungsmacht des römischen Epigramms

Martials ›Sinngedichte‹ in der knappen Reinform von Erwartung und Aufschluss prägten die auf Lessing zurückgehende neuzeitliche Theorie des Epigramms. Goethe und Schiller haben mit ihren *Xenien* ebenfalls im 18. Jh. nicht nur den Titel eines Martial-Buches aufgenommen – sie haben die pointierte Kurzform in Distichen auf eine breite Themenvielfalt aus (Literatur-)Geschichte und eigener Gegenwart übertragen. In jüngerer und jüngster Zeit kehrt epigrammatisches Schreiben in Form von Graffiti wieder zum Ursprungsmedium der (anarchischen Wand-)Beschriftung zurück. Im offiziellen Kulturleben geht epigrammatisches Sprechen und Schreiben eine enge Verbindung mit satirischen Kunstformen ein, etwa im Rahmen des (politisch-gesellschaftskritischen) Kabaretts oder der auf Unterhaltung durch Pointen (Gags) abzielenden Comedy in unterschiedlichsten Medien.

2 Prosa

2.1 Reden

Rhetorik (*eloquentia*) ist im Kern die Kunst (*ars*), sich der menschlichen Redegabe zielgerichtet zu bedienen, um ein Publikum von seiner eigenen Auffassung zu überzeugen (*persuadere*). Schon bei Homer sind Reden überliefert, die diesen Anforderungen genügen. Sie belegen, dass es bei den Griechen seit den Anfängen der Literaturgeschichte praktische Rhetorik auf einem hohen Entwicklungsstand gab. Doch von Rhetorik als lehr- und lernbarer Kunst spricht man erst ab dem Zeitpunkt, ab dem **Lehrbücher** belegt sind. Diese halten die Grundlagen dieses Lehrgangs fest, insbesondere das **System der Rhetorik**. Dieses hat sich über alle Epochen hinweg als Grundlage der Allgemeinen Rhetorik bis heute im Kern erhalten. Es umfasst etwa die Voraussetzungen des Redners, die Arten einer Rede, die Arbeitsschritte (*officia*) bei der Ausgestaltung einer Rede, den Aufbau (die Struktur) einer Rede und die prägenden sprachlichen, stilistischen und argumentativen Mittel der rednerischen Wirkung.

Cicero entwickelt in seinem Dialog *Brutus* eine aufschlussreiche Geschichte der Rhetorik in Rom. Dass auch diese Gattung auf griechischen Leitbildern fußt, zeigt ein vorgeschalteter Überblick über die Geschichte der **griechischen Beredsamkeit**: Für bedeutende athenische Politiker aus der Zeit der Perserkriege (um 500 – 479 v. Chr.; besonders Themistokles), die Blütezeit zwischen den Kriegen (Perikles) sowie die Zeit des Peloponnesischen Krieges (431–404 v. Chr.) sind rhetorische Glanzleistungen indirekt bezeugt. Cicero neigt dazu, von der Darstellung der Politikerreden im Geschichtswerk des Thukydides auf die tatsächlich gehaltenen Reden zurückzuschließen. Auf sichererem Boden befindet man sich aber erst mit Gorgias aus Leontinoi in Sizilien (um 480–380 v. Chr.). Dieser kam als wandernder Weisheitslehrer mit finanziellen Interessen (Sophist) nach Athen und erregte dort als Rhetorikdozent großes Aufsehen. Sein Konzept einer bedingungslos nutz- und erfolgsorientierten Redekunst steht in scharfem Gegensatz zur strengen Wahrheitsrhetorik. Auf diese hat sich Sokrates verpflichtet, wie er uns aus den Werken Platons (frühes 4. Jh. v. Chr.) geläufig ist. Von Gorgias sind Musterreden erhalten. Darin nimmt er sich besonders knifflige Themen aus der Mythologie vor wie etwa eine Ehrenrettung der schönen Helena, die allgemein als Verursacherin des verlustreichen Krieges um Troja angeprangert wird. Mit halsbrecherischen ›Beweisgängen‹ und einem Feuerwerk an Stilmitteln entfaltet er seine Kunst der rhetorischen Überwältigung des Gegenübers. Dies sollten seine Schüler studieren, verinnerlichen und nachzuahmen versuchen.

Ähnliche Musterreden zu Übungszwecken sind von Lysias (um 444–364 v. Chr.) bezeugt. Dessen Zeitgenosse Platon zitiert ein rhetorisches Prunkstück zu einer widersinnig (paradox) erscheinenden These aus dem Bereich der Liebeswerbung. Lysias' Alltagsberuf war nüchterner. Er betätigte sich als »Redenschreiber« (**Logograph**), also eine Art Ghostwriter für athenische Bürger. Diese mussten sich nämlich nach dem Recht ihrer Stadt höchstpersönlich und ohne offiziellen Rechtsbeistand vor Gericht verantworten und gegebenenfalls verteidigen. So legte Lysias etwa dem Euphiletos, der Eratosthenes, den Liebhaber seiner Frau, auf frischer Tat ertappt und umgebracht hatte, eine ausgefeilte Verteidigungsrede vor Gericht in den Mund. Darin wird der Tathergang ganz einseitig und parteiisch aus der Sicht und zugunsten des Angeklagten geschildert. Aus stilistischer Sicht wurde Lysias zu einem der Muster attischer Schlichtheit und Vorbilder der sog. **Attizisten**. Die Verzierungen der ausschweifenderen Redner aus Kleinasien suchten hingegen die sog. **Asianer** nachzuahmen.

Die goldene Mitte zwischen diesen Formen besetzte der bedeutendste Redner aus Athen, **Demosthenes** (384–322 v. Chr.). Als Sohn eines vermögenden Fabrikanten musste er sich nach dem Tod des Vaters gegen die eigenen Vormünder behaupten, um über sein Erbe verfügen zu können. Wie Lysias war er zu Beginn seiner weiteren Laufbahn als Logograph tätig. Wie dieser bewies er ein großes Talent, sich in die von ihm betreuten Prozessbeteiligten und ihre Charaktere hineinzuversetzen. Er glänzte also in Ethopoiie (»Charakterdarstellung«). In der Zeit, als König Philipp von Makedonien, der Vater von Alexander dem Großen, aufstieg und mit seiner Expansion begann, widmete sich Demosthenes der großen Politik. In seinen staatspolitischen Beratungsreden wandte er sich mehr und mehr außenpolitischen Fragen zu. Berühmt wurde er als hartnäckiger Gegner der makedonischen Dominanz. In zahlreichen »Philippischen Reden« gegen den makedonischen König suchte er den Widerstandsgeist seiner Landsleute zu stärken. Selbst unter Alexander konnte er seine Politik zunächst fortsetzen. Nach der Niederlage Athens gegen den makedonischen Statthalter 322 v. Chr. kam Demosthenes durch Selbsttötung einer drohenden Verhaftung zuvor. Trotz dieses politischen und menschlichen Scheiterns gelten sowohl seine Gerichtsreden als auch seine Staatsreden wegen der darin offenbarten Prinzipienfestigkeit und des rhetorischen Könnens als vorbildlich.

Römische Redner

Als Epochengestalt der lateinischen Redekunst lebte etwa 150 Jahre nach Demosthenes der sittenstrenge Marcus Porcius Cato Censorius (234–149 v. Chr., Zensor 184). Der in Tusculum geborene Ritter und Sozialaufsteiger (*homo novus*) wirkte in Rom in der Epoche, als das Imperium Romanum Weltmachtstellung errang. Cato ist zum Begründer der lateinischen **Prosagattungen** geworden. Seine Schlüsselstellung in der Geschichte der Redekunst bezeugt Cicero. Catos Wirken bezeichnet für ihn einen Aufstieg der Rhetorik zu bisher unbekannten Höhen. Von Cato sind noch Teile (Fragmente) einzelner Reden überliefert, etwa einer Rede, in der sich gerade dieser Zuchtmeister für Aufwendungen in seiner Amtsführung rechtfertigen musste (*De sumptu suo* aus dem Jahr 164 v. Chr.).

Unter die größten Redner der folgenden Generation zählt Cicero die Gracchen, also die Brüder Tiberius (162–133 v. Chr.) und Gaius Sempronius Gracchus (153–121 v. Chr.). Die beiden umfassend gebildeten Politiker bezahlten ihren leidenschaftlichen Einsatz für eine gerechtere Eigentums- und Gesellschaftsordnung mit einem frühen gewaltsamen Tod. Ihr glänzender Ruf als aufrüttelnde Volksredner hat auf die Späteren starken Eindruck gemacht.

Aus der Generation seiner eigenen Lehrer hebt Cicero Crassus und Antonius hervor. Ihnen hat er in dem redetheoretischen Dialog *Über den Redner* (*De oratore*) ein Denkmal gesetzt.

In der eigenen Zeit ragen neben dem Machtpolitiker und Dictator Gaius Iulius Caesar zwei Redner besonders heraus: ➤
Quintus Hortensius Hortalus (114–50 v. Chr.) und Marcus S. 144–154
Tullius Cicero (106–43 v. Chr.) selbst, der Hortensius seit der ➤
erfolgreichen Anklage des von diesem verteidigten Provinz- S. 154–172

ausplünderers Verres als »König der Gerichtshöfe« ablöste. Cicero gilt mit dem stattlichen Corpus an erhaltenen Reden, die er zu Zwecken der historischen Dokumentation und als Übungsgrundlage für künftige Redner in deutlich überarbeiteter Form veröffentlicht hat, sowie mit seinen redetheoretischen Schriften als einsamer Höhepunkt und Inbegriff der Rhetorik in Rom.

Doch die von Cicero so nachdrücklich verteidigte freie Staatsordnung (*libera res publica*) ging unter und musste der Herrschaft eines herausragenden Einzelnen (*princeps*) Platz machen. In der Kaiserzeit stellte man folgerichtig einen ›Verfall der Redekunst‹ fest. Denn deren Lebensraum, die offene politische Debatte, war verloren. Trotzdem blühte die kunstvolle öffentliche Rede weiterhin im Senat, vor Gericht und auch am Kaiserhof, dort und auch sonst oft in Form von Herrscherlob (Panegyrik). Der Verfallsthese entgegen steht auch die erst damals erfolgende Professionalisierung der rhetorischen Ausbildung in Rom. Lucius Annaeus **Seneca der Ältere** (Seneca rhetor; um 54 v. Chr. – 39 n. Chr.), der Vater des Philosophen, betrieb eine Fachakademie für Rhetorik, wie durch seine »Memoiren aus der Rhetorenschule« bekannt ist. Diese zeugen von einem schier übermenschlichen Gedächtnis selbst im hohen Alter. Bei ihm lernten Geistesgrößen wie der Dichter Ovid. Ihre Ausbildung stützte sich auf eine Reihe genau festgelegter Formen von Trainingsreden.

Auch im Zeitalter des jüngeren Plinius und des Tacitus blieb Cicero das wichtigste Leitbild der römischen Redekunst. Schon hier kann man von einem Ciceronianismus sprechen, wie er spätere Renaissancen der antiken Kultur geprägt hat. Erklärende Literatur (Kommentare) erschloss insbesondere Ciceros Reden für den Unterricht zum Erwerb einer höheren Bildung, die über die Rhetorenschule hinausreichte. Rhetorik wurde fester

Bestandteil des »Dreiwegs« (Trivium) der »Freien Künste« (*artes liberales*).

Die Wirkungsmacht der römischen Rhetorik

Die in Cicero gipfelnde Kunst der Rhetorik bestimmte das Bildungswesen des gesamten Mittelalters und (mit neuen Akzenten) auch der frühen Neuzeit. In der Gegenwartskultur liefern Ciceros Reden etwa die Grundlage für historische Romane oder die noch heute intensive Vortrags- und Debattenschulung in Theaterräumen englischer Eliteuniversitäten.

2.2 Redetheorie

Die in unterschiedlichen Formen (Überarbeitung, Zitat, Inhaltsreferat) überlieferten Reden bezeugen die Praxis der antiken Rhetorik. Von Anfang an sind für diese Fachdisziplin aber diejenigen Texte ebenso bedeutsam, die sich theoretisch mit Begriff und System der Redekunst befassen. Die frühesten Lehrbücher und ihre sophistischen Verfasser finden in Platon (frühes 4. Jh. v. Chr.) und seiner **Dialog**figur Sokrates einen Widerpart. Dieser diskutiert Ansätze zur begrifflichen und damit wissenschaftlichen Bestimmung (**Definition**) der Redekunst. So fasst Sokrates im Dialog *Gorgias* (453) die Auffassung seines titelgebenden Gesprächspartners wie folgt zusammen: »Jetzt scheinst du mir dem am nächsten zu kommen, Gorgias, für was für eine **Kunst** du die Rhetorik hältst, und wenn ich dich recht verstehe, meinst du, dass wir es bei der Rhetorik mit einer **Überredungserzeugerin** zu tun haben, und ihr gesamtes Streben sowie ihr Hauptziel laufen darauf hinaus.« Für die weitere Entwicklung der Redetheorie wesentlich ist hierbei die Einordnung des Faches als lehr- und lernbare Kunst (*ars*, griech.

téchnē). Hinzu kommt das Ziel der Hervorbringung von »Überredung« oder »Überzeugung« (*persuasio*, griech. *peithṓ*) beim Adressaten.

Platons berühmtester Schüler, der Universalgelehrte Aristoteles (384–322 v. Chr.), verfasste eine *Rhetorik* in drei Büchern. Diese stellen aber kein literarisches Kunstwerk oder auch nur ein sorgsam gestaltetes Handbuch dar. Vielmehr handelt es sich um eine Art Vorlesungsnotizen des Lehrmeisters. Aristoteles behandelt die Verfahren zur Überzeugung des Publikums mittels einer ausgeklügelten Lehre von Beweisgängen. Ein besonderes Augenmerk gilt den **psychologischen** Gesichtspunkten, genauer der Auslösung von Affekten/Emotionen bei Adressatengruppen. Diese lassen sich nach bestimmten Kategorien (Alter, Charakter, gesellschaftliche Stellung) unterscheiden. Hierbei arbeitet Aristoteles die in Platons Dialog *Phaidros* bezeugte Sicht der Rhetorik als »Seelenlenkung« (griech. *psychagōgía*) mit den Methoden wissenschaftlicher Befundermittlung (Empirie) aus. Die Rhetorik selbst definiert Aristoteles einleitend so: »Es sei nun Rhetorik die Fähigkeit, bei jedem das in ihm ruhende Überzeugende ins Auge zu fassen.«

Römische Redetheorie

Auf der Grundlage der griechischen Tradition, die auch zahlreiche Handbücher im engeren Sinn aufweist, hat Cicero (106–43 v. Chr.) seine großen redetheoretischen Entwürfe vorgelegt. Die Werke stammen aus allen Schaffensphasen seines Lebens:

➤ S. 154–172

- ***De inventione (rhetorici libri)*** (86–84 v. Chr.): In seinem Jugendwerk legt Cicero eine umfassende Theorie zur ersten Aufgabe des Redners (*officium oratoris*), der Stoffsammlung, vor.

- ***De oratore*** (55 v. Chr.): Ciceros redetheoretisches Hauptwerk ist ein literarisch glänzender Dialog auf den Spuren Platons. Seine eigenen Lehrmeister diskutieren umfassend und tiefschürfend Werden, Wesen und Wirkungsbereiche der Redekunst in der römischen Politik und Gesellschaft ihrer eigenen Krisenzeit (91 v. Chr.).
- ***Brutus*** (47/46 v. Chr. – Zeit von Caesars Alleinherrschaft): ein weiterer platonischer Dialog, mit dem späteren Caesarmörder als Titelfigur. Die Gruppe besinnt sich auf die weitverzweigte geschichtliche Entwicklung der Rhetorik in Rom bis in die eigene Zeit und bedenkt eine mögliche Zukunft.
- ***Orator*** (46 v. Chr.): Als eine Art Fortsetzung des *Brutus* und auf dringende Bitten des Widmungsadressaten Brutus entfaltet Cicero hier in einer Art Bekenntnisschrift sein Urteil (*iudicium*) über den (idealen) Redner und die von ihm bevorzugten Stilqualitäten und Stilarten.

Dionysios von Halikarnassos (1. Jh. v. Chr.), ein jüngerer Zeitgenosse Ciceros, der seit 30/29 v. Chr. bis 8 v. Chr. in Rom als Geschichtsschreiber und Rhetor wirkte, beschränkt in seiner Definition die Rhetorik auf die politische Rede (*genus deliberativum*; Dionysios schrieb allerdings auf Griechisch): »Rhetorik ist die kunstfertige Fähigkeit der überzeugenden Rede in einer politischen Angelegenheit, deren Ziel darin liegt, gut zu reden. Folgende drei Faktoren lassen uns zur Bestform auflaufen sowohl bei politischen Reden wie in jeder Kunst und jeder Kompetenz: ordentliche Naturanlage, gründliches Lernen und angestrengtes Üben.« Mit dieser engen Auslegung des Begriffs bleibt er indes einsam. Rhetorik erstreckt sich nach der überwältigenden Mehrheitsmeinung auch auf sämtliche »Gerichtsreden« (*genus iudiciale*) und auf »Darstellungs- oder Schaureden« (*genus demonstrativum*).

Der aus Spanien stammende Marcus Fabius **Quintilianus** (um 35–96 n. Chr.) wurde unter den flavischen Kaisern der erste staatlich besoldete Rhetorikprofessor in Rom. Er wirkte zudem als Hauslehrer der Großneffen Domitians. Im Ruhestand zog er Bilanz und verfasste ein gewaltiges, an Lehrende gerichtetes **Rhetorik-Lehrwerk** ganz eigener Prägung: Seine *Institutio oratoria* (*Unterricht in Rhetorik*) umfasst zwölf Bücher und ordnet den Stoff der antiken Rhetorik in die weite Perspektive der menschlichen Erziehung und der je individuellen Bildungsbiographien von Rhetorikschülern ein. Folgerichtig reicht sein Spektrum von ABC-Unterricht im Grundschulalter über erste rhetorische Vorübungen, die »Progymnasmata«, über die Systematik der Redeteile, der Status (Argumentationsaufstellungen), bis zu Stil, literaturgeschichtlicher Bildung, Gedächtnisschulung und Vortragstechnik. Erst im Schlussbuch greift er das allgemeine Thema der Rednerpersönlichkeit auf, das Cicero im *Orator* behandelt hatte.

Die Wirkungsmacht der römischen Redetheorie

Mit diesem großen Entwurf wurde Quintilian zum »Lehrmeister Europas«. Denn der Unterricht in Mittelalter und früher Neuzeit ging direkt oder indirekt so gut wie immer von diesem Grundlagenwerk aus. Es wurde zu einer »Rundumdarstellung« (Enzyklopädie) der antiken Rhetorik. So dient das Werk auch heute noch als Fundament für die zahlreichen wissenschaftlichen Beiträge zur modernen Rhetoriktheorie (Überblicke, Lexika, Einzelanalysen). Daneben bleibt es eine wichtige Quelle für die unzähligen Handbücher, Ratgeber und Hilfsmittel für die rhetorische Praxis in unserer Zeit.

2.3 Geschichtsschreibung/Historiographie

Historia bezeichnet im Griechischen ursprünglich allgemein »(Er-)Forschung«. Im Lauf der Zeit engte sich das Bedeutungsspektrum ein auf »Geschichtsforschung«, »Geschichtsschreibung« und überhaupt »Geschichte« im Sinne geordneter und erinnerter Vergangenheit. In dieser Bedeutung begegnet der Begriff in Ciceros *De oratore*, wo ein Sprecher die *historia* folgendermaßen preist (2,36): »Geschichte/Geschichtsschreibung aber ist Zeugin der Zeiten, Beleuchtung der Wahrheit, Belebung der Erinnerung, Lehrmeisterin des Lebens, Reporterin des Altertums.« Als »Vater«, also Begründer einer in diesem Sinn dokumentarischen, erhellenden und belehrenden Geschichtsschreibung als Literaturgattung nennt Cicero an anderer Stelle den Griechen Herodot(os) aus Halikarnassos an der kleinasiatischen Küste (um 490/485 – kurz nach 430 v. Chr.). In der Vorrede zu seinen neun Bücher umfassenden *Historien* grenzt sich dieser klar von seinen Vorgängern, den unkritischen »Geschichtenschreibern« (Logographen) ab. Er setzt sich methodische Ziele bei seiner Darstellung: Ein Kampf dem Vergehen und Vergessen des (längst oder kürzlich) Vergangenen tritt neben einen ursachenanalytischen (aitiologischen) Ansatz. Dieser will mit langem Atem und weitem chronologischen und geographischen Ausholen die Ursache eines weltgeschichtlichen Ereigniszusammenhanges ergründen: des Krieges zwischen »Hellenen« (Griechen) und »Barbaren« (Persern) zu Beginn des 5. Jh.s v. Chr. (490–480/479 v. Chr.). Die damals gegen Hellas stehende Gewalt stellt Herodot als bedrohliche Zusammenballung nahezu der gesamten zivilisierten Welt östlich, nördlich und südlich von Hellas dar. Dessen Vormächte Athen und Sparta baut er von Anfang an in mehreren Rückblicken und Parallelgeschichten als Gegenkräfte auf. Dabei bedient sich

Herodot einer Reihe von Mitteln der Erkenntnisgewinnung (Augenschein, Zeitzeugenbefragung, Quellenstudium) und der Darstellung (historische Erzählung, Dramatisierung etwa durch nachgestaltete Dialoge und Reden, Exkurse, Thesenabwägung), die für die Geschichtswissenschaft aller Zeiten prägend wurden.

Thukydides (um 460 – nach 404 v. Chr.), ein aktiver Politiker und Militär aus Athen, bringt sich zu Beginn seiner eigenen *Historien* zwar gegen den großen Vorgänger in Stellung – er verspricht nämlich »einen Schatz für die Ewigkeit«, aus dessen Beispielen man für immer historische Lehren ziehen könne und müsse; Herodot scheint er dagegen eine vordergründigere Wirkungsabsicht zu unterstellen, wenn er sich von unterhaltsamen »Schaustücken für den Augenblick« abgrenzt. Aber dennoch schließt Thukydides nicht nur chronologisch als eine Art Fortsetzer an Herodots Werk an. Auch sonst ist er ihm vielfach verpflichtet, auch wenn er die Verfahren unter dem Einfluss der intellektuellen Entwicklung Athens weiter verfeinert. Mit scharfsinnigen Methodenkapiteln und einem Rückblick auf die Zwischenkriegszeit von etwa fünfzig Jahren (Pentakontaetie) beginnt er sein Werk. Mit dem für Athens Vormachtstellung in Griechenland desaströsen Peloponnesischen Krieg (431–404 v. Chr.) begrenzt er den weiten Horizont Herodots bewusst zugunsten einer Darstellung der Kriegswirren seiner eigenen Zeit. Er wird zum Wegbereiter der historischen Einzelschrift (**Monographie**), die sich auf einen recht klar umrissenen Ausschnitt aus der Geschichte begrenzt. Den Krieg verfolgt Thukydides ursachenanalytisch bis in die tieferliegenden Hintergründe. Mit messerscharfen Schnitten dringt er in die grundlegenden Muster des Denkens und Handelns der entscheidenden Persönlichkeiten ein. So erweist er diese als wesentliche geschichtliche Wirkkräfte. Durch die Durchzählung der Kriegsjahre und deren Unterteilung in Sommer und Winter legt Thukydides das Prinzip eines Jahrbuchs (**annalistisches Prinzip**) zugrunde.

Xenophon (zwischen 430 und 425 – um 354 v. Chr.) führt die »Geschichte im durchgehenden Verlauf« (*historia perpetua*) der Griechen fort. Mit seinen *Hellēniká* (»Griechengeschichtsereignisse«) setzt er im Jahr 411 v. Chr. an, wo die Darstellung des Thukydides in dessen achtem Buch abbricht. In zwei Büchern bietet er zunächst die Ereignisse vom 21. (411/410 v. Chr.) bis zum 27. Kriegsjahr (405/404 v. Chr.) und zum Ende des Peloponnesischen Krieges. In den folgenden fünf Büchern schließt er wichtige Geschehnisse aus der Geschichte der etwa vierzig Jahre von 400 bis 362 v. Chr. an.

Stilistisch unterscheiden sich die drei großen griechischen Historiker erheblich: Herodot schrieb eingängige und gefällige Erzählprosa; Thukydides kennzeichnet eine durch Abstraktionen und Zuspitzungen (Pointierungen) kantige Analysesprache; Xenophon pflegt eine schlichte und nüchtern-sachliche Darstellungsweise. Neben vielen anderen griechischen Vorbildern wurden die Autoren der *historia perpetua* gerade in ihrer methodischen und sprachlichen Vielfalt prägend für die literarische lateinische Geschichtsschreibung.

Römische Geschichtsschreibung

Als vorliterarische Frühform der römischen Dokumentation der Vergangenheit sind die Tafeln mit den jährlichen Eintragungen des *pontifex maximus* (Oberpriester) und die sog. *annales maximi* (höchsten Jahrbücher) bezeugt.

Der römische Senator **Fabius Pictor** (3. Jh. v. Chr.) schrieb eine umfassend angelegte *Römische Geschichte* von den Anfängen bis in die eigene Zeit in griechischer Sprache.

Lucius Cincius Alimentus (spätes 3. und frühes 2. Jh. v. Chr.) verfasste (in dieser Hinsicht dem Thukydides vergleichbar) Zeitzeugenberichte über einen als Wendepunkt der Weltgeschichte entscheidenden Krieg, hier den Hannibalkrieg. Er wählte für das sehr geraffte Werk ebenfalls die griechische Sprache.

Marcus Porcius Cato (Censorius) (234–149 v. Chr.) schrieb mit den *Origines* (*Ursprünge/Gründungen*) das erste Geschichtswerk in lateinischer Sprache. Es wurde erst nach seinem Tod veröffentlicht. Die ersten drei der sieben Bücher knüpfen an die hellenistische Gattung der »Städtegründungsgeschichten« (griech. *ktíseis*) an. Danach folgt die Geschichte Roms »nach Schlüsselereignissen« (*capitulatim*) bis in die eigene Zeit.

Polybios (aus Megalopolis, um 200 – nach 120 v. Chr.) verfasste auf Griechisch eine Universalgeschichte im ›pragmatischen‹ Stil über den rasanten Aufstieg Roms zwischen 220 und 168 v. Chr. Von den ursprünglich 40 Büchern ist ungefähr ein Drittel erhalten.

Coelius Antipater (180/170 – nach 121 v. Chr.) wurde zum Begründer der historischen **Monographie** in Rom: Er stellte den Hannibalkrieg in sieben Büchern dar.

Sempronius Asellio (um 160–90 v. Chr.) schrieb mindestens 14 Bücher *Res gestae* (»Geschehensbericht«) zur Zeitgeschichte.

Lucius Cornelius Sisenna (um 118–67 v. Chr.) veröffentlichte eine Zeitgeschichte (*Historiae*), die in mehr als 13 Büchern Bundesgenossen- und Bürgerkrieg behandelte (91–79 v. Chr.).

Licinius Macer (jüngerer Freund Sisennas; um 115–65 v. Chr.) hielt Brandreden gegen die Adelsschicht (Nobilität) und verfasste *Annales* in mindestens 16 Büchern.

➤ S. 144–154 Gaius Iulius Caesar (100–44 v. Chr.) setzte mit seinen *Commentarii* (*Notizen/Berichte*) ganz eigene Schwerpunkte. Mit seinen »Kriegsberichten« über sein Prokonsulat in Gallien sowie den anschließenden Bürgerkrieg gegen Pompeius griff er die griechische Gattung des *hypómnēma* auf. Diese ist etwa durch Xenophons *Anábasis* belegt. Sie weist Berührungspunkte mit der Beschreibung des eigenen Lebens (Autobiographie) auf. Allerdings erwecken die *Commentarii* allein durch die Selbstdarstellung in der dritten Person den Eindruck der nüchternen Sachlichkeit. Schon Cicero aber hat erkannt, dass es sich um viel mehr als ›Rohmaterial‹ für ein ›echtes‹ Geschichtswerk handelt. Durch (meist indirekte) Reden, ausführliche Exkurse (etwa zur Völkerkunde/Ethnographie Galliens, Germaniens und Britanniens), szenische Berichte, Schilderungen und Reflexionen weisen die *Commentarii* wichtige Merkmale eines vollwertigen Geschichtswerks auf. Gekonnte Erzählstrategie machen diese Werke zu durchaus parteiischen Tendenzschriften dieses skrupellosen Machtmenschen.

Sallust (um 86–35/34 v. Chr.) legte Monographien über einschneidende Ereignisse der Innenpolitik (*Coniuratio Catilinae*) und der äußeren Entwicklung (*Bellum Iugurthinum*) der späten Republik vor. Vor allem damit wurde er zum wichtigsten Vertreter einer sittenkritischen, moralisch getönten Geschichtsschreibung. Seine nur bruchstückhaft erhaltenen *Historiae* stellten annalistisch die Ereignisse der neueren Geschichte (78–67 v. Chr.) dar.

➤ S. 172–181

Dionysios von Halikarnassos (30–8 v. Chr. in Rom) schrieb auf Griechisch die *Römische Archäologie* (7 v. Chr. erschienen) über die Zeit *ab urbe condita* bis zum 1. Punischen Krieg, also bis zu der Stelle, an der Polybios' Werk einsetzt; von den 20 Büchern sind die Bücher 1–10 ganz und Buch 11 lückenhaft erhalten.

Titus **Livius** (wohl 59 v. Chr. – 17 n. Chr.) belebte in der Zeit des Augustus unter dem Eindruck der von Sallust aufgeworfe-

➤ S. 214–226

nen Wertefragen die Gattung der Gesamtgeschichte Roms neu. Er war mit seinen *Annales (ab urbe condita)* außerordentlich erfolgreich. Sie waren ursprünglich auf 150 Bücher angelegt (142 sind bezeugt) und boten das ganze Bild von den Anfängen Roms bis in die eigene Zeit (9 v. Chr.).

Valerius Maximus (1. Jh. n. Chr.) begründete mit seinem Werk *Facta et dicta memorabilia* (*Handlungen und Aussprüche mit Erinnerungswert*; ursprünglich zehn Bücher; nach 27 n. Chr. Kaiser Tiberius gewidmet) eine neue Gattung: Es ist ein Handbuch mit Beispielen (*exempla*) aus der Geschichte als Hilfsmittel für die Stoffsammlung (*inventio*) des Redners und damit kein vollwertiges Geschichtswerk, wenngleich es als Quelle bedeutend bleibt.

Velleius Paterculus (um 20 v. Chr. – nach 30 n. Chr.), Militär und Politiker aus Capua, verfasste 30 n. Chr. einen Kaiser Tiberius und dessen Zeit verherrlichenden Abriss der gesamten römischen Geschichte in nur zwei Büchern.

Der Politiker und hohe Amtsträger (Publius oder Gaius) Cornelius **Tacitus** (um 55–120 n. Chr.) ist für die Zeit nach dem Tod des Augustus in der Nachfolge des Livius der Hauptzeuge der kaiserzeitlichen Geschichtsschreibung. Er verfasste neben kleineren Monographien ursprünglich 14 Bücher Zeitgeschichte (*Historiae*) über die Regierung der flavischen Kaiser. Danach schlossen sich wohl 16 Bücher neuere Geschichte (*Annales* betitelt) über das julisch-claudische Kaiserhaus »ab dem Abgang des vergöttlichten Augustus« an.

➤ S. 269–278

Von einem **Florus** (wohl 2. Jh. n. Chr.) ist ein Werk mit dem Titel *Epitomae de Tito Livio bellorum omnium annorum DCC libri duo* (*Kurzfassungen von Titus Livius über die Kriege sämtlicher 700 Jahre in zwei Büchern*) überliefert. Ungeachtet des Titels bietet es mehr als ›Abrisse‹ der Texte des Livius. Es reicht von der Gründung Roms bis zu den auswärtigen Kriegen des Augustus.

In der Zeit der Severer schrieb Cassius Dio Cocceianus (zweites Konsulat 229) eine Gesamtgeschichte Roms (*Rōmaikḗ historía*) auf Griechisch (ursprünglich 80 Bücher; erhalten sind die Bücher 36–60 über die Zeit 68 v. Chr.–47 n. Chr.).

Die römische Geschichtsschreibung in all ihrer Vielfalt blühte auch in der späteren Antike sowohl unter heidnischen (paganen) wie unter christlich geprägten Autoren. Angesichts der riesigen Stofffülle griff man auch zu Kurzfassungen (Breviarien) oder bloßen Chroniken.

Die Wirkungsmacht der römischen Geschichtsschreibung

Insbesondere die Werke von Caesar, Sallust, Livius und Tacitus prägen bis heute das Bild der späten römischen Republik und der früheren Kaiserzeit in herausragender Weise. Das gilt sowohl für die wissenschaftliche Geschichtsschreibung in ihren zeitgenössischen Formen (Epochenüberblick, Spezialuntersuchung, Biographie, historische Dokumentation) als auch für die populären Formen etwa des historischen Romans oder des Historienfilms.

2.4 Biographie

Der griechischstämmige Begriff Biographie (lat. *vita*) bedeutet wörtlich »Lebensbeschreibung«. Bei der Literaturgattung handelt es sich folglich um eine **monographische** Darstellung des Lebens einer bedeutenden Persönlichkeit aus Geschichte oder Gegenwart. Insofern wichtige handelnde Figuren aus der Geschichte in ihrer Laufbahn dargestellt sind, liegt die Verwandtschaft mit der Historiographie klar zutage.

Die Gattung ist relativ jung. Die Philologen in Alexandria erarbeiteten im 3. und 2. Jh. v. Chr. Lebensdarstellungen von

Dichtern, deren Spuren wir heute in der Überlieferung der Werke dieser Dichter finden. Die Biographien anderer Intellektueller und von Machthabern aus hellenistischer Zeit sind größtenteils verloren. Unterscheiden lassen sich Biographien, die eher den Lebensweg und die Persönlichkeitsentwicklung nachzeichneten, von solchen, die nach Art eines Lexikoneintrags ›Stichworte‹ abarbeiteten.

Römische Biographen

In Rom scheint der ungemein produktive Universalgelehrte Marcus Terentius **Varro** (116–27 v. Chr.), ein Lehrmeister Ciceros, die Gattung eingebürgert zu haben. Seine 15 Bücher *Hebdomades/Imagines* (*Siebenergruppen/Bilder*) waren ein Bilderbuch mit 700 Porträts von berühmten Griechen und Römern. Diese versah Varro mit poetischen Lobesworten sowie den Lebensdaten in Prosa.

Cornelius **Nepos** (um 100–27 v. Chr.), ein hochgelehrter Freund von Ciceros Vertrautem und Verleger Titus Pomponius Atticus, schrieb mindestens 16 Bücher mit vergleichenden Lebensbeschreibungen nichtrömischer (zumeist griechischer) und römischer Größen. Daraus sind unter dem Sammeltitel *De viris illustribus* (*Männer von Berühmtheit*) noch 25 Biographien erhalten.

Von **Plutarch(os)** aus Chaironeia (um 45–120 n. Chr.), dem Philosophen und Priester aus Boiotien, sind 22 *Bíoi parálleloi* (*Parallelviten*) in griechischer Sprache erhalten: Ähnlich, wie es ursprünglich Nepos tat, stellte er einer Größe aus Griechenland (beginnend mit dem mythischen Heros Theseus) je eine Schlüsselgestalt aus dem römischen Bereich (beginnend mit dem legendären Stadtgründer Romulus) gegenüber. Nach gesonderter Abhandlung der beiden Lebensläufe folgt in den meisten Fällen noch ein ausdrücklicher Vergleich (griech. *sýnkrisis*) zur Abrundung.

Gaius **Suetonius** Tranquillus (um 70 – nach 122 n. Chr.) war als kaiserlicher Beamter unter Traian und Hadrian für Wissenschaft, Kunst und kaiserliche Post zuständig. Von ihm ist ein umfangreiches biographisches Werk erhalten. Am berühmtesten wurden seine Kaiserbiographien (*De vita Caesarum*), die nahezu vollständig überliefert sind. Die zwölf Lebensbeschreibungen von Gaius Iulius Caesar bis Domitian gestaltete er auf charakteristische Weise. Zwischen einen den Lebensweg chronologisch nachzeichnenden Rahmen treten ›Rubriken‹ (Stichwortbereiche): Sueton handelt mehr oder weniger schematisch bestimmte körperlich-äußerliche und charakterlich-innerliche Merkmale des jeweiligen Kaisers ab und ordnet dessen Angewohnheiten und Verhaltensweisen gegenüber dessen engeren und weiteren Umfeld ein. Auf diese Weise arbeitet er Muster von guten und schlechten Herrschern sowie auch den Abstieg von guten Anfängen zu fürchterlichen Auswüchsen der ›bösen Kaiser‹ (wie Caligula und Nero) heraus. Obwohl Klatsch und Anekdoten in Suetons Skandalchronik eine wichtige Rolle spielen, reicht sein Werk über eine reine Unterhaltungsfunktion weit hinaus. Von Suetons weiterem Sammelwerk, das den Titel »Männer von Berühmtheit« von Nepos übernommen hat, ist eine Reihe kürzerer Viten erhalten. Sie behandeln Grammatiker, Rhetoren, Dichter, Redner und den intellektuellen Politiker Plinius den Älteren.

Die Wirkungsmacht der römischen Biographik

Die Gattung der Biographie hat ein beeindruckendes Nachleben entfaltet. Die prallen Lebensbilder, die Plutarch und Sueton von antiken Persönlichkeiten zeichneten, haben etwa William

Shakespeare und dessen Historiendramen stark beeinflusst. Die antike Biographie wirkt aber nicht nur im Drama nach, sondern auch in Roman, Film und bildender Kunst. Heute ist die Gattung Biographie etwa auf dem Buchmarkt oder im Film sehr erfolgreich. Das spricht für die Faszination, die von dieser in der Antike geprägten Art der Darstellung von Persönlichkeiten und ihrer Charakterentwicklung im Lauf ihrer Lebenszeit ausgeht.

2.5 Philosophische Prosa

Für die Gestaltung philosophischer Prosaliteratur der Antike wurde die wesentlich von **Platon** (frühes 4. Jh. v. Chr.) geprägte Gattung des **Dialogs** zu einem entscheidenden Orientierungspunkt. Platon hat seine philosophischen Auffassungen nämlich nicht in Lehrschriften an die Öffentlichkeit getragen. Vielmehr gestaltete er erzählerisch wirkungsvolle Szenarien, in denen er seinen Lehrer Sokrates (469–399 v. Chr.) in erfundenen (fiktiven) Gesprächssituationen handeln und Autoritätspersonen aus dem politischen und geistigen Leben seiner Zeit auf den Zahn fühlen lässt. Lebendige Berichte vergegenwärtigen die Unterhaltungen. Häufig wird die dem Beruf oder der Stellung dieser Persönlichkeiten eigene Fach- und Sachkompetenz in ihren Spezialgebieten von Sokrates als Scheinwissen entlarvt. Nicht selten enden daher vor allem die früheren Dialoge, in denen Platon einzelne Kernkompetenzen oder »Kardinaltugenden« (*aretaí*) wie Tapferkeit oder Gerechtigkeit überprüfen lässt, in ausweglos verfahrenen Sackgassen (Aporien). Doch schälen sich aus der Fülle der Dialoge Vorstellungen von der Seele (und ihren Teilen) sowie von deren Teilnahme an der geistigen Welt, den »Ideen«, heraus. Diese Ideen sind der Welt des Körperlich-Materiellen strikt entgegengesetzt (Dualismus).

Auch Platons große staatstheoretische Werke *Politeia* (*Der Staat*) und *Nomoi* (*Gesetze*) sind in Dialogform gehalten.

Platons Schüler **Aristoteles** (384–322 v. Chr.) hat neben seinen erhaltenen Lehrvortragsschriften ebenfalls Dialoge verfasst. Diese waren »exoterisch«, also für ein außerhalb seiner Philosophenschule angesiedeltes, größeres Publikum gedacht. Bis auf einige Ausschnitte sind sie verloren. Doch konnte Cicero sie noch lesen und in einigen seiner philosophischen Werke ihre Form übernehmen. Die Dialogfiguren konnten hier längere lehrhafte Passagen vortragen, ohne in die Mühlen des sokratischen Nachbohrens (der sog. *élenxis*) zu geraten.

Eine kleine Geschichte der griechischen Philosophie

Die abendländische Philosophie begann im 6. Jh. v. Chr. in Ionien (heutige Westtürkei). Diese Philosophen nennen wir heute, da sie vor Sokrates lebten und wirkten, »**Vorsokratiker**« oder wegen ihrer Themen »**Naturphilosophen**«. Denn sie beschäftigten sich vor allem mit der Frage nach dem Ursprung (der *archḗ*) aller Dinge und mit den Gesetzen der Natur (z. B. Thales: »Alles besteht aus Wasser.«). **Thales** (um 624–546 v. Chr.) gelang es beispielsweise, eine Sonnenfinsternis vorauszusagen und die Ursachen für ein Erdbeben zu erklären. So nahm er den Menschen, die solche Naturereignisse für Strafen der Götter hielten, die Angst vor unentrinnbarem Götterzorn.

Im 5. Jh. v. Chr. wirkte dann **Sokrates** (469–399 v. Chr.) in Athen. Er verfasste selbst keine Schriften (was wir über ihn wissen, überlieferte vor allem sein Schüler Platon). Im Zentrum seiner Philosophie stand nicht mehr die Natur, sondern der Mensch und die Frage, wie man richtig handeln und ein moralisch gutes Leben gestalten kann. Deshalb hieß es später bei Cicero, Sokrates habe die Philosophie vom Himmel auf die Erde geholt. Seine

Hinwendung zur Ethik bezeichnet man als die »sokratische Wende«. Seither war das Ziel aller griechischen Philosophen ein glückliches Leben für den Menschen. Für Sokrates konnte das nur ein gerechtes Leben sein.

Platon (428/427–348/347 v. Chr.) war der bedeutendste Schüler des Sokrates. Er bewahrte das Andenken an seinen Lehrer in vielen philosophischen Schriften. Für ihn war die Frage, was die Menschen erkennen können und wo die Grenzen menschlicher Erkenntnis liegen, entscheidend. Philosophie bedeutete für ihn das ständige Bemühen um bessere Erkenntnis der Wahrheit. Platon formte in seinem großen Dialog über den Staat (*Politeia*) den Satz, dass die Könige Philosophen und die Philosophen Könige sein sollen. Berühmt ist er zudem für die Vorstellung von »Ideen« (*idéai*); in seinen Veröffentlichungen schreibt er sie bereits dem Sokrates zu. Damit sind gedankliche »Urbilder« gemeint, die unzählige Einzelerscheinungen von materiellen Dingen (wie »Tisch«) oder Eigenschaften (»schön«, »gerecht«, »gut«) unter einem Begriff (Idee des Tisches, des Schönen, des Gerechten, des Guten) zusammenzufassen erlauben. Die von Platon in Athen gegründete Philosophenschule, die **Akademie**, wurde erst 529 n. Chr. geschlossen.

Anders als Sokrates und Platon waren zur selben Zeit die **Sophisten** (»Weisheitslehrer«) davon überzeugt, dass die »Tüchtigkeit« (griech. *aretê*) lehr- und lernbar sei, besonders im gesellschaftlichen und politischen Bereich. Sie unterrichteten die jungen Männer aus der griechischen Elite als hochbezahlte Privatlehrer und verhalfen ihnen so zu Spitzenpositionen innerhalb des jeweiligen Stadtstaates (griech. *pólis*). Bekannte Vertreter sind der Rhetorikspezialist **Gorgias** aus Leontinoi (Sizilien; um 480–380 v. Chr.) und **Protagoras** aus Abdera (Thrakien; um 490–411 v. Chr.), von dem der »Homo-mensura-Satz« stammt, demzufolge das subjektive Erkennen aller Dinge, die sind, und dessen, wie sie sind, maßgeblich ist (eine radikale Formulierung des Subjektivismus und Relativismus jeglichen Erkennens).

Aristoteles (384–322 v. Chr.), der Schüler Platons und Erzieher Alexanders des Großen, war ein großer Systematiker. Ihm gelang es, das gesamte Wissen seiner Zeit in umfassender Weise, also enzyklopädisch, zu ordnen und niederzuschreiben. Er begründete eine eigene Schule, den Peripatos (»Umlauf / Im Herumgehen Philosophierende«).

Zenon von Kition (um 333/332–262/261 v. Chr.) begründete die Schule der Stoa (benannt nach dem Treffpunkt der Philosophen, der Säulen- und Wandelhalle). Die Stoiker sahen ein Leben gemäß der *ratio* (»Vernunft«) als höchstes Lebensziel an, gleichmütig gegenüber allen Herausforderungen des Schicksals, das hinzunehmen ist. Seelische Unerschütterlichkeit (stoische Ruhe) ist somit das Kennzeichen des stoischen Weisen. Im Gegensatz zu anderen Philosophenschulen sah die Stoa in der politischen Betätigung und im Einsatz für die Mitmenschen eine Pflicht, was römischem Denken besonders gut entsprach.

Epikur aus Samos (341–270 v. Chr.) begründete auf einem Gartengrundstück in Athen eine Philosophengemeinschaft, die folglich *kēpos* (Garten) hieß. Diese Epikureer sehen das höchste Glück in der Freude (griech. *hēdonḗ*, lat. *voluptas*), verstanden als Freiheit von Schmerz, Ängsten wie der Todesfurcht und Karrierestreben.

In Rom wurden die Lehrmeinungen von Platon und Aristoteles, aber insbesondere die der hellenistischen Philosophenschulen rezipiert und an die Vorstellungswelt der Führungselite angepasst. Bei dieser Vermittlungsleistung spielten Lukrez, Cicero, Seneca der Jüngere, Plutarch, Marc Aurel und Augustinus die Hauptrollen (für diejenigen unter ihnen, die sich dabei der lateinischen Sprache bedienten – Lukrez, Cicero, Seneca und Augustinus –, s. Modul III).

Römische philosophische Prosa

➤ S. 154–172 Cicero (106–43 v. Chr.) hat die Form des platonischen Dialogs erstmals für die Rahmengestaltung seines redetheoretischen Werks *De oratore* (*Über den Redner*) übernommen. In der Ausgestaltung fließen aber immer auch Gestaltungsweisen des aristotelischen Dialoges ein. Ähnliches gilt für die große Werkreihe, den ›Zyklus‹ der philosophischen Werke (*Philosophica*). Hier entwickelte Cicero verschiedene, vielfach dialogische Formen, um die unterschiedlichen Teilgebiete der griechischen Philosophie und ihrer im Hellenismus begründeten Schulrichtungen in die römische Kultur und in die lateinische Sprache zu übertragen. Diese Schulen haben (nach dem Vorbild des Aristoteles) auch verschiedene Typen der Abhandlung, Einzelschrift (Monographie) oder Lehrschrift, entwickelt. Darin werden Themen aus den philosophischen Teilgebieten, insbesondere der Moralphilosophie (Ethik), in Argumentationsgängen entfaltet und mit Beweisen und Beispielen erläutert.

Nach seinem Aufenthalt in Athen (79–77 v. Chr.) hat Cicero einige bedeutende griechische Werke ins Lateinische übersetzt und damit die Philosophie den Römern überhaupt erst zugänglich gemacht, indem er eigene philosophische Begriffe prägte, die für die Römer verständlich waren. Seine philosophischen Werke gaben den Menschen diverse Hilfestellungen – so wird in den *Tusculanae disputationes* erklärt, wie man mithilfe der Philosophie ein erfüllteres Leben führen und die Todesangst überwinden kann.

Als Eklektiker (wörtl.: »Auswählender«) war Cicero kein Anhänger einer einzigen bestimmten philosophischen Denkrichtung. Er beschäftigte sich vielmehr in der Regel mit der philosophischen Richtung, die gerade am besten zu seiner Lebenssituation passte. Gerade nach diversen Schicksalsschlägen wie dem Tod seiner Tochter Tullia spendete ihm die Philosophie viel Trost, den er in seinen Schriften später auch an andere Menschen weitergab. Seine Werke wurden zur Basis des abendländischen philosophischen Denkens.

Epikureismus (Kepos) und Stoa: ein Vergleich

Gemeinsamkeiten:

- Ziel = *vita beata* durch *sapientia* bzw. *ratio*
- Beschränkung der Bedürfnisse auf das Notwendige
- Streben nach einem tugendhaften Leben im Einklang mit der Natur
- Überwindung der Furcht vor den Göttern, anderen Menschen und dem Schicksal führt zur *tranquillitas animi* (griech. *apátheia* in der Stoa; griech. *ataraxía* im Epikureismus)
- Erklärung von Fragen des Seins durch Philosophen bewirkt eine Lenkung der Menschen zum Positiven hin

Unterschiede:

Epikureismus (Kepos)	**Stoa**
• Rückzug ins Private • Sich-Umgeben mit wenigen guten Freunden, um intellektuelle Gespräche zu führen • Lustökonomie: wenn eine Handlung langfristig mehr persönlichen Schaden als Nutzen einbringt, sollte man sie unterlassen, auch wenn man Lust dazu hat • Anpassen der Gefühle an die jeweilige Situation	• Einschlagen einer philosophischen Laufbahn um des Gemeinwohls willen • Halten von öffentlichen politischen Reden zur Beeinflussung der Masse hin zum Guten • Unterordnung des privaten Glücks unter die öffentliche Gemeinschaft, da jeder Mensch von Natur aus als politisch verantwortungsbewusstes Lebewesen handelt (griech. *zōon politikón*) • Vermeiden von Gefühlsausbrüchen

Diejenige Gruppe von philosophischen Prosawerken von **Seneca dem Jüngeren** (1 v. oder 1 n. Chr. – 65 n. Chr.), die nicht ➤ S. 227–238 in Briefform gehalten sind, werden als *Dialogi* bezeichnet. Dies ist hier aber ein Sammelbegriff, der nicht auf die Gattungsvorbilder von Platon und Aristoteles verweist. Vielmehr enthalten die zwölf Bücher Abhandlungen zu Einzelthemen der Ethik (Vorsehung, Affekte, gelingendes Leben) und auch Trostschriften (*consolationes*). Letztere sollen einem bestimmten Adressaten helfen, einen Schicksalsschlag mit philosophischen Erwägungen zu bewältigen.

An der Wende vom 1. zum 2. Jh. n. Chr. verfasste **Plutarch(os)** auf Griechisch eine umfangreiche Gruppe popularphilosophischer Traktate. Sie sind unter der Sammelbezeichnung *Moralia* (*Ethisch-moralische Schriften*) überliefert. Die Themen sind ausgesprochen vielfältig – das Spektrum reicht von der Seele und der Seelenruhe, der Liebe und Ehe bis zu tierethischen und religiösen Fragen. Plutarch ist als Mittelplatoniker und Akademiker anzusehen, doch seine Texte offenbaren auch den Einfluss der Stoa.

Kaiser **Marcus Aurelius** (121–180 n. Chr., seit 161 Herrscher) verfasste auf Griechisch zwölf Bücher *Tà eis heautón* (*Selbstbetrachtungen / Wege zu sich selbst*): eine ganz persönlich gehaltene Weiterentwicklung der philosophischen Prosa Senecas. In zugespitzter Darlegung von oft stark verdichteter Kürze und Skizzenhaftigkeit (Aphorismen) zeigen sie die Innensicht zu Fragen wie Todesbewältigung, Gefühlshaushalt und rechter Lebensführung auf der Grundlage der stoischen Philosophie.

Unter dem zusätzlichen Einfluss neuplatonischer griechischer Philosophen der römischen Kaiserzeit nutzte der Kirchenvater **Augustinus** (354–430 n. Chr.) den Formenreichtum ➤ S. 278–287 der antiken philosophischen Prosa, um seine theologischen und religionsphilosophischen Ansichten auf der Grundlage der christlichen Glaubenslehre zu entwickeln. So gestaltete er etwa die von Platon und Cicero geprägte Form des staatsphilosophischen Dialogs in sein Hauptwerk vom Gottesstaat um. Die biographisch getönte Ethik von Seneca und Marcus Aurelius bereitete den Weg für Augustinus' *Confessiones* (*Bekenntnisse*).

Die Wirkungsmacht der römischen philosophischen Prosa

Aufgrund der Vermittlerrolle des Augustinus lebte die in der lateinischen Antike entwickelte Gattung der philosophischen Prosa sowohl im Mittelalter, in dem die Philosophie fest in den Händen der Theologie blieb, als auch in der frühen Neuzeit, in der sich die Philosophie von der Theologie zu emanzipieren begann, weiter. Noch im 17. Jh. veröffentlichte etwa René Descartes (Cartesius) sein monumentales Hauptwerk über Erkenntnistheorie und Metaphysik zunächst auf Lateinisch. Seit dem Zeitalter der Aufklärung verfassen Philosophen ihre Hauptwerke verstärkt in ihren jeweiligen Muttersprachen, orientieren sich aber in den Argumentationsweisen und Darbietungsformen nach wie vor an antiken Gattungsvorbildern. Bis in die Gegenwart überwiegen dabei die lehrschriftartigen Abhandlungen (Traktate) andere Textsorten wie den philosophischen Dialog oder den philosophischen Prosabrief. Peter Sloterdijk, der literarisch produktivste deutsche Philosoph der Gegenwart, offenbart schon durch die Titel seiner Bücher seine Verwurzelung im Gattungsgeflecht der antiken philosophischen Prosa und ihrer späteren Fortentwicklung: So gibt sich das Werk *Polyloquien. Ein Brevier* (Berlin 2018) als Gegenkonzept zu den *Soliloquia* (*Selbstgespräche*) in der Tradition von Augustinus zu erkennen. Die »Vielfachgespräche« werden von den »Dialogen« (Zwiegesprächen) abgehoben und im Untertitel, der auf das *breviarium* (Kurz-/Stundenbuch zur Gebetsfeier der römisch-katholischen Kirche) verweist, noch mit theologischer Literatur in Gestalt von Gebetssammlungen verknüpft.

2.6 Prosaepistel

Die Bezeichnung »Brief« ist vom lateinischen *brevis* abgeleitet und bedeutet wörtlich »Kurzschreiben«, »Kurznachricht«. Aus der Antike sind auf verschiedenen originalen Schreibmaterialien oder in späteren Umschriften zahlreiche ›eigentliche‹, ›echte‹ Briefe oder ›Gebrauchsbriefe‹ erhalten (z. B. Geschäftsbriefe oder Bagatellbriefe). In diesen teilen Sender Informationen an örtlich getrennte Empfänger (Adressaten) in schriftlicher Form mit. Für den Brief als literarische Gattung sind »Kunstbriefe« (*epistulae*), also kunstvoll gestaltete Privatbriefe oder für die Veröffentlichung (Publikation) bestimmte **literarisierte Briefe** entscheidend. Die Form des Briefes fand auch für Belehrung (Lehrbriefe) oder dichterische Kunstwerke (Versepistel) Verwendung. Als Übung in der Rhetorenschule versetzte man sich auch in eine berühmte Persönlichkeit der Vergangenheit und verfasste ›Rollenbriefe‹ unter deren Namen (Pseudepigrapha).

Durch den Rhetor Demetrios (wohl 2. Hälfte des 1. Jh.s v. Chr.) ist eine antike Theorie des Briefes belegt: Der Brief ist halbierter Dialog. Psychologisch ist er also im Zwischenreich von Einsamkeit und Geselligkeit angesiedelt. Nach der Vorstellung ›leiblich entfernt – trotzdem zugegen‹ ersetzt die Kommunikation über Briefe die persönliche Gegenwart. Der Brief spiegelt die Persönlichkeit eines einzelnen Verfassers. ›Freundschaftsbekundungen‹ und ›Artigkeiten‹ sind Wesensmerkmale des privaten Briefes.

Für das Verständnis antiker Briefe sind die damaligen Materialien und Formalia wesentlich:

- Holztäfelchen mit Schreibflächen aus Wachs (griech. *déltos*; lat. *tabellae, codicilli, pugillares*); Schreibgriffel (*stilus*)
- Papyrusrollen (griech. *biblíon, chártēs*; lat. *charta/dentata* – »mit Elfenbein geglättet«), Schreibfeder (*calamus*), Tinte (*atramentum [temperatum]*)
- Briefformular
  - *praescriptio* (Briefeingang):
    - *superscriptio* (Absenderangabe)
    - *adscriptio* (Adressatenangabe)
    - *salutatio* (Anredegruß)
  - Briefcorpus
  - Briefschluss
- Zustellung durch persönlichen Boten (etwa berittene Bedienstete oder bekannte Reisende) oder durch den *cursus publicus*, die offizielle Post der Römer

Römische Briefliteratur

Das umfangreichste Zeugnis für die briefliche Korrespondenz einer Persönlichkeit aus der klassischen Antike bieten die **Briefsammlungen** Ciceros (106–43 v. Chr.; ca. 900 Briefe, großenteils entdeckt von Francesco Petrarca 1345 bzw. Coluccio Salutati 1389): *ad familiares, ad Quintum fratrem, ad Marcum Brutum* sowie *ad Atticum*. ➤ S. 154–172

Der Philosoph Seneca der Jüngere (1 v. oder 1 n. Chr. – 65 n. Chr.) verwendet die Briefform in seinen *Epistulae morales ad Lucilium* (*Briefe über Ethik an Lucilius*) zu Lehrzwecken. In diesem umfassenden Werk, von dem **124 Briefe** in 20 Büchern erhalten sind, verbindet er die fortlaufende Zuwendung an einen einzigen jüngeren Adressaten und ›Studenten‹ in der stoischen Ethik mit einem Blick auf sein Lesepublikum. In den als ›offene Briefe‹ gedachten Stücken sollen die Lesenden aus der philoso- ➤ S. 227–238 phischen Weiterentwicklung auch des Lehrer-Schüler-Verhältnisses lernen.

➤ S. 260–269 **Plinius der Jüngere** (61/62 – um 113 n. Chr.) ist, anders als Cicero und Seneca, nahezu ausschließlich als Briefeschreiber (Epistolograph) in die Literaturgeschichte eingegangen. Der Senator, Politiker und Statthalter veröffentlichte seit 108 n. Chr. neun Bücher mit insgesamt **247 Briefen** – Korrespondenz mit Familienmitgliedern, Freunden und Bekannten. Er erachtete sie als bedeutsam genug, um sie als Bilder seiner Zeit, seines Denkens und Wirkens einer breiteren Öffentlichkeit bekannt zu machen. Da der Bezug auf eine bestimmte Adressatenpersönlichkeit hierbei geringer ausgeprägt zu sein scheint, spricht man von »Kunstbriefen«. Angemessener erscheint jedoch die Bezeichnung »literarisierte Briefe«. Eine Sonderstellung kommt dem zehnten Buch zu: Dessen 121 Stücke dokumentieren nämlich den Briefwechsel zwischen Plinius in seiner Funktion als Statthalter (*legatus pro praetore*) in der Provinz Bithynia und Pontus und seinem obersten Dienstherrn, Kaiser Traian.

Die Wirkungsmacht der römischen Briefliteratur

Die Prägung der Gattung des lateinischen Briefes durch die drei Großen Cicero, Seneca und Plinius hat ihr ein reiches Nachleben beschert. In der Spätantike haben heidnische (pagane) wie christliche Autoren, die ihrerseits auch an die griechischen Apostelbriefe anknüpfen, den literarischen Brief weiterentwickelt. Aus Spätantike, Mittelalter und Neuzeit sind zudem zahlreiche Anweisungen zum Briefschreiben, »Briefsteller« oder »praktische Brieflehren« erhalten. In Moderne und Gegenwart erfährt die Gattung eine beachtliche mediale Auffächerung: In der hochkulturellen Literatur gibt es nach wie vor Briefromane, etwa von Friederike Mayröcker (*Paloma*, Frankfurt a. M. 2008) oder Thea Dorn (*Trost*, München 2021). In der Alltagskultur haben die digitalen Medien durch enorme Beschleunigung der Nachrichtenübermittlung die briefliche Mitteilung geradezu in Echtzeit ermöglicht. Die Reduzierung auf den Chat-Charakter diverser Kurznachrichtenformen wirft die Frage nach dem literarischen Brief (auch in Gestalt der E-Mail) unter neuen Rahmenbedingungen auf. Ein Beispiel für einen Roman in Form eines Chat-Gesprächs bietet das Werk *Von der Zunahme der Zeichen* von Senthuran Varatarajah (Frankfurt a. M. 2016).

2.7 Roman

Der Begriff »Roman« tritt erst seit dem 17. Jh. zur Bezeichnung von »volkssprachlichen«, also in der *lingua romana* abgefassten Erzählungen als französisches Lehnwort auf. Gleichwohl findet der Terminus Anwendung auf eine Gruppe von griechischen und lateinischen **Prosaerzähltexten** (bisweilen auch **Poikilo-** oder **Prosimetren**, bei denen Gedichte in Prosatexte eingearbeitet sind). Diese Werke bezeichneten antike Autoren etwa als griech. *historía* (»Geschichte«), *plásmata* (»Erfindungen«) oder *diēgḗseis* (»Erzählungen«). In griechischer Sprache gab es vom 2. Jh. v. Chr. bis zum 3. Jh. n. Chr. im Wesentlichen zwei Gruppen von Romantexten. Diese führen Motive aus dem abenteuerlichen Heimkehrerepos (*nóstos*) von Homers *Odyssee* mit solchen der historischen **Novelle** (Erzähleinlage in einem Geschichtswerk) und der bürgerlichen **Neuen Komödie** zusammen:

- Liebesromane, die man als empfindsam-pathetisch oder idealisierend bewertet; darin geht es meist um ein göttlich schönes, unsterblich verliebtes Paar, das nach schicksalhafter Trennung und haarsträubenden, bisweilen märchenhaften Reisen und Abenteuern wieder zusammenfindet

- Reiseabenteuerromane, die realistische Reiseberichte ins Phantastisch-Utopische übersteigern

Beide Unterformen setzen sich unter Umständen humorvoll und unterhaltsam parodierend, manchmal auch sensationslüstern mit ihren literarischen Vorbildern auseinander.

Römische Romanliteratur

➤ S. 238–252 Die *Satyrica* (*Satyrngeschichten*) des **Petronius** Arbiter (Mitte des 1. Jh.s n. Chr.) sind ein einzigartiges Werk, wenn auch nur fragmentarisch erhalten: eines der ältesten direkt greifbaren Zeugnisse der antiken Romanliteratur. Der erzähltechnisch und sprachlich überaus experimentierfreudige Text verbindet Bestandteile von satirischem Typenspott und Zeitkritik mit solchen des Reise- und Abenteuerromans.

Der vielseitig begabte Intellektuelle **Apuleius** (um 123/125–170 n. Chr.) trat als Redner, Redelehrer, platonischer Philosoph und Dichter hervor. In seinem komisch-phantastischen Roman *Metamorphosen* greift er in elf Büchern, wie schon der Titel zeigt, das Verwandlungsmotiv aus Ovids Hauptwerk auf. Es geht um die Irrungen und Wirrungen des Ich-Erzählers Lucius, der durch einen ›Kunstfehler‹ bei thessalischer Zauberei in einen Esel verwandelt wird. In Tiergestalt erleidet er auf seiner Anti-Heldenreise viele Drangsale (etwa als Diebesobjekt oder Lasttier), bis er auf einer Prozession zu Ehren der Göttin Isis wieder zum Menschen wird. Dieser Handlungsstrang bildet auch einen Rahmen für Binnenerzählungen. Diese verweisen ebenfalls auf die Erzählstruktur von Ovids *Metamorphosen*. Am berühmtesten wurde das ›Märchen‹ von der Beziehung zwischen dem Liebesgott Amor und der Königstochter Psyche (»Seele«). Als Erfinder dieser Geschichte gilt Apuleius selbst.

Die bis in die Gegenwart höchst erfolgreiche Gattung des **historischen Romans** ist in der lateinischen Literatur durch Curtius Rufus repräsentiert (1. Jh. n. Chr.; genauere Datierung unsicher). In seiner *Historia Alexandri Magni Macedonis* (*Geschichte Alexanders des Großen aus Makedonien*) stellt er das Leben und Wirken des vom jungen Makedonenkönig zum Weltenherrscher aufsteigenden Alexander als packende und unterhaltsame Abenteuergeschichte dar. Die ursprünglich zehn Bücher, die sich in zwei Teile zu je fünf Büchern (bis zum Tod des Perserkönigs Dareios und bis über den Tod Alexanders hinaus) gliedern lassen, sind nicht vollständig erhalten.

Der womöglich erfolgreichste antike Roman war die *Historia Apollonii Regis Tyri* (*Geschichte von Apollonius, dem König aus Tyros*) – er wurde zum Lieblingsroman des Mittelalters. Er ist anonym in abweichenden lateinischen Fassungen überliefert, die wahrscheinlich auf ein griechisches Original zurückgehen und nicht sicher datierbar sind. Sie könnten aus dem 5. Jh. n. Chr. stammen, gehören also, wie christliche Spuren in der heidnischen Welt des Textes zeigen, der Spätantike an. Die Geschichte zwischen Roman und Märchen erzählt die atemberaubenden Abenteuer des Apollonius, eines jungen Mannes aus königlichem Haus in Tyros (im südwestlichen Kleinasien). Bei seiner Heldenreise auf der Flucht vor König Antiochus aus Antiochia, der ihn hasserfüllt verfolgt, durchmisst er weite Teile des östlichen Mittelmeerraums. Durch seine beeindruckend hohe Bildung gewinnt Apollonius in Kyrene (Nordafrika) die Tochter des Königs zur Frau und zeugt mit ihr seine Tochter Tarsia. Mit Scheintod der Ehefrau und späterer Verschleppung Tarsias durch Piraten kommt es zur Trennung der Kleinfamilie, doch durch schier unglaubliche Zufälle und Schicksalswendungen findet sie nach 14 Jahren wieder zusammen.

Die Wirkungsmacht der römischen Romanliteratur

Sowohl die Alexandergeschichte als auch die Geschichte des Apollonius übten ungemein starken Einfluss auf romanartige Erzählungen, ob in Prosa oder Versen, des Mittelalters aus. In der frühen Neuzeit kam es mit der begrifflichen Neufassung auch schrittweise zu einer näheren Bestimmung der Gattung Roman. Diese ist allerdings in der Gegenwart wieder sehr offen geworden. Ein längerer fiktionaler Erzähltext in Prosa, dem meist eine weiter ausgreifende Handlungskomposition zugrunde liegt, könnte eine erste definitorische Annäherung bilden. Einen Roman der Gegenwartsliteratur, der in verschiedenen Erzählsträngen auf antike Romane (konkret etwa auf den nur indirekt bezeugten Roman des Antonius Diogenes) zurückgreift, hat der amerikanische Bestsellerautor Anthony Doerr mit *Wolkenkuckucksland* vorgelegt (übersetzt von Werner Löcher-Lawrence, München 2021; Originaltitel: *Cloud Cuckoo Land*).

Modul III: Zentrale Autoren und ihre Werke

1 Lukrez

Zu Titus Lucretius Carus gibt es keine gesicherten biographischen Fakten. Man nimmt an, dass er um 96 v. Chr. geboren und um 53 v. Chr. gestorben ist.

Werk

Von Lukrez erhalten ist das philosophische Lehrgedicht ***De rerum natura*** (*Die Natur*). Mit diesem Titel knüpft es an die **vorsokratische Naturphilosophie** an, die nach dem Anfang und Ursprung (griech. *archḗ*) des Seins gefragt hat. Lukrez' Antwort auf diese Frage lautet, dass es unteilbare kleinste Materieteilchen (**Atome**) und ansonsten nur Leere gibt. Doch indem er aus dieser These ethische Konsequenzen für den Menschen ableitet, stellt er sich nicht nur in die vorsokratische, sondern vor allem in die **epikureische Tradition**.

De rerum natura stellt in insgesamt sechs Büchern die Philosophie Epikurs (341–270 v. Chr.) vor: Die ersten beiden Bücher entfalten deren grundlegende Prinzipien. Lukrez grenzt die Naturwissenschaft von der Religion ab und argumentiert für die Atomtheorie, die eine Erklärung für die Entstehung von Schmerz und Freude, aber auch für den Tod und die Entstehung der Welt ermöglicht. Die Bücher 3 und 4 entwickeln mithilfe der Atomtheorie eine Lehre vom Menschen (**Anthropologie**): Da auch Geist und Seele aus Atomen bestehen, sei die Furcht vor dem Tod unbegründet. Außerdem geht es ausführlich um die Themen der Sinneswahrnehmung und -täuschung sowie um die menschliche Sexualität. Das letzte Buchpaar enthält die Darstellung kosmologischer Phänomene und eine **Kulturge-**

schichte. Die menschliche Kulturentwicklung erscheint als Aufstieg (Aszendenz) von einfachen Anfängen zu immer fortschrittlicheren Errungenschaften. Lukrez behauptet, dass Erscheinungen, hinter denen frühere Menschen göttliches Wirken vermutet haben, durch die epikureischen, wissenschaftlichen Überlegungen erklärbar sind (Rationalisierung und Religionskritik).

Jedes Buch beginnt mit einem eigenen Proöm. Besondere Beachtung verdienen dabei die Bücher 1 und 4: Trotz der vergleichsweise geringen Bedeutung, die den Göttern innerhalb der epikureischen Philosophie verbleibt, steht am Anfang des Werks ein gebetsähnlicher Anruf (Hymnus) an Venus. Die Göttin der Liebe kann, um diesen Widerspruch aufzulösen, als Allegorie des epikureischen Luststrebens (Hedonismus) oder als universelles Naturprinzip verstanden werden. Das vierte Buch beginnt mit einer metapoetischen Selbstreflexion, der Idee des eigenen dichterischen Schaffens. Das Lehrgedicht wird mit dem Verabreichen von Medizin verglichen: Wie Honig die Einnahme bitter schmeckender, aber heilender Medikamente erleichtert, vereinfacht die literarisch ansprechende Form, d. h. die Dichtung, die Aufnahme der schwierigen, aber nützlichen philosophischen Inhalte. Damit verdeutlicht der Lehrdichter die doppelte Zwecksetzung seines Werks, nämlich, Erkenntnisgewinn und Lebenshilfe (*prodesse*) mit Unterhaltung (*delectare*) zu verbinden.

Textbeispiel (*De rerum natura* 3,830–831, 870–878, 881–887)

Nil igitur mors est ad nos neque pertinet hilum,
quandoquidem natura animi mortalis habetur.
[...]
Proinde ubi se videas hominem indignarier ipsum,
post mortem fore ut aut putescat corpore posto
aut flammis interfiat malisve ferarum,
scire licet non sincerum sonere atque subesse
caecum aliquem cordi stimulum, quamvis neget ipse
credere se quemquam sibi sensum in morte futurum;
non, ut opinor, enim dat quod promittit et unde
nec radicitus e vita se tollit et eicit,
sed facit esse sui quiddam super inscius ipse.
[...]
Ipse sui miseret; neque enim se dividit illim
nec removet satis a proiecto corpore et illum
se fingit sensuque suo contaminat astans.
Hinc indignatur se mortalem esse creatum
nec videt in vera nullum fore morte alium se,
qui possit vivus sibi se lugere peremptum
stansque iacentem <se> lacerari urive dolere.

Metrische Übersetzung

Nichts also ist der Tod für uns, er betrifft uns kein bisschen,
wenn man erst das Wesen der Seele als sterblich erkannt hat.
[...]
Wenn man daher einen Menschen trifft, der sich selber bedauert,

weil er als Toter verwest nach Bestattung des Leichnams
oder ihn Feuer zersetzt oder Bisse gieriger Tiere,
dann weiß man, das ist ein Misston und unterschwellig verborgen
sitzt ihm ein Stachel im Herz, obgleich er es selber bestritte,
er sei der Meinung, dass irgendetwas im Tod er empfinde;
denn, ich glaube, er hält hier nicht ein, was begründet er aussagt,
nicht konsequent will er vom Leben sich trennen und scheiden,
sondern er denkt, es bleibe von ihm etwas übrig, der Dummkopf.
[...]
Selbstmitleid hat er dann; denn er trennt sein Selbst nicht von jenem,
hält es nicht hinreichend fern von der Leiche, als der da
stellt er sich vor und belastet sich mit dem Empfinden des Zeugen.
Daher empört er sich, dass er als sterbliches Wesen geboren,
sieht aber nicht, dass im wirklichen Tod kein anderer er ist,
der lebendig das eigene Sterben betrauern noch könnte,
stehend sein Liegen, Zerrissenwerden, Verbrennen beklagte.

Basissatz

Als grundlegenden Lehrsatz seiner Anthropologie formuliert Lukrez die Bedeutungslosigkeit des Todes für das menschliche Denken und Leben, die er mit der Sterblichkeit der Seele begründet, an der man gegen falsche Zweifel unbedingt festhalten müsse.

Interpretationsansätze

Die ersten beiden Verse des Textauszuges (830–831) bieten den dogmatischen Lehrsatz. Der Leitbegriff *mors* (»Tod«; 830; vgl. dann 871, 875, 884 und 885) wird durch anaphorisch gedoppelte (und im zweiten Glied durch Tmesis [Trennung zusammengehöriger Wortbestandteile] gesteigerte) Verneinung (*ni[hi]l … neque … hilum*) in seiner Wichtigkeit für »uns (Menschen)« (*ad nos … pertinet*) stark negiert. Die konditional-affirmative Subjunktion *quandoquidem* (»wenn denn wirklich«) leitet den Gliedsatz ein. Dieser gibt als Voraussetzung für den Lehrsatz den Sachverhalt, dass man mit der Sterblichkeit der Seele wirklich ernst macht (831). Dieser Gliedsatz erweist sich so als Bekräftigung und Ergebnissicherung der von Lukrez zuvor ausführlich entwickelten atomistischen Seelenkonzeption.

Der Rest des Textauszuges dient der Veranschaulichung der Grundthese durch ein Beispiel (*exemplum*). Diese Form des Argumentationsganges ist typisch für die Gattung des Lehrgedichts. Die erste, ausgedehnte Periode des Beispielabschnitts umfasst sechs Verse (870–875) und ist symmetrisch gebaut. Im vorangestellten, drei Verse umfassenden Gliedsatz (870–872) fordert die Lehrerfigur den mit »du« angesprochenen Adressaten (zunächst also den Widmungsadressaten Memmius, in zweiter Linie aber jeden Leser des veröffentlichten Werks) auf, sich eine bestimmte menschliche Reaktionsweise auf die eigene Sterblichkeit im Rahmen seiner Erfahrungswelt als sichtbare Wahrnehmung (870 *videas*) vorzustellen: die Entrüstung eines Menschen, der sich über die verschiedenen Formen der Zersetzung (Verwesung, Verbrennung, Vertilgung) ereifert, die nach dem Tod seiner Leiche bevorstehen. Die als irrig zu erweisende Einstellung wird mit der altlateinischen Form *indignarier* (870) statt klassisch *indignari* ausgedrückt. Diesen erhabenen Ton setzt Lukrez durchgehend als Ausdrucksmittel seiner Lehrpoesie ein. Die drei von der Beispielfigur als eigenes künftiges Schicksal (870 *se ... ipsum*) gefürchteten Zersetzungsformen sind durch ein Trikolon mit *aut ... / aut ... ve* aufgelistet. An erster Stelle ist auf die Verwesung nach ordentlicher Bestattung des Leichnams angespielt: Im Ablativus absolutus *corpore posto* steht die Simplex-Kurzform *posto* für das reguläre Kompositum *deposito* (871). Als zweite Alternative nennt der Text die Feuerbestattung, die in den antiken Kulturen die Regel war. Die letzte Alternative hingegen, die Vernichtung (872 *interfiat*) durch die »Kinnbacken/Rachen« (*malae*), also konkret die Bisse wilder Tiere, verweist auf eine unehrenhafte und unheldische Vernachlässigung des Leichnams, dem eine vom Kult gebotene Bestattung vorbehalten bleibt. Diese Thematik erscheint etwa im Proöm der *Ilias* Homers und gibt den Grundton der Tragödie *Antigone* des Sophokles vor. Dort widersetzt sich die Titelheldin nämlich dem Bestattungsverbot, das der neue Herrscher Kreon gegen ihren Bruder Polyneikes verhängt hat, weil dieser gegen die eigene Vaterstadt Theben in den Krieg gezogen war. Im Hauptsatz mit weiterem untergeordneten Gliedsatz (873–875) verwirft die Lehrerfigur mit Blick auf rational erlangbares Wissen (873 *scire licet*) die zuvor ausgemalte Auffassung. Diese wird bildhaft als Misston bloßgestellt und psychologisierend als »blinder« (unbewusster, irrationaler) »Stachel« im Herzen, also in der seelischen Vorstellungswelt des Betroffenen, metaphorisiert. Der mit *quamvis* (874) eingeleitete Konzessivsatz erklärt den Misston: Die irrationale Sorge nagt an dem *homo*, obwohl er bei kühler Überlegung selber (874 *ipse* greift 870 *ipsum* auf) bestreiten würde, dass er als Verstorbener noch Sinneswahrnehmungen empfinden könne.

Im restlichen Abschnitt (876–887) bietet die Lehrerfigur mit Betonung der eigenen Meinung (876 *ut opinor*) eine eingehende Erklärung für die bislang entwickelte Widersprüchlichkeit. Lukrez umkreist dabei ein und denselben Gedanken in drei etwa gleich langen Anläufen: Das parataktische Gefüge der drei Verse 876–878, in dem die Subjunktion *unde* im Sinn der Konjunktion *inde* gebraucht ist, erklärt die Inkonsequenz zunächst in ökonomisch anmutender Sichtweise als fehlende »Einhaltung« des »Versprechens« der rationalen Einsicht. Mit einem vegetativen Bild malt Lukrez die nicht vollständig vollzogene Verinnerlichung der Sterblichkeit der Seele in 877 aus. Adverbiales *radicitus* (»mit der Wurzel«, also: »rückstandslos«) verbindet er mit pleonastischem *se tollit et eicit*, das auf *se* in 875 zurückgreift. Das mittig in 877 stehende *vita* wird zu dem in dieser Hinsicht hinderlichen Gegenprinzip zum Leitthema *mors*. In 878 verschärft *facit* im Sinn von *fingit*, wie es in 883 heißen wird, oder modern »Fake« das neutralere *credere* in 875. Tmesis und Inversion (Umkehrung der Reihenfolge) bei *esse ... super* für *superesse* verstärken den Widersinn der Vorstellung eines »Überbleibsels« des Menschen nach seinem Tod. Prädikativ gebrauchtes *in-scius* stellt in betontem Gegensatz zu *scire* (873) klar, dass es sich hierbei um eine wissenschaftlich durch nichts begründbare Angstvorstellung handelt, die man sogar als Wahn betrachten könnte. Die folgenden drei Verse variieren diesen Gedanken, indem sie als psychologisches Motiv für die nicht lückenlose Abspaltung des Ichs vom abgelegten Leichnam das Selbstmitleid anführen: *Ipse sui miseret* (881) nimmt verschränkend die Motive des »Selbst« (870; 878) und des Selbstbezuges (878 *sui*) auf. Das Folgende gibt der herkömmlichen Vorstellung von einer (den körperlichen Tod überlebenden) Seele und einem der Zersetzung preisgegebenen Leib eine lukrezische Wendung: Er begründet die irregeleitete Fiktion mit der nicht »hinreichend« (882 *satis*), also nicht konsequent genug erfolgten Abspaltung (ausgedrückt in der Zweiwortverbindung *dividit... / ... removet* in 881–882, die *tollit et eicit* aus 877 weiterführt) des Selbst (intensiv bekräftigt durch *se* in 881 und 883 und *sensu suo*, das auf *sensum* in 875 zurückverweist) vom »weggeworfenen Leichnam«: *Proiecto corpore* (882) erweist sich als heftigere Spielart von *corpore posto* (871). Die Paradoxie der Vorstellung eines Menschen, der mit wachen Sinnen der eigenen Verwesung beiwohnt (883 *astans* durch Endstellung ähnlich betont wie in 887 *stansque* durch Anfangsstellung) bringt das Verb *contaminat* auf den Punkt. Das »Beflecken und Besudeln« aus dem Vorstellungsbereich des Leichengiftes überträgt Lukrez auf die psychische Belastung, die sich aus dem von ihm beschriebenen Irrglauben ergibt. Den Schluss aus diesen Erwägungen (*conclusio*) bietet er sodann in 884–887: Die anfänglich beschriebene Empörung der Beispielfigur (884 *indignatur* bezieht sich auf 870 *indignarier* zurück) erweist sich als fehlgeleitete Gefühlsbetroffenheit, also eine affektische Reaktion außerhalb der Vernunft (*ratio*). Wie ein Seelenarzt diagnostiziert Lukrez abrundend eine Blindheit hinsichtlich der wahren Natur des Todes, der eben Leib und Seele gleichermaßen betreffe: *Nec videt* (885) variiert *inscius* (878). Im echten Tod, also nicht im fehlerhaft oder abergläubisch imaginierten, gebe es kein neues Leben, das in paradoxer Weise das eigene Dahinscheiden beklagen könne: *lugere* (886) verstärkt dabei *miseret* (881) und wird in endgestelltem *dolere* (887) weitergeführt. Dass Lukrez in 887 eine Zwischenbilanz zieht, verdeutlicht er durch die Bündelung von Rückgriffen auf zuvor von ihm Angesprochenes, insbesondere die Zeugenschaft, das »Dabeistehen« des Betroffenen bei den Formen »seiner« körperlichen Zersetzung: *lacerari urive* (887) variiert in umgestellter Reihung *flammis interfiat malisve ferarum* (872).

Die überaus nachdrückliche, geradezu einhämmernde Gedankenfolge mit eindringlichen Bildern und durchgehendem

Einsatz starker stilistischer Wirkungsmittel entfaltet eine große Suggestivkraft. Dies spricht für die Bedeutsamkeit dieser zentralen Stelle in Lukrez' kompromisslos materialistischem Bild vom Menschen in seiner allumfassenden Sterblichkeit.

2 Catull

Über das Leben von Gaius Valerius Catullus (um 84–54 v. Chr.) ist wenig bekannt: Antike Zeugnisse bleiben spärlich. Für Eckdaten ist man auf Angaben in seiner Dichtung angewiesen. Solche Rückschlüsse vom Dichter-Ich auf den realen Autor sind aber problematisch. Catulls Familie gehörte dem Ritterstand aus Verona in Oberitalien an. Er unternahm unter dem Prokonsul Gaius Memmius eine Reise in die Provinz Bithynien; anschließend war wohl Rom das Zentrum seines Lebens und Schaffens. In seiner Dichtung setzt er sich zum Teil sehr unumwunden u. a. mit bedeutenden politischen Akteuren seiner Zeit auseinander, darunter Caesar, Pompeius und Cicero.

Werk

Von Catull überliefert ist eine 116 ***Carmina*** umfassende Gedichtsammlung. Sie lässt sich anhand von Versmaß und Gedichtlänge grob in drei Teile gliedern: Kurzgedichte in verschiedenen Versmaßen (*Carmina* 1–60), besonders **Jamben**; längere Gedichte (*Carmina* 61–64), »Kurzepen« (**Epyllien**) und kürzere **elegische Distichen** (*Carmina* 65–116). Der erste und dritte Teil ähneln sich inhaltlich: Beide bieten Liebesgedichte (oft an eine *puella* namens **Lesbia** gerichtet) und Einladungsschreiben, aber auch zahlreiche angriffslustige Stücke (Invektiven); viele sind in einem drastischen, sexuell anspielungsreichen Ton gehalten und an namentlich genannte Persönlichkeiten gerichtet. Unter den längeren Gedichten finden sich neben Hochzeitsliedern und mythischen Themen auch Motive der Liebeselegie. In den *Carmina* 65 und 68 thematisiert Catull den Tod seines Bruders.

Catull wird zu den **Neoterikern** gezählt. Diese Dichtergruppe knüpfte an die hellenistische Dichtung, insbesondere die des Kallimachos (305–240 v. Chr.), an. Charakteristisch für deren literarische Formen sind eine bewusst gewählte Knappheit und kunstvolle Verdichtung, viele gelehrte mythologische Bezüge (Referenzen) des »Gelehrtendichters« (*poeta doctus*) sowie die Abkehr von politischen und militärischen Inhalten.

Textbeispiel (*Carmen* 5)

Vivamus, mea Lesbia, atque amemus
rumoresque senum severiorum
omnes unius aestimemus assis.
Soles occidere et redire possunt:
Nobis, cum semel occidit brevis lux,
nox est perpetua una dormienda.
Da mi basia mille, deinde centum,
dein mille altera, dein secunda centum,
deinde usque altera mille, deinde centum.
Dein, cum milia multa fecerimus,
conturbabimus illa, ne sciamus,
aut nequis malus invidere possit,
cum tantum sciat esse basiorum.

Metrische Übersetzung

Leben wollen wir, Lesbia, und uns lieben,
das Gerede von greisen Sittenrichtern
soll uns alles nur ein Stück Kleingeld wert sein.
Sonnen sinken und können wieder scheinen:
Uns ist, wenn einmal ausging unser Lichtchen,
Nacht beschieden für alle Zeit zum Schlafen.
Gib mir Küsse, ja, tausend, dann noch hundert,
noch mal tausend und dann die zweiten hundert,
dann gleich weitere tausend, dann noch hundert.
Dann, wenn abertausende wir uns gaben,
werden wir uns verzählen, nichts mehr wissen,
dass auch ja kein Bösewicht neidisch sein kann,
wenn die Vielzahl er wüsste dieser Küsse.

Basissatz

Das lyrische Ich bekennt sich in diesem Grundsatzgedicht an seine Angebetete Lesbia zu einer eigenen Weltordnung, die Sittlichkeitsrichtern und Neidern zum Trotz angesichts der Endlichkeit Liebe und Zärtlichkeiten in Leben und Dichtung an die oberste Stelle setzt.

Interpretationsansätze

Das Gedicht ist mit 13 Versen ›kallimacheisch‹ kurz. Gleichwohl wirkt es auf den ersten Blick zu schlicht und wiederholungslastig, als dass es die Anforderungen an höchst verdichtete Kleinkunst erfüllen könnte. Diese Dimension erschließt sich erst bei eingehender Analyse:

Die Struktur ist annähernd symmetrisch. Den sechs Versen

der ersten Hälfte, in der es um Leben, Liebe und Tod geht (1–6), folgt der Kuss-Teil mit sieben Versen (7–13). Die erste Hälfte lässt sich ihrerseits in zwei gleich lange, jeweils drei Verse umfassende Abschnitte unterteilen, die ›Liebesleben‹ und ›Vergänglichkeit‹ einander gegenüberstellen. Die drei Eröffnungsverse sind von der ersten Person Plural der Verbformen gekennzeichnet (Wir-Dimension). Die anschließenden drei Verse fassen allgemeine Aussagen über Gestirne und menschliches Sein in die dritte Person Singular und Plural.

In den ersten drei Versen geben drei konjunktivische Verbformen im Hortativ den Ton vor: Den ersten Hendekasyllabus rahmen die Ermunterungen *vivamus* und *amemus* (1). Zu Beginn der zweiten Hälfte des dritten Hendekasyllabus erscheint dann das viersilbige Verb *aestimemus*. Dessen Sinngehalt (Semantik) verschiebt den Gedankengang des Gedichtes: Vom Gefühlsüberschwang der Liebe als Lebensinhalt gelangt man zum rational wirkenden Rechnen und Kalkulieren. Das Vielzahl-Motiv beherrscht dann die zweite Gedichthälfte, allerdings gerade im Bereich der Kusshandlungen, die sich aus erotischer Anziehung und entsprechendem Gefühlsüberschwang ergeben.

Damit ist die Grundspannung des Gedichts bereits in den drei Eröffnungsversen entwickelt. Die vokativische Anrede *mea Lesbia* ordnet dieses Gedicht in die Reihe (den Zyklus) von subjektiven Gedichten ein, in denen sich das Catull-Ich an diese bestimmte Geliebte richtet. Deren Name ist im Sinn der hellenistischen Dichtung anspielungsreich. Im Zusammenhang mit Liebesdichtung verweist die Insel Lesbos auf die legendäre archaische griechische Dichterin Sappho (7./6. Jh. v. Chr.) und ihre Poesie. Das Ich will also nach dem Vorbild Sapphos leidenschaftliche Liebe zum Gegenstand seiner Dichtung wählen und auf diese Weise das kurze Leben mit Sinn erfüllen, ja vielleicht sogar als Dichter den physischen Tod überleben. Die Angesprochene aber ist durch diesen Namen als Kunstfigur (*scripta puella*) erwiesen. Das Wesen eines solchen *amor* deutet das Gedicht in Vers 2 und 3 an, indem es ihn von der Gegenwelt abgrenzt, also *ex negativo* umreißt: Worüber sich ältere Leute (*senes*) mit allzu strengen Moralvorstellungen (*severiores*) das Maul zerreißen – so ließen sich die *rumores* fassen, die den *amores* lautlich ähneln, aber gleichzeitig entgegenstehen –, hat für die Liebenden so geringen Wert, dass es zu vernachlässigen ist. Das bringt der Genitivus pretii *unius … assis* mit dem Verweis auf die kleinstmögliche ungeteilte Menge der römischen Münzeinheit aus Kupfer zum Ausdruck. Die *senes* bezeichnen aber nicht nur ältere Leute, von denen sich der jugendliche Liebesdichter abgrenzt. Sie stehen auch für die alten, weniger erotischen Dichter (Ovid bezeichnet so etwa Homer und Hesiod, 8. Jh. v. Chr.), von denen sich die Neoteriker als Poetengruppe abgrenzen.

Die Verse 4–6 rücken das Bekenntnis zur Liebe als Lebensinhalt, das in typisch elegischer Weise andere Lebensformen wie Staats- oder Kriegsdienst verwirft, in einen weiteren Zusammenhang: Die zyklischen Bahnen der »Sonnen«, die hier für Gestirne allgemein stehen (4), sind das Gegenbild zum linearen menschlichen Leben (5–6). Zum Schlüssel wird das verbale Polyptoton *occidere* (4) und *occidit* (5): Bei Gestirnen kann auf Untergehen und Verschwinden ein Wiederaufstieg folgen wie an einem neuen Tag, an dem die Sonne wieder aufgeht. Dies verdeutlicht der polare Ausdruck *oc-cidere et red-ire* (4). Der Dativ *nobis*, zu dem gedanklich *hominibus* oder *amantibus* zu ergänzen ist, steht antithetisch zu den *soles* am Anfang von Vers 5. Der temporale Gliedsatz verbindet das Bild vom Sonnenuntergang mit demjenigen des Verlöschens des kurzen Lebenslichtes (*brevis lux*). So holt Catull in sein Gedicht über die *vita* der Liebenden das herkömmliche Motiv der Kürze des menschlichen Lebens (*brevitas vitae*) hinein. Dieses nutzt gerade die Liebesdichtung immer wieder für eine Ermunterung zum Lebensgenuss im Jetzt. Horaz wird dafür die Kurzformel *carpe diem* prägen. Zum Ende der ersten Gedichthälfte steht *nox* an der Anfangsposition von Vers 6 bildhaft (»Nacht« für »Tod«) für die Gegenkraft zum *vivamus* des Gedichtanfangs. Tautologisch (Tautologie: Wiederholung derselben Inhalte) verstärken die Adjektive *perpetua una* (vgl. 3 *unius*) die Zwangsläufigkeit und Ausweglosigkeit des finsteren Todesschlafes. Diesen fasst Catull in das prädikative Gerundiv, das eine Notwendigkeit ausdrückt, unter Inversion (Vorziehen) des Hilfsverbs *est*.

Der Sprung in die zweite Hälfte des Gedichtes erfolgt jäh und unter Wechsel der Aussagerichtung. Nach der lehrhaften Bekräftigung der Vergänglichkeit folgt unmittelbar die umso lebhaftere Aufforderung an die zuletzt in Vers 1 angesprochene Geliebte. Der einsilbige Imperativ *da* reicht als Appell zum Ausleben von Catulls Liebeskonzeption. Das Leitwort *basia* umklammert die zweite Gedichthälfte, die mit dem Genitivus partitivus *tantum … basiorum* (13) schließt. Der Ausdruck stammt aus der volkstümlichen Sprache und bezeichnet leidenschaftliche Küsse, die als Vorspiel für weitergehende sexuelle Handlungen gelten können. Solche bleiben in diesem Gedicht trotz der paradox gesteigerten Vielzahl an Küssen bewusst ausgespart. Umso atemloser zeichnet die Sprachgewalt der Verse 7–9 die Heftigkeit der schier endlosen Kuss-Serie nach, die das Ich begehrt: *Perpetua basia* sollen also der *nox … perpetua* trotzen. Der Text bietet dafür sechsmal anaphorisches *deinde* sowie jeweils dreimaliges *mille* und *centum*, Letzteres jeweils an betonter Versendstelle (7, 8 und 9). Die Form der verspielten Aufzählgedichte (griech. *arithmētiká*) überträgt Catull hier originell auf das Thema des Küssens. Den bereits in Vers 3 aufgerufenen Bereich der Ökonomie mit seiner Fixierung auf Zahlen und (modern gesprochen) Wachstum wendet er hier gewitzt und erheiternd auf den höchstpersönlichen Bereich der Zärtlichkeiten zwischen zwei Liebenden an.

Im letzten Abschnitt des Gedichts treibt er diese elegische Vermischung der Ebenen auf die Spitze: Wenn Küssen zum Wettbewerb in einer erotischen ›Leistungsgesellschaft‹ würde, könnte die unermesslich hohe Zahl der dem Ich von Lesbia geschenkten Küsse Neider auf den Plan rufen: *Malus invidere* in Vers 12 gibt der Gegenkraft von Vers 2 ein deutlicheres Gesicht. Das Wir-Gefühl des ersten Abschnitts wird im letzten Abschnitt erneuert. Das Leben in Liebe ist zum ›Umsatz von vielen Tausend Küssen‹ (10) verdichtet. Das ökonomische Kalkül, das zunächst in der Abweisung von Altvätermoral lag (2), geht jetzt in eine Politik der Vorsicht über: Absichtsvolles ›Durcheinanderbringen‹ der ›Rechnungsbücher‹ (11 *conturbabimus*) soll eigenes Unwissen herbeiführen und Neiderwissen verunmöglichen.

Unter dem Strich gibt das Kussgedicht zu erkennen, dass es interesselosen Liebes- und Lebensgenuss bei allem Trotz gegen die Vergänglichkeit nicht geben kann. Ob im gemeinschaftlichen Leben, in der Liebesleidenschaft oder in der Dichtung darüber, mit der Catull an die Öffentlichkeit tritt: Die liebesfeindlichen Kräfte aus Vergangenheit und Gegenwart liegen stets auf der Lauer.

3 Caesar

Gaius Iulius Caesar wurde im Jahr 100 v. Chr. geboren. Er war Stadtrömer und entstammte einem traditionsreichen Adelsgeschlecht, das seine Wurzeln bis auf Aeneas und dessen göttliche Mutter Venus zurückführte. In seiner Jugend erhielt er eine umfassende rhetorische Ausbildung. Politisch unterstützte er zunächst die Seite der Popularen. Ab dem Jahr 69/68 v. Chr. begann sein *cursus honorum*, die reguläre Ämterlaufbahn, deren Spitze er mit dem Konsulat im Jahr 59 v. Chr. erreichte. Zu dieser Zeit war er zusammen mit Crassus und Pompeius bereits Mitglied des 60 v. Chr. gegründeten 1. Triumvirats.

Porträtbüste Caesars. Vatikanische Museen – © Wikimedia Commons

Im Anschluss an sein Konsulat wurde Caesar Statthalter in Gallien, das er im Lauf der nächsten acht Jahre eroberte und verwaltete. Diese Zeit beschreibt er in seinen *Commentarii de bello Gallico*. Um anschließend Amtsimmunität zu erhalten und so einer drohenden Anklage in Rom zu entgehen, strebte er an, sich in Abwesenheit zum Konsul für das Jahr 48 v. Chr. wählen zu lassen. Dieses Vorhaben durchkreuzte aber Pompeius, der sich seit Crassus' Tod (53 v. Chr.) zunehmend zu Caesars politischem Gegner entwickelt hatte. Die Auseinandersetzung der beiden eskalierte mit der Aufforderung des Senats an Caesar, das Kommando über seine

Legionen abzutreten, und dessen anschließender Überschreitung des Rubikons zu Beginn des Jahres 49 v. Chr. Den daraus resultierenden Bürgerkrieg entschied Caesar für sich.

Schließlich schwang er sich zum Dictator auf. Als er 44 v. Chr. Dictator auf Lebenszeit wurde und die Freiheit der römischen Republik endgültig auszuhebeln drohte, formte sich Widerstand aus den Reihen der römischen Republikaner. Diese ermordeten Caesar am 15. März 44 v. Chr. bei einer Senatssitzung.

Werk

Der Machtmensch Caesar ist als Autor von sog. ***commentarii*** in die Literaturgeschichte eingegangen: Er schrieb sieben Bücher ***De bello Gallico*** und drei Bücher ***De bello civili***. Dazu finden sich im sog. *corpus Caesarianum* Berichte über weitere Kriege (u. a. das von Aulus Hirtius, einem Offizier Caesars, verfasste achte Buch des *Gallischen Krieges* sowie Werke zum Krieg in Nordafrika). Die Gattung *commentarius* ist nur durch Caesars Werke greifbar. Vorläufer dieser Gattung sind wohl sog. *litterae*, also Berichte römischer Beamter an den Senat, doch erweisen sich Caesars *commentarii* als eigenständige literarische Werke.

In seinem *Bellum Gallicum* berichtet Caesar über die Zeit von 58 bis 52 v. Chr., die mit dem römischen Sieg bei Alesia und der Kapitulation der Gallier unter Vercingetorix endet. Die Erzählung konzentriert sich, abgesehen von den Expeditionen nach Britannien und Germanien, auf die Geschehnisse in Gallien. Durch die Schilderung von gallischen Bittgesuchen und militärischen Aggressionen der Gegner rechtfertigt Caesar sein Vorgehen.

Das unvollständig überlieferte *Bellum civile* verfolgt ein ähnliches erzählstrategisches Ziel: Dieses ist für den Autor und Bürgerkriegsauslöser Caesar umso heikler, als er hier einen inneren bewaffneten Konflikt zu rechtfertigen trachtet: Pompeius' Handeln stellt Caesar als rechtswidrig dar, um sein eigenes militärisches Einschreiten zu legitimieren. Am Beginn des ersten Buchs informiert die Erzählung über die Ereignisse in Rom, die Caesar zu seiner Überschreitung des Flusses Rubikon, der Grenze der ihm unterstehenden Provinz, motivierten. Das Werk endet mit der Schlacht bei Pharsalos und dem Tod des nach Ägypten entwichenen Pompeius.

Beide Werke sind maßgeblich durch ihre literarische und narrative Ausgestaltung geprägt, die wichtige Parallelen zur Historiographie aufweist. Ein auktorialer Erzähler berichtet über die Ereignisse; dabei suggerieren Sprache und Stil der Narration (z. B. indirekte Rede, Ablativi absoluti) Neutralität bzw. Objektivität. Auch dadurch, dass Caesar die Erzählstimme in dritter Person über sich berichten lässt, wahren die *commentarii* den Anschein der Unparteilichkeit.

Textbeispiel (*Bellum Gallicum* 5,44)

Im fünften Buch des *Bellum Gallicum* erzählt Caesar vom Kampf gegen die belgisch-germanischen Eburonen (54 v. Chr.). Als die Basis seines Unterkommandanten Quintus Cicero durch die belgischen Nervier in Bedrängnis gerät, kommt es zu folgender Begebenheit:

(1) Erant in ea legione fortissimi viri, centuriones, qui iam primis ordinibus adpropinquarent, Titus Pullo et Lucius Vorenus. (2) Hi perpetuas inter se controversias habebant, uter alteri anteferretur, omnibusque annis de loco summis simultatibus contendebant. (3) Ex his Pullo, cum acerrime ad munitiones

pugnaretur, »Quid dubitas«, inquit, »Vorene? Aut quem locum tuae probandae virtutis exspectas? Hic dies de nostris controversiis iudicabit.« (4) Haec cum dixisset, procedit extra munitiones quaque hostium pars confertissima est visa, irrumpit. (5) Ne Vorenus quidem se tum vallo continet, sed omnium veritus existimationem subsequitur. (6) Mediocri spatio relicto Pullo pilum in hostes immittit atque unum ex multitudine procurrentem traicit. Quo percusso exanimatoque hunc scutis protegunt hostes, in illum universi tela coniciunt neque dant regrediendi facultatem. (7) Transfigitur scutum Pulloni et verutum in balteo defigitur. (8) Avertit hic casus vaginam et gladium educere conanti dextram moratur manum impeditumque hostes circumsistunt. (9) Succurrit inimicus illi Vorenus et laboranti subvenit. (10) Ad hunc se confestim a Pullone omnis multitudo convertit; (11) illum veruto transfixum arbitrantur. Vorenus gladio rem comminus gerit atque uno interfecto reliquos paulum propellit; (12) dum cupidius instat, in locum inferiorem deiectus concidit. (13) Huic rursus circumvento fert subsidium Pullo atque ambo incolumes compluribus interfectis summa cum laude intra munitiones se recipiunt. (14) Sic fortuna in contentione et certamine utrumque versavit, ut alter alteri inimicus auxilio salutique esset neque diiudicari posset, uter utri virtute anteferendus videretur.

Übersetzung

(1) Es gab in der besagten Legion Tapferkeitshelden, Zenturionen, die sich den höchsten Rängen näherten, nämlich Titus Pullo und Lucius Vorenus. (2) Diese helden lagen ständig miteinander im Streit darüber, wer vor wem den Vorzug verdiene, und all die Jahre war der Vorrang Gegenstand ihrer voll Erbitterung ausgetragenen Auseinandersetzungen. (3)

Von den beiden hat Pullo, als mit aller Heftigkeit bei den Befestigungsanlagen der Kampf tobte, gesprochen: »Was soll deine Zurückhaltung, Vorenus? Oder welche Gelegenheit zur Bewährung deines Heldentums willst du noch abwarten? Der heutige Tag wird in unseren Streitigkeiten das Urteil fällen.« (4) Nach diesen Worten rückt er vor in den Bereich außerhalb der Befestigungsanlagen, und dort, wo die feindliche Partei am dichtesten zusammengeballt schien, bricht er sich Bahn. (5) Auch Vorenus hält sich da nicht mehr im Schutz des Sicherheitsgürtels auf, sondern rückt aus Sorge um sein allgemeines Prestige nach. (6) Kein großer Abstand war mehr zwischen ihnen, da schleudert Pullo einen Wurfspieß gegen die Feinde und einen, der aus der Menge nach vorne rennt, durchbohrt er. Nachdem der dem Volltreffer erlegen war, decken diesen mit ihren Schilden die Feinde, auf jenen (Pullo) werfen sie allesamt ihre Wurfwaffen und verwehren ihm jede Rückzugsmöglichkeit. (7) Durchstoßen wird der Schild dem Pullo, und ein Spieß steckt in seinem Gürtel fest. (8) Es verschiebt dieser Unfall die Schwerthülle und, als er sein Schwert zu zücken versucht, braucht seine Hand zu lange, den derart Beeinträchtigten kreisen die Feinde ein. (9) Eilends als Ersthelfer bringt ihm sein Konkurrent Vorenus in dieser Not Entlastung. (10) Auf ihn richtet sich blitzschnell von Pullo weg die Aufmerksamkeit der ganzen Menge; (11) dieser sei ohnehin vom Spieß durchstoßen, meinen sie. Vorenus ficht mit dem Schwert die Sache im Nahkampf aus, und nachdem er einen niedergemacht hat, kann er den Rest ein wenig abdrängen. (12) Als er recht leidenschaftlich nachsetzt, gerät er an eine niedrigere Stelle und fällt hin. (13) Dem erneut Umzingelten leistet nun Hilfe Pullo, und beide können sich unversehrt, nachdem sie mehrere umgebracht haben, unter höchster Anerkennung in den

Schutzgürtel zurückziehen. (14) So hat das Glück in Kontroverse und Konflikt alle beide so gebeutelt, dass der eine Konkurrent dem anderen Hilfe und Rettung brachte und es sich nicht entscheiden ließ, wer an Heldenmut wem vorzugswürdig erscheinen solle.

Basissatz

Caesar gestaltet eine Krisensituation seiner Truppe, bei der er persönlich nicht zugegen war, im Sinn dramatischer Geschichtsschreibung aus, um zwei Zenturionen als Musterbilder des angeblich für die eigene Seite typischen Wettbewerbsgeistes und Gemeinschaftssinns auszuzeichnen.

Interpretationsansätze

Der Textausschnitt ist wie eine Art Drama gegliedert: Als erklärende Eröffnung (Exposition) stellt Caesar die Kurzcharakteristik des herausragenden Duos von Hundertschaftskommandanten in seiner Truppe voran, die untereinander um den Vorrang wetteifern (1–2). Unmittelbar darauf schließt er in wörtlicher Rede, einem bei Caesar besondere Hervorhebung bewirkenden Gestaltungsmittel, die Herausforderung des Vorenus durch Pullo an (3). Dieser lässt sogleich Taten folgen und stürzt sich waghalsig ins Kampfgetümmel (4). Vorenus seinerseits nimmt die Herausforderung an und folgt aus Prestigegründen, wie Caesar interpretiert (5). Damit sind die steigernden, »erregenden« Momente des Kurzdramas gegeben.

Der zentrale Umschwung, die Peripetie, erfolgt in § 6: Pullo wird nämlich während seines Einzelkampfes, der »Aristie« in epischer Tradition (vgl. etwa Homers *Ilias*), zur allgemeinen Zielscheibe und sitzt in der Falle, aus der er sich trotz aller Anstrengung nicht aus eigener Kraft zu befreien vermag (7–8). Vorenus' Glanzleistung liegt nun ironischerweise darin, dass er dem Konkurrenten Soforthilfe leistet: Durch seine eigene Aristie lenkt er nämlich die Gegner von Pullo ab (9–11). Eine parallele Peripetie erfolgt rasch durch den Sturz des Vorenus (12), dem nun sofort Pullo aus der Patsche hilft, der sich wieder aufgerafft hat (13).

So endet der dramatische Konflikt gut, da beide durch gegenseitige Hilfsleistung die schweren Kämpfe überleben. Doch der Rangkonflikt bleibt offen: In der abrundenden Wertung (14) gelangt nämlich Caesar zu dem Schluss, dass die höhere Macht Fortuna den Streit der beiden *centuriones* bewusst unentschieden ließ. Dass diese Spannung zum allgemeinen Wohl der römischen, caesarischen Sache und ihrer überragenden Kampfkraft erhalten bleibt, lässt sich leicht als Tendenz dieser Episode entnehmen.

Die mitreißende Dramaturgie und erzählerische Spannung steht dem nüchternen Anstrich der Gattung *commentarii* eigentlich entgegen. Caesar unterstützt die Dramaturgie und Spannung mit sprachlichen Mitteln:

Die Anfangsstellung des Verbums *erant* verleiht dem ›existentiellen‹ Sinn von *esse*, das hier »es gab« bedeutet, zusätzlichen Nachdruck. Noch vor ihrer namentlichen Vorstellung in der Apposition, die nach dem Relativsatz am Ende der Periode erfolgt, werden beide Zenturionen zusammen superlativisch über alle ihre Kameraden in der Legion erhoben. Das dem Superlativ *fortissimi* folgende Bezugswort *viri* verweist schon auf den in § 3 in der direkten Rede genannten Begriff *vir-tus* voraus, um den sich in dieser Passage alles dreht. Die beiden Namen zählt Caesar dann in der Reihenfolge auf, in der sie im weiteren Verlauf des Textes aktiv werden. § 2 ist wie § 1 im Tempus des Imperfekts gehalten, da *habebant* und *contendebant* langfristige Gewohnheiten (durativer Aspekt) und damit zusammenhängende wiederholte Handlungen (iterativer Aspekt) beschreiben. Die beiden Teile von § 2 sind pleonastisch, da Caesar die nahezu identische Aussage des jahrelangen und heftigen Rangstreits zweimal tätigt: *perpetuas ... controversias habebant* ~ *omnibusque annis ... contendebant.* Bei aller Erzählökonomie verstärkt Caesar hier durch wiederholende Variation seine Aussage, im Sinn der Klimax noch betont durch alliterierendes *summis simultatibus.* Im Hintergrund steht hierbei das literarische Motiv des Strebens eines epischen Helden nach Vorrang und Ruhm (griech. *kléos*). Muster dafür ist Achill aus Homers *Ilias* und dessen Lebensmotto »Immer der Erste zu sein und überlegen den anderen«.

Zu Beginn von § 3 schwenkt die Erzählung vom erklärenden Rückblick auf die Gegenwart des Kampfes zurück. Der Fokus auf das Duo bleibt. Dies zeigt die Verknüpfung durch die Demonstrativa *hi* (2) und *ex his* (3). Der nach Nennung des Subjekts Pullo, der die Initiative ergreift, eingeschobene temporale *cum*-Satz schildert in telegrammartiger Knappheit die militärische Lage: Das superlativische Adverb *acerrime* unterstreicht, dass die Befestigungsanlagen der Römer unter heftigstem feindlichen Ansturm stehen. Bevor er zur Tat streitet, richtet hier Pullo eine Aufstachelungsrede an seinen angestammten Konkurrenten: Auf zwei rhetorische Fragen, deren zweite den Sinn der knappen ersten etwas genauer ausbreitet, folgt eine erklärende Aussage; das Verb *dubitas* der ersten Frage wird in *exspectas* aufgegriffen. Das attributive Gerundiv *tuae probandae virtutis* formuliert das Thema: Die Krise der von den Feinden bestürmten Legion soll als Tapferkeitsprobe die *viri vere Caesariani* zusätzlich anspornen. Strukturell schlägt Caesar damit den Bogen zu seiner mit eigener Autorität ausgesprochenen Wertung am Ende des Abschnitts (14): Der Gang der Ereignisse habe es unentscheidbar gemacht, wer den Vorrang an Tapferkeit verdiene; *uter utri virtute anteferendus* fasst *uter alteri anteferretur* (2) und *tuae probandae virtutis* (3) zusammen.

Das militärische Kampfgeschehen um Pullo und Vorenus schildert Caesar in §§ 4–13 durchgehend im dramatisch vergegenwärtigenden Präsens: *procedit* und *irrumpit* bezeichnen den todesmutigen Übergang Pullos aus der defensiven Deckung in die Offensive. Der Superlativ *confertissima* (4) unterstreicht, dass er nicht etwa eine Schwachstelle aufsucht, sondern auf die stärkste Anballung der Gegner losstürmt. Mit diesem Draufgängertum steht das am Ende von § 5 zur Beschreibung von Vorenus' Reaktion gewählte *subsequitur* im Gegensatz. Dazu passt die mit dem Participium coniunctum *veritus* bezeichnete innere Motivation des Vorenus: Dass er dem waghalsigen Konkurrenten nachfolgt, liegt in der ängstlichen Sorge begründet, er könne »bei allen« (also wohl auch bei Caesar selbst) in den Ruf der Feigheit geraten. In §§ 6–8 liegt der Fokus der Erzählung auf dem wechselvollen Geschehen um Pullo. Hierbei setzt Caesar Participia coniuncta (wie *unum ... procurrentem* oder *conanti*) und Ablativi absoluti (wie *quo percusso exanimatoque*) zur spannungsreichen Verdichtung einer parataktischen, d.h. in recht knappen Hauptsätzen, rasch und anschaulich entfalteten Ereignisreihe ein: Wie ungemein schnell sich Fortuna auf dem Schlachtfeld wendet, zeigt er an Pullos Beispiel etwa am Wechsel von aktivem *traicit* (6) zu den Passiva *transfigitur* und *defigitur* (7; Kompositahäufung, vgl. 11 *transfixum arbitrantur*) sowie schließlich zu *impeditumque ... circumsistunt* (8). Die detailreiche Erklärung für Pullos im Getümmel zu langwierigen Griff nach der Waffe entfaltet der Feldherr Caesar als Expertenwissen, das die Glaubwürdigkeit des Berichts unterstreicht. Die in § 14 bemühte *fortuna* bereitet er mit *hic casus* (8 »dieser Zufall«) bereits vor. Dieser wollte es offenbar auch, dass Pullo in der lebensbedrohlichen Situation gerade sein interner Hauptgegner (9 *inimicus*, aufgegriffen in 14 *alter alteri inimicus*) das Leben rettet. Dessen Hilfe rahmt in Gestalt der Prädikate *succurrit* und *subvenit* den kurzen Satz von § 9. Das Umschwenken der »gesamten« Feindestruppe (von Caesar wohl dramatisierend übertrieben) von Pullo auf Vorenus bringt der knappe Bericht in § 10 zum Ausdruck. Zu Beginn von § 11 liefert Caesar eine mögliche Begründung dafür nach, dass keiner sich mehr um Pullo schert. Vorenus' eigene Aktionen werden mit *rem comminus gerit* und *reliquos paulum propellit* als mutiger und erfolgreicher Nahkampf eines Einzelnen gegen eine Vielzahl von Gegnern gewürdigt. Die Wendung, also den *casus*, in seinem Fall leitet Caesar in § 12 mit dem Temporalsatz *dum cupidius instat* ein. Der zunächst nur folgende und helfende Vorenus erweist sich im Eifer des Gefechts nun selbst als von *cupido*, leidenschaftlichem Kampfgeist, erfasst. Dabei kommt es bei erzwungenen Bewegungen in niedrigeres Gelände zu einem Sturz: *concidit* beschließt einprägsam § 12. Direkt anschließend entspricht in § 13 *circumvento (Voreno) fert subsidium Pullo* dem *succurrit ... Vorenus et laboranti (Pulloni) subvenit* in § 9. Diese Parallelisierung führt ohne weitere Kampfschilderungen zu Caesars Ergebnisbericht: Wohlbehaltene Rückkehr beider (*atque ambo incolumes*) nach Tötung mehrerer Feinde (im Ablativus absolutus komprimiert) und unter höchster Belobigung (*summa cum laude* konkretisiert die in § 5 erwähnte *existimatio*) in die eigenen Befestigungen: *intra munitiones* erinnert daran, dass Pullo es war, der zunächst allein *extra munitiones* (4) ausgerückt war.

Weiterführendes Wissen: Mit derartiger Ästhetisierung des blutigen und grausamen Kriegsgeschehens steht Caesars *commentarius* hier dem heroischen Epos erstaunlich nahe. Die Drastik der rasanten Schlachteninszenierung hebt sich von Caesars sonst vielfach zu beobachtender Tendenz ab, kriegerische Gemetzel durch bürokratisch wirkende Nüchternheit in der Darstellung zu verharmlosen. Hinzu kommt die geschichtsphilosophische Aufladung, die Caesar dieser Episode verleiht. Mit dem Verweis auf *casus* und *fortuna* knüpft er an Herodot an, der im 5. Jh. v. Chr. nach den in der Geschichte wirkenden Kräften fragte. Doch bei Caesar scheint über dem allen die *virtus* seiner Kämpfer zu stehen.

4 Cicero

Marcus Tullius Cicero ist sowohl als Politiker als auch als Schriftsteller eine der greifbarsten und wohl auch prägendsten Persönlichkeiten in den Krisenjahren der römischen Republik. Da diese trotz seines beherzten Eintretens für ihren Weiterbestand unterging, spricht man vom »verlorenen Gemeinwesen« (*res publica amissa*). Zur Welt kam Cicero 106 v. Chr. in Arpinum (Latium); seine Familie gehörte dem Ritterstand an. Von früher Jugend an ausgesprochen bildungsbeflissen, glänzte er in Rom, wo er eine breite rhetorische, juristische und philosophische Ausbildung genoss. Ab dem Ende der 80er Jahre v. Chr. trat er vor Gericht als Verteidiger auf. Da er sich jedoch aufgrund politisch ungünstiger Konstellationen (etwa während Sullas Dictatur) früh dazu genötigt sah, bei dieser Tätigkeit eine Pause einzulegen, zumal er sich auch körperlich überanstrengt hatte, unternahm er 79–77 v. Chr. eine Bildungsreise nach Griechenland. Mit der Quästur auf Sizilien (75 v. Chr.) trat er in die Ämterlaufbahn ein; die dortige Zeit ist auch mit Blick auf seine Anwaltskarriere höchst bedeutsam: Im Jahr 70 v. Chr. baten ihn die sizilianischen Bürger, die Anklage in einem Repetundenprozess (Prozess um die Rückgabe gestohlenen Besitzes nach Provinzausbeutung) gegen deren ehemaligen Statthalter Verres zu übernehmen, einen nimmersatten Kunsträuber und

Porträtbüste Ciceros. Kapitolinische Museen, Rom – © Wikimedia Commons / Liam Clarkson-Holborn / CC BY-SA 4.0

grausamen Rechtsbrecher. Mit dem Sieg in diesem Sensationsprozess verdrängte Cicero Hortensius aus der Spitzenstellung des besten Anwalts (*patronus*) in Rom.

Den Höhepunkt seiner politischen Laufbahn, den Konsulat, erreichte Cicero als *homo novus* (also als Erster seiner Familie) 63 v. Chr., und zwar *suo anno* (d. h. im frühestmöglichen Jahr; auch die anderen Ämter des *cursus honorum* hatte er im frühestmöglichen Alter erreicht: Quästur, Ädilität und Prätur). Als Konsul deckte er die Catilinarische Verschwörung auf, wofür er mit dem Titel des *pater patriae* geehrt wurde. Doch sein Vorgehen gegen die Putschisten, das zur Hinrichtung römischer Bürger ohne Gerichtsurteil führte, hatte wenige Jahre später zur Folge, dass er ins Exil nach Thessalonike gehen musste (58–57 v. Chr.). Mit dem im Lauf der 50er Jahre v. Chr. zunehmenden Einfluss der Triumvirn Caesar, Crassus und Pompeius war Cicero zunächst politisch kaltgestellt, weshalb er sich in den Jahren 56–52 v. Chr. hauptsächlich seiner literarischen Produktion im Bereich der Redetheorie und der Staatsphilosophie widmete (1. Philosophische Phase). In dieser Zeit entstanden die Werke *De oratore*, *De legibus* und *De re publica*. In den Jahren 51 und 50 v. Chr. war Cicero als Prokonsul in Kilikien (im südlichen Kleinasien) tätig.

Während des Bürgerkriegs stand Cicero eher Pompeius nahe. Nach Caesars Sieg wurde er zwar 47 v. Chr. begnadigt, hatte unter der Dictatur aber kaum Möglichkeiten der öffentlichen politischen Einflussnahme. In den Jahren 46–44 v. Chr. wandte er sich daher erneut der Philosophie und dem eigenen literarischen Schaffen zu (2. Philosophische Phase). In dieser Zeit entstand der Großteil seiner rhetorischen und philosophischen Schriften.

Nach Caesars Ermordung (44 v. Chr.) stellte sich Cicero, der auf eine Rückkehr zur Republik hoffte und diese nach Kräften vorantrieb, voreilig auf die Seite von Octavian, dem Adoptivsohn und Erben des Dictators. In seinen *Philippischen Reden* hetzte er gegen Marcus Antonius, den er als neuen Gewaltherrscher verteufelte. Als dieser zusammen mit Octavian und Lepidus im November des Jahres 43 v. Chr. das 2. Triumvirat schloss, wurde Cicero als politischer Feind auf die Proskriptionsliste gesetzt und kurz darauf, am 7. Dezember 43 v. Chr., durch ein Killerkommando ermordet.

Werk

Von Cicero ist ein umfangreiches Corpus überliefert: Neben seinen rhetorischen und philosophischen Schriften umfasst es zahlreiche Reden, die er für die Veröffentlichung aufbereitet hat, sowie private Briefe.

Die insgesamt 900 ***Epistulae*** – Privatbriefe, die nicht zur Veröffentlichung vorgesehen waren – werden anhand ihrer Adressaten in vier Gruppen unterteilt:

- ***ad familiares:*** 16 Bücher; Korrespondenz aus den Jahren 62–43 v. Chr.; Buch 13 enthält nur Empfehlungsschreiben; Ordnung nach Adressaten, nicht nach Sachgebieten; umfasst auch Briefe an Cicero
- ***ad Quintum fratrem:*** drei Bücher mit Briefen Ciceros an seinen Bruder Quintus (102–43 v. Chr.) aus den Jahren 60–54 v. Chr.; Brief 1,1 bietet z. B. Ratschläge zur Provinzverwaltung
- ***ad Marcum Brutum:*** zwei Bücher; 15 Briefe an Brutus (85–42 v. Chr.), sieben von Brutus an Cicero und einer von Brutus an Atticus, allesamt aus Ciceros letztem Lebensjahr (43 v. Chr.)
- ***ad Atticum:*** 16 Bücher; sehr umfangreiche Sammlung von persönlichen Briefen Ciceros an den Freund, Geschäftsmann und ›Verleger‹ Titus Pomponius Atticus (110–32 v. Chr.) aus den Jahren 68–43 v. Chr.; weitgehend chronologisch geordnet; nach Ciceros Tod aus Atticus' Archiv herausgegeben (ohne die Antwortbriefe)

Von Ciceros **Reden** sind 58 erhalten, die sich nach ihrer Entstehungszeit einteilen, also chronologisch kategorisieren lassen:

- **Aufstiegszeit** (81–64 v. Chr.)
- **Konsulat bis Exil** (63–58 v. Chr.)
- **Rückkehr aus dem Exil bis Prokonsulat in Kilikien** (57–52 v. Chr.)
- **Dictatur Caesars** (46–45 v. Chr.)
- **Reden gegen Marcus Antonius** (44–43 v. Chr.)

Die Reden hat Cicero vor ihrer Veröffentlichung überarbeitet und dabei nicht unwesentlich verändert. Sie sollten als rhetorische Musterreden dienen, können mit der gebotenen Vorsicht aber auch als historische Quellen ausgewertet werden.

Ciceros **philosophische und rhetorische Werke** sind größtenteils als literarische Dialoge konzipiert und in ein historisches Setting eingebettet. Verschiedene Sprecher, zu denen auch Cicero selbst als Dialogfigur zählen kann, präsentieren in meist längeren Reden ihre eigene Position zum jeweiligen Thema:

Zu den **rhetorischen Werken** → S. 102 f.

Die **philosophischen Schriften** behandeln ein breites Spektrum, das von ethischen Fragen (z. B. ***De finibus bonorum et malorum*** [*Unterscheidungen des Guten und Üblen*] und ***Tusculanae disputationes*** [*Gespräche in Tusculum* → S. 171 f.]) über staatstheoretische Dialoge (z. B. ***De re publica*** [*Der Staat* → S. 159–162] und ***De legibus*** [*Die Gesetze*]) bis hin zu religionsphilosophischen Werken (***De natura deorum*** [*Das Wesen der Götter*] und ***De divinatione*** [*Die Wahrsagung*]) reicht. Ciceros eigene philosophische Überzeugung ist vor allem durch den **Skeptizismus** und den Probabilismus (damit ist gemeint, dass Aussagen aufgrund von Beobachtung und logischem Schließen nur eine gewisse Wahrscheinlichkeit haben können) geprägt. Das bedeutet, dass er bindende Dogmen einer Schule (z. B. Stoa, Kepos) ablehnte. Dagegen setzte er das *in utramque partem disserere*, also die Gegenüberstellung von These und Gegenthese, um sich so dem Plausiblen (*veri simile*) nähern zu können. Die Möglichkeit für den Menschen, die Wahrheit zu erkennen, verneinte Cicero. Diesen grundsätzlichen Überlegungen trug er mit der literarischen Form des Dialogs Rechnung. Neben diesen theoretischen Werken verfasste Cicero mit dem ***Hortensius*** und ***De officiis*** (*Die Pflichten*) zwei Motivationsschriften, also paränetische oder protreptische Texte, die zu einer Beschäftigung mit Philosophie bzw. einem ethisch guten Leben auffordern.

De re publica

Gattung:

- staatstheoretisches Werk; staatsphilosophische Grundlegung der römischen Republik
- Form eines philosophischen Dialogs in Platons Tradition

Themen:

- Aufbau und Funktionsweise des römischen Staates
- menschliche Gründe für die Staatenbildung: Bedürfnis nach Gemeinschaft, allgemeiner Nutzen, Sicherung der Lebensgrundlagen, Sicherheit durch feste Wohnsitze, Grundbedürfnisse, die der Staat befriedigt
- Kreislauf der Verfassungen
- die römische Verfassung durchbricht laut Cicero den Verfassungskreislauf, weil sie unterschiedliche Staatsformen in sich vereinigt (Mischverfassung)
- die Mischverfassung gilt Cicero als beste Form zur Erhaltung der Republik
- Gefahren für die Republik/Mischverfassung durch die Triumvirate von Caesar, Crassus und Pompeius bzw. später von Antonius, Octavian und Lepidus
- Theorie des *bellum iustum*, des »gerechten Krieges« (→ S. 162)

Intentionen:

- Erhaltung der Republik in einer Zeit, als ein Bürgerkrieg drohte
- letzter Versuch, diese zu retten

Vorbilder und Prätexte:

- Polybios (um 200 – nach 120 v. Chr.), Historiker, Freund

und Berater des bekannten Feldherrn und Staatsmannes Scipio des Jüngeren. Er hat die These aufgestellt, dass keine Staatsform von Dauer ist. Jede positive Staatsform entarte irgendwann in eine negative Form, die dann von einer neuen positiven wieder abgelöst werde: Königsherrschaft/Monarchie → Tyrannis; Adelsherrschaft/Aristokratie → Oligarchie; Demokratie → Ochlokratie, Anarchie
- andere Vorbilder: Platons *Symposion* – aufgrund der prominenten Gesprächsrunde; Platons *Politeia* – darin erörtert Sokrates mit seinen Gesprächspartnern die beste Möglichkeit der Staatslenkung durch Philosophenkönige

Wichtige Instanzen der römischen Mischverfassung und deren Repräsentation diverser Herrschaftsformen:

- Volksversammlungen als demokratisches Element: Wahlrecht
- der obere Magistrat als monarchisches Element: **Prätor** (Rechtsprechung), **Konsul** (Anführen der Truppen) und **Dictator/Reiteroberst** (Alleinherrscher auf Zeit im Kriegsfall)
- aristokratisches Element: **Senat** (Beratung des Magistrats und Ernennen eines Interimskönigs bei einem Notstand), **Quästor** (allgemeine Verwaltungstätigkeiten), **Ädil** (Getreideversorgung und Polizei)

Ciceros Definition von *res publica* und deren Umsetzung in der Bundesrepublik Deutschland:

- *Res publica res populi est.* – »Der Staat ist Sache des Volkes.« → Die Demokratie geht vom Volk als Wählerschaft aus. Dieses wählt alle vier Jahre Vertreter als Abgeordnete für den Bundestag.

- Die Politiker müssen sich stets um die Gunst der Wählerschaft, also des Volkes, bemühen, um wiedergewählt zu werden.
- Der Schriftzug »Dem deutschen Volke« über dem Eingang zum deutschen Bundestag in Berlin besagt, dass die darin tagenden Politiker dem Volk dienen sollen.

Vier Grundprinzipien für alle römischen Ämter zur Vermeidung von Amtsmissbrauch und deren Fortleben in Deutschland:

	Antike	Heutiges Deutschland
Annuität	Beschränkung der Amtszeiten auf ein Jahr	Beschränkung einer Amtszeit auf vier, fünf oder sechs Jahre, dann Neuwahlen
Kollegialität	mindestens zwei Amtsträger	es gibt nicht zwei Minister für jedes Ressort, wohl aber eine Kontrolle durch die Opposition
Iterationsverbot	kein mehrmaliges Bekleiden eines Amts direkt hintereinander	aufgehoben; man darf so oft hintereinander zum Bundeskanzler gewählt werden, wie man und die Wählerschaft es will
Kumulationsverbot	keine gleichzeitige Bekleidung mehrerer Ämter	teilweise aufgehoben; Minister können grundsätzlich zwei Ressorts gleichzeitig innehaben; in der Regel jedoch ist jeder Minister nur für ein Ressort zuständig; Ämter wie Bundespräsident und Bundeskanzler kann man nicht gleichzeitig innehaben

Der Scipionenkreis (2. Jh. v. Chr.):

- Mittelpunkt des Kreises: der sehr bedeutende Staatsmann Scipio Aemilianus, der weitläufig mit dem berühmten Scipio Africanus verwandt war
- die Konsuln des Jahres 129 v. Chr. (das Jahr, in dem das Gespräch angesiedelt ist) Laelius und Philus
- der römische Dichter Lucilius
- der griechische Philosoph Panaitios
- der griechische Historiker Polybios
- Themenfelder: römische Traditionsverbundenheit, griechische Philosophie, politisches Handeln

Die *bellum iustum*-Theorie:

- Ein Krieg ist nur dann gerecht, wenn er kein Angriffskrieg ist.
- Berechtigte Gründe für einen Krieg sind: Zurückschlagen von Feinden, Wiederherstellung des Rechtszustandes, Wiedergutmachen von Schaden, Rache.
- Einer Forderung nach Schadensersatz muss zuvor nicht nachgekommen worden sein; dann muss der Krieg zunächst angekündigt und anschließend mit einer Begründung erklärt werden.

Textbeispiel (*Tusculanae disputationes* 5,5 und 8–10)

In der Einleitung zum fünften Buch seiner *Gespräche in Tusculum* verherrlicht Cicero die Philosophie. Danach erzählt er, was Herakleides von Pontos, ein Schüler Platons (frühes 4. Jh. v. Chr.), über ein Gespräch des Pythagoras aus Samos (6. Jh. v. Chr.) mit Leon, dem Herrscher von Phlius im Nordosten der Peloponnes, überlieferte. Leon habe sich verwundert gezeigt über den von

Pythagoras als ›Berufsbezeichnung‹ eingeführten Begriff »Philosoph«:

(5) O vitae philosophia dux, o virtutis indagatrix expultrixque vitiorum! Quid non modo nos, sed omnino vita hominum sine te esse potuisset? [...] (8) Admiratum Leontem novitatem nominis quaesivisse, quinam essent philosophi, et quid inter eos et reliquos interesset; (9) Pythagoram autem respondisse similem sibi videri vitam hominum et mercatum eum, qui haberetur maxumo ludorum apparatu totius Graeciae celebritate; nam ut illic alii corporibus exercitatis gloriam et nobilitatem coronae peterent, alii emendi aut vendendi quaestu et lucro ducerentur, esset autem quoddam genus eorum idque vel maxime ingenuum, qui nec plausum nec lucrum quaererent, sed visendi causa venirent studioseque perspicerent, quid ageretur et quo modo, item nos quasi in mercatus quandam celebritatem ex urbe aliqua sic in hanc vitam ex alia vita et natura profectos alios gloriae servire, alios pecuniae, raros esse quosdam, qui ceteris omnibus pro nihilo habitis rerum naturam studiose intuerentur; hos se appellare sapientiae studiosos – id est enim philosophos; et ut illic liberalissimum esset spectare nihil sibi adquirentem, sic in vita longe omnibus studiis contemplationem rerum cognitionemque praestare. (10) Nec vero Pythagoras nominis solum inventor, sed rerum etiam ipsarum amplificator fuit. Qui cum post hunc Phliasium sermonem in Italiam venisset, exornavit eam Graeciam, quae magna dicta est, et privatim et publice praestantissumis et institutis et artibus.

Übersetzung

(5) O des Lebens Philosophie Leitkraft, o der Tugend Erforscherin und Vertreiberin der Untugenden! Was hätten nicht

nur wir, sondern hätte überhaupt das Leben der Menschheit ohne dich sein können? […] (8) Mit Verwunderung habe Leon auf die Neuheit dieser Bezeichnung reagiert und gefragt, welche Leute denn »Philosophen« seien und wie sie sich von den anderen abhöben; (9) Pythagoras aber habe zur Erwiderung verwiesen auf die Ähnlichkeit, die seines Erachtens bestehe zwischen dem Leben der Menschen und einem Jahrmarkt, wie er veranstaltet werde mit einem Riesenaufgebot an Spielen, zu denen ganz Griechenland zusammenströme; denn wie dort einige mit ihren trainierten Körpern nach Ruhm und Adel des Siegeskranzes trachteten, andere vom mit Ein- und Verkauf verbundenen Erwerb und Gewinn angelockt würden, es aber auch eine gewisse Gruppe von Leuten gebe – und zwar die edelste –, die weder nach Beifall noch nach Gewinn strebten, sondern des Schauens wegen kämen und eifrig in Augenschein nähmen, was sich dort abspiele und auf welche Weise, ebenso seien wir wie in einen Jahrmarkt, zu dem die Menschen zusammenströmen aus irgendeiner Stadt, (so) in dieses Leben aus einem anderen Leben und Wesen aufgebrochen und hätten uns teils dem Ruhm unterworfen, teils dem Geld, vereinzelt gebe es aber Leute, die alles andere als nichtig erachteten und dafür das Wesen der Dinge eifrig betrachteten; diese bezeichneten sich als »eifrig nach Weisheit Strebende« – dies ist nämlich die Bedeutung von »Philosoph«; und wie es dort das Zeichen des größten Freisinns sei, zu schauen, ohne sich etwas zu erwerben, so sei im Leben weitaus allen Beschäftigungen die Betrachtung der Dinge und ihre Erkenntnis überlegen.

(10) Doch Pythagoras war nicht allein der Namenserfinder, sondern auch für die Horizonterweiterung auf dem Arbeitsgebiet verantwortlich. Als er nach jenem phliasischen Dialog nach Italien gelangt war, veredelte er das »Groß-

griechenland« sowohl im persönlichen wie auch im öffentlichen Leben mit den herausragendsten Einrichtungen und Künsten.

Basissatz

Zu Beginn des Schlussbuches seines großen Werks zur Ethik (→S. 171 f.) sichert Cicero nach einem hymnischen Lobpreis der Philosophie anhand des historischen Beispiels von Pythagoras' Gleichnis ein Grundverständnis für Begriff und Zweck der Philosophie und des Philosophen.

Interpretationsansätze

Der Textauszug beleuchtet die Leistungen der Philosophie auf zwei ganz unterschiedliche Weisen. Am Beginn steht die stark betonte, also emphatische Anrufung (Epiklese) der Philosophie als *vitae … dux.* Im Stil eines Gebetes (Hymnus) personifiziert Cicero also die Philosophie und erhebt sie zu einer Art Gottheit. Deren Machtbereich pflegt ein Hymnus durch die Aufzählung ihrer Leistungen, die sog. Aretalogie, zu entfalten. Diese ist im ersten Kolon (Satzglied) bei Cicero denkbar weit gefasst, da das gesamte menschliche Leben (vgl. 9 *hanc vitam ex alia vita*) der Führung der Philosophie untergeordnet erscheint. Die zweite Anrufung im zweiten Kolon veranschaulicht diese Rolle insbesondere der Moralphilosophie oder Ethik als Leitbild für die Lebensgestaltung: Der chiastische Ausdruck unterstreicht die Antithetik in *virtutis indagatrix expultrixque vitiorum*, die durch die Homoioteleuta der kunstvollen Feminina, welche die Leistungen der Philosophie beschreiben, noch verstärkt wird. *Indagare* bezeichnet dabei ein tiefschürfendes forschendes Eindringen in den Bereich der *virtus*. Diese »Manneskraft« deckt im philosophischen Kontext der Römer das Bedeutungsspektrum der griechischen *aretḗ* ab, heißt also wörtlich »Gutheit, Tüchtigkeit, Sollenserfüllung, Tugend«. Das seltene Nomen *expultrix* ist von *expellere* abgeleitet. Hier zielt es bildhaft auf die »Austreibung«, die Überwindung der Gegenkräfte zur »Gutheit«, also aller menschlichen Schwächen, Makel und Laster. Die rhetorische Frage im zweiten Satz erweitert *vitae* zu *vita hominum* und bietet eine weitere Spielart der *dux*-Funktion der Philosophie. Denn der Satz arbeitet die existentielle Bedeutung der Philosophie für das Individuum (*nos*) wie für die Gemeinschaft der Menschen aus. Zugrunde liegt der Gedanke, dass ohne eine geistige Betätigung nach Art der Philosophen das zivilisierte menschliche Sein und Zusammensein undenkbar wäre.

In §§ 8–10 nähert sich Cicero demselben Thema auf einem anderen Weg, nämlich auf demjenigen des historischen Beispiels, des *exemplum historicum*. Die literarische Darstellung des Wiederberichts eines bereits von einer früheren Autorität überlieferten Gespräches knüpft an die Form des platonischen Dialoges an. Die Person des Platonschülers Herakleides weist ebenso auf diese Spur. Der Text gliedert sich in drei Abschnitte: § 8 gibt die Frage Leons wieder; § 9 bietet die ausführliche Antwort des Pythagoras; § 10 beschließt den Textauszug mit einer philosophiegeschichtlichen Erläuterung zu Pythagoras' Bedeutung aus der Sicht Ciceros.

In § 9 ist Leon als ein sokratisch Fragender nach dem Vorbild der platonischen Dialoge dargestellt. Er zeigt sich erstaunt über die für ihn neue Bezeichnung »Philosoph«. Daher fragt er sowohl nach dem Wesen dieses Menschentyps als auch danach, was diesen von den übrigen Menschen unterscheide. Er zielt damit auf die *differentia specifica* innerhalb des *genus proximum* (Gattung Mensch). Mit dem Staunen (*admirari*, griech.

thaumázein) nimmt Cicero Bezug auf Aristoteles' Ansicht, demzufolge das Staunen als Grundimpuls für philosophisches Fragen wirke. Pythagoras, dessen Name im Subjektsakkusativ des AcI betont den Beginn der ausgedehnten Periode in § 9 einnimmt, antwortet nun nicht direkt mit einer argumentativen Erörterung. Vielmehr bedient er sich der Darstellungsform des Gleichnisses (*similem sibi videri*). Diese ist in Platons Dialogen neben den Mythen als Mittel der Veranschaulichung geläufig. Das berühmteste Beispiel ist das Höhlengleichnis aus Platons *Staat*. Pythagoras setzt auf der Bildebene eine panhellenische Jahrmarktsfeier (*mercatus*) mit dem menschlichen Leben auf der Sachebene gleich: *vitam hominum* (9) greift *vita hominum* (5) auf. Die syntaktische Struktur des Vergleichs bildet die gedankliche Gliederung ab: Die korrelative Periode *ut illic … item nos* unterscheidet Bildebene und Sachebene. Beide Teilperioden heben die Sonderrolle der nur Schaulustigen bzw. der Philosophen durch einen untergeordneten Relativsatz hervor: *qui … quaererent* entspricht dabei *qui … intuerentur*. Die Menschen mit anderen, konventionelleren Lebenskonzepten treten in beiden Teilen symmetrisch in zwei Gruppen auf. Diese sind durch jeweils anaphorisches *alii … alii* bzw. *alios … alios* eingeteilt. In der Bildebene streben die nichtphilosophischen Menschen entweder Prominenz durch Erfolge im Spitzensport (bei den sog. gymnischen Agonen) oder Reichtum durch ökonomische Gewinne an. Dabei belebt Cicero die Darstellung durch Variation der Syntax: Die Ziele der Sportler gibt er durch von *petere* abhängige Objektsakkusative wieder, deren zweiter noch um einen Genitiv der Zugehörigkeit erweitert ist: *gloriam et nobilitatem coronae*. Die Ziele der Kaufleute sind durch instrumentale Ablative in einer Passivkonstruktion ausgedrückt. In dieser hängen von der polaren Zweiwortverbindung *quaestu et lucro* die analog polaren, vorangestellten Gerundien *emendi aut vendendi* ab. Auf der Bildebene wird das bloß schaulustige Leben ebenso von den konventionellen Lebenszielen abgesetzt wie später das philosophische Leben: Vorab erfolgt jeweils eine Auszeichnung. Der Typ der Schaulustigen wird als *maxime ingenuum* vom Rest abgehoben. Dies stellt den höchsten Grad an Freiheit im Sinne von Selbstgenügsamkeit mit dem durch das eigene Wesen Mitgegebenen heraus. Am Ende von § 9 drückt Cicero dieses Phänomen mit dem Superlativ *liberalissimum* aus. Das Adjektiv weist auf die späteren freien, schönen Künste, die *artes liberales*, voraus. Der Erlebniswert des Jahrmarkts auf der Bildebene wird zunächst in Antithese zu den konventionellen Zugewinnerwartungen gesetzt: *nec plausum* negiert den Geltungsdrang der Sportgrößen; *nec lucrum quaererent* (recht bald nach *quaestu et lucro*, an das es wörtlich anklingt) negiert die Profitziele der Händler. Nachdem so Spannung aufgebaut ist, enthüllt das mit *sed* eingeleitete Kolon (Satzglied) nun die positiven Beweggründe der Schaulustigen: *visere* und *perspicere* drücken, im zweiten Fall durch das später wiederkehrende Adverb *studiose* verstärkt, das Anschauen der Vorgänge mit dem Sehsinn, aber auch das intellektuelle Durchdringen derselben aus. *Visere* geht dabei mehr auf das Erscheinungsbild der Vorgänge (*quid ageretur*), während *perspicere* auf die dahinterstehenden Verfahrensweisen (*et quo modo*) zielt. Auf der Sachebene wiederholt Pythagoras nochmals den Vergleichscharakter seiner Erklärung mit der neuerlichen Korrelation *quasi ... sic ...*, und zwar um den Gedanken der Seelenwanderung einbringen zu können. Diese Metempsychose ist für das Welt- und Menschenbild des historischen Pythagoras prägend gewesen: Daher wird im Binnenvergleich der Aufbruch oder die Wanderung (*profectos*) von einem städtisch-stabilen Wohnort (*ex urbe*) in das Getümmel (*celebritatem*) eines Jahrmarkts mit der Wanderung von uns (d. h. unserer Seelen) aus einer anderen Lebensform (*ex alia vita et natura*) in unser jetziges Leben verglichen. In diesem Zusammenhang folgt nun ein skizzenhafter Hinweis auf die nichtphilosophischen Lebenszwecke. Mit den vom negativ belasteten *servire* (»sklavisch dienen«) abhängigen Dativen *gloriae* (wie zuvor *gloriam … peterent*) und *pecuniae* sind sie tendenziös auf die kürzestmögliche Formel gebracht. Gegenüber diesen Gruppen stechen die Philosophen schon durch ihre Minderzahl (*raros … quosdam* betont am Anfang des Kolons) heraus. Im explikativen Relativsatz drückt zunächst der Ablativus absolutus die kompromisslose Abwertung von allem anderen die Sonderstellung der Intellektuellen aus. Denkbar knapp fällt dann aber die Beschreibung ihres Lebensziels aus: *rerum naturam studiose intuerentur*. Der Begriff *rerum natura* übersetzt den griechischen Terminus *phýsis*, der ein sehr weites Bedeutungsspektrum aufweist: »Wesen der Welt und des Menschen«. Die eifrige geistige Tätigkeit zielt auf Weisheit (*sapientia*, griech. *sophía*): So kann Pythagoras nach seiner weit ausholenden Vergleichsperiode nun die Antwort auf Leons Eingangsfrage geben: Die ausschließlich um geistige Erkenntnis Bemühten haben sich die griechische Bezeichnung *philó-sophoi*, »leidenschaftlich nach der Weisheit Strebende«, zugelegt. Abrundend greift Pythagoras ein drittes Mal zum Mittel der Korrelation: *ut illic … sic in vita* setzt erneut das Jahrmarktstreiben mit dem menschlichen Leben in Beziehung. Nunmehr steigert sich aber die oben bereits vorbereitete Privilegierung der philosophischen Lebensweise: Das an materiellem Gewinn nicht interessierte *spectare* (»Betrachten, Schauen«, vielleicht auch mit Bezug auf die »Schau« platonischer Ideen) parallelisiert er am Ende der Periode mit der allem anderen »weit überlegenen« philosophischen Betätigung. Diese bringt er nun auf eine Formel, die das obige *intueri* erweitert und konkretisiert: *contemplationem rerum cognitionemque*. Mit Homoioteleuta, Assonanz (ähnlichem Klang) der Präfixe (*con-* und *cog-*) und Zentralstellung des Genitivs der Zugehörigkeit unterstreichen auch die Stilfiguren die Bedeutsamkeit dieser Definition: Den philosophischen Menschen schreibt Pythagoras die Sphäre der Betrachtung und zweckfreien Erkenntnis als Selbstwert zu. Damit sind die aristotelischen Begriffe *theōreín* und *thaumázein* aufgerufen. Dem tätigen Leben der *vita activa* ist somit die *vita contemplativa* übergeordnet. Diese hier referierte Sicht des Pythagoras kann sich der historische Cicero in seinen Funktionen als Anwalt, Politiker, Literat und Philosoph natürlich nicht uneingeschränkt zu eigen machen. Dies verdeutlicht er an anderen Stellen seines Werks.

In § 11 geht Cicero als Philosophiehistoriker immerhin auch auf Praktisches ein: In einem Katalog der Leistungen des Pythagoras, die er mit *nec vero … solum* und *sed … etiam* auflistet, würdigt er den Begriffsschöpfer (*nominis … inventor*) auch als eine Art Wissenschaftsorganisator (*rerum … amplificator*). Alles andere als weltfremd, habe er Reisen in die sog. Magna Graecia unternommen, also diejenigen südlichen Gebiete Italiens, die seit der Kolonisation im 8. Jh. v. Chr. durch die griechische Kultur geprägt waren. Das Hauptsatzprädikat *exornavit* würdigt seine dortige Tätigkeit bildhaft als »Ausschmücken« und »Veredeln« einer bereits durch die griechische Tradition verbürgten Hochkultur. Die polysyndetisch an den Schluss der Periode gerückten instrumentalen Ablative *et institutis et artibus* sind mit den ebenso polysyndetisch vorangestellten Adverbien *et privatim et publice* chiastisch verbunden. Denn Pythagoras gilt in der antiken Überlieferung als Schulgründer, der auch in Unteritalien öffentlich zugängliche Bildungseinrichtungen (*instituta*) geschaffen haben soll. Seine zahlreichen Kompetenzen (*artes*) wird er zudem auch im Einzelunterricht (*privatim*) vermittelt haben. Mit Blick auf den Hymnus an die

Philosophie knüpft *privatim* an das *nos* (5) an, mit dem Cicero die ungemein starke Wirkung der Philosophie auf das geistige Leben eines (konkret seines) Individuums beschreibt. *Publice* dagegen bezieht sich auf die *vita hominum* (5) zurück, die einen breiteren Wirkungskreis ins Auge fasst. Als eine tatkräftige Persönlichkeit, die Italien mit griechischer Geistesbildung »ausschmückt« und damit auch Schule macht, taugte Pythagoras gut als Vorbild für Cicero selbst. Dieser trat gerade in der Phase, in der er die *Tusculanen* verfasste, als eifriger Vermittler der griechischen Philosophie an die Elite seiner eigenen Zeit in Erscheinung.

Die *Tusculanae disputationes*

- Es handelt sich um einen als philosophischen Dialog gestalteten Ratgeber für ein glückliches Leben mithilfe der Philosophie.
- Der Dialog ist auf Ciceros Landgut in Tusculum angesiedelt.

Themen:

- die Philosophie als Anführerin und Leitstern auf dem Weg durch das Leben, als Stifterin von Sinn und Gemeinschaft
- Dreiteilung der Philosophie in Dialektik (beidseitiges Abwägen und Diskutieren), Ethik (erstrebenswertes und meidenswertes Handeln) und Physik (Erkenntnisse über Naturerscheinungen)
- der Mensch als politisches Wesen, das sich für die Gemeinschaft einsetzen soll
- ehrenhaftes Handeln als höchstes Gut
- Ablehnung von Grundsätzen der epikureischen Lehre,

die laut Cicero nicht zum Glück führen, wenn sie die Lust als höchstes Gut ansetzen

Einige Thesen:

- Ein glückliches Leben entsteht aus ehrenhafter Betätigung.
- Für das Leben ist nur das nützlich, was ehrenhaft ist.
- Durch das Streben nach Tugend (*virtus*) erhält man Seelenruhe (*tranquillitas animi*).
- Um ein philosophisches Leben zu führen, muss man sich zunächst auf kritische Weise selbst erkennen.
- Sodann muss man die philosophischen Grundzüge erlernen, was jeder Mensch schaffen kann.
- Ein gemeinschaftliches und glückliches Leben kann es nur geben, wenn die Menschen tugendaffin und philosophisch gebildet sind.

Kennzeichen eines weisen Menschen (*sapiens*)

- Ein weiser Mann steht über allen menschlichen Belangen: *infra se omnia humana ducens.*
- Er vertraut auf sein Leben, seine Taten und die Zukunft: *confidere sibi debet ac suae vitae et actae et consequenti.*
- Er hat ein positives Selbstbild: *bene de sese iudicare.*
- Er weiß, dass einem weisen Mann nichts Schlimmes passieren kann: *nihil mali sapienti posse incidere.*

5 Sallust

Gaius Sallustius Crispus, geboren im Jahr 86 v. Chr., stammte aus dem ca. 90 km nordöstlich von Rom gelegenen Amiternum. Nach einer rhetorischen Ausbildung in Rom trat er in den 50er Jahren v. Chr. die Ämterlaufbahn an. Er wirkte als Quästor, Volkstribun und Mitglied des Senats, aus dem man ihn jedoch 50 v. Chr. ausschloss. Während des Bürgerkriegs befürwortete und unterstützte er die Partei Caesars, und nach Kriegsende war er zunächst als Statthalter in der Provinz Africa nova tätig. Nach seiner Rückkehr wurde ein Repetundenprozess wegen Provinzausbeutung gegen ihn angestrengt, doch auf Caesars Betreiben entging er einer Verurteilung. Dazu erreichte er die Wiederaufnahme in den Senat. Nach Caesars Tod zog sich Sallust ganz aus der Politik zurück und widmete sich der Historiographie. Um das Jahr 34 v. Chr. starb er in Rom.

Werk

Sallusts Œuvre umfasst drei historiographische Werke: Die *Coniuratio Catilinae*, das *Bellum Iugurthinum* und die *Historiae*. Dazu sind unter seinem Namen eine Invektive (Schmähschrift) gegen Cicero sowie zwei Briefe an Caesar überliefert, deren Echtheit (Authentizität) jedoch angezweifelt wird.

Gegenstand der Monographie ***Coniuratio Catilinae*** (um 41 v. Chr.) sind die Ereignisse des Jahres 63 v. Chr.: Catilina, der als Kandidat für das Konsulat bei den Wahlen im Jahr 62 v. Chr. scheiterte, unternahm den Versuch, gewaltsam die Macht im römischen Staat an sich zu reißen. Der Konsul Cicero konnte den Putsch jedoch vereiteln. Nach dem Verhör von Catilinas Anhängern kommt es nach Sallusts Darstellung zu einer vor dem Hintergrund des Bürgerkriegs bedeutsamen Senatsdiskussion, in der Caesar und Cato der Jüngere für jeweils gegensätzliche Positionen eintreten. Caesar fordert, den Besitz der Verschwörer zu beschlagnahmen und diese zu inhaftieren. Cato plädiert für eine Hinrichtung der Beschuldigten. Den Abschluss des Werks bildet die Beschreibung der Schlacht bei Pistoria im Jahr 62 v. Chr., in der Catilina unterlag und den Tod fand.

Auch die Monographie ***De bello Iugurthino*** (um 40 v. Chr.) markiert den Anfang bedeutender politischer Geschehnisse in Rom. Die beiden Feldherren, die den Krieg für Rom entschieden, sind die Kontrahenten im späteren Bürgerkrieg: Marius und Sulla. Das Hauptthema des Werks bilden die Ereignisse im Norden Afrikas zwischen 112 und 105 v. Chr: Unterstützt von einflussreichen Interessengruppen in Rom erlangte Iugurtha, der uneheliche Sohn des numidischen Königs Micipsa, nach dem Tod seines Vaters die Herrschaft, indem er die beiden legitimen Thronfolger tötete. Daraufhin intervenierte Rom, erlitt aber in Afrika eine empfindliche Niederlage. Nach einem Exkurs, der mit den Brüdern Gaius und Tiberius Gracchus ein Symptom der innenpolitischen Konflikte und Krisen Roms thematisiert, führt Sallust mit dem Feldherrn Metellus einen moralischen Gegenpol zu den übrigen korrupten römischen Handlungsträgern ein. Infolge seiner Neustrukturierung des Heeres wandte sich das Kriegsgeschehen zugunsten der Römer. Im folgenden Jahr übernahm der neue Konsul Marius erfolgreich das Kommando. Das Werk endet damit, dass Sulla die Auslieferung des nach Mauretanien geflüchteten Iugurtha erwirkte.

Beide Werke, *De coniuratione Catilinae* und *De bello Iugurthino*, sind durch Proömien, Exkurse (etwa Rückblicke auf die Vorgeschichte, sog. Archäologien) und Reden literarisch kunstreich ausgearbeitet. Sie greifen gedanklich und methodisch auf griechische Vorbilder wie Thukydides (um 460 – nach 404 v. Chr.) zurück. Ihre Sprache ist von Gräzismen und Archaismen, also altertümlichen lateinischen Formen, geprägt. Diese sollen die Erhabenheit der historischen Belehrung unterstreichen. Der parataktische Satzbau, die asyndetischen Reihungen und prägnanten Formulierungen (Nominalstil) lassen sich als Kontrapunkt zur Analyse und Kritik der beschriebenen

Zeit deuten, der Sallust im Sinn einer moralisierenden Geschichtsbetrachtung Sittenverfall und Dekadenz vorwirft.

Von Sallusts letztem Werk, den ***Historiae*** (39–34 v. Chr.), sind lediglich Fragmente erhalten. In ihnen behandelt er die Jahre 78–67 v. Chr., also die Zeitgeschichte nach Sullas Tod bis zu Pompeius' Kommando im Seeräuberkrieg. Dabei geht er nach dem annalistischen Prinzip vor, d. h., ein Jahr entspricht einem Buch.

Textbeispiel (*Coniuratio Catilinae* 53,6–54,5)

Nach der Aufdeckung und Niederschlagung des Putsches der Catilinarier in Rom berät der Senat unter dem Konsul Cicero über die Bestrafung der Festgenommenen. Caesar plädiert für eine mildere Bestrafung, doch setzt sich Cato mit seiner Forderung nach der Todesstrafe durch. An den Bericht über diese Ereignisse schließt Sallust folgende Passage an:

(6) Sed memoria mea ingenti virtute, divorsis moribus fuere viri duo, M. Cato et C. Caesar. Quos quoniam res obtulerat, silentio praeterire non fuit consilium, quin utriusque naturam et mores, quantum ingenio possum, aperirem.

54 (1) Igitur iis genus, aetas, eloquentia prope aequalia fuere, magnitudo animi par, item gloria, sed alia alii. (2) Caesar beneficiis ac munificentia magnus habebatur, integritate vitae Cato. Ille mansuetudine et misericordia clarus factus, huic severitas dignitatem addiderat. (3) Caesar dando, sublevando, ignoscundo, Cato nihil largiundo gloriam adeptus est. In altero miseris perfugium erat, in altero malis pernicies. Illius facilitas, huius constantia laudabatur. (4) Postremo Caesar in animum induxerat laborare, vigilare, negotiis amicorum intentus sua neglegere, nihil denegare quod dono dignum esset; sibi magnum imperium, exercitum, bellum novom exoptabat, ubi virtus enitescere posset. (5) At Catoni studium modestiae, decoris, sed maxume severitatis erat; non divitiis cum divite neque factione cum factioso, sed cum strenuo virtute, cum modesto pudore, cum innocente abstinentia certabat; esse quam videri bonus malebat; ita, quo minus petebat gloriam, eo magis illum adsequebatur.

Übersetzung

(6) Doch zu meiner Zeit gab es zwei Männer von ungeheuerer Leistungskraft, aber gegensätzlichem Charakter, Marcus Cato und Gaius Caesar. Da die Sache uns auf diese beiden gebracht hat, halte ich stillschweigendes Übergehen nicht für ratsam, ohne beider Männer Art und Charakter, soweit mein Talent es zulässt, zu erschließen.

54 (1) Also hat bei ihnen nach Abstammung, Alter, Redetalent etwa Gleichstand geherrscht, die Weite des Geistes war gleich, ebenso der Ruhm, doch anders bei jedem. (2) Caesar erlangte durch Wohlstandsförderung und Spendierfreudigkeit den Ruf der Größe, durch Unbescholtenheit der Lebensführung Cato. Ersterer ist durch Milde und Mitempfinden berühmt geworden, Letzterem hatte Sittenstrenge einen Zuwachs an Würde gebracht. (3) Caesar hat durch Geben, Helfen, Verzeihen, Cato durch Unbestechlichkeit Ruhm errungen. Beim einen haben die Bejammernswerten Zuflucht gefunden, beim anderen die Übeltäter Verderben. Des Ersteren Umgänglichkeit und des Letzteren Unbeugsamkeit fanden Anerkennung. (4) Schließlich hatte sich Caesar darauf konzentriert, sich anzustrengen, unermüdlich zu sein, zur Durchsetzung der Interessen seiner (politischen) Freunde die eigenen hintanzustellen, nichts abzulehnen, was der

Gewährung würdig war; für sich war er auf eine gewaltige Amtsbefugnis, ein Heer und einen Krieg von neuer Art erpicht, wo seine Leistungskraft aufstrahlen konnte. (5) Doch Cato hat ein Trachten nach Selbstbeherrschung, Sittlichkeit, doch vor allem nach Sittenstrenge geprägt; weder in Vermögensdingen wollte er den Vermögenden noch in Kungeleien den Verkungelten, sondern den Tatkräftigen in Leistungskraft, den Selbstbeherrschten im Anstand, den Unbescholtenen in Enthaltsamkeit den Rang ablaufen; Sein war ihm wichtiger als Schein des Guten; je weniger sein Streben dem Ruhm galt, umso mehr jagte dieser ihm nach.

Basissatz

In einem Exkurs gegen Ende seiner Monographie stellt Sallust die Gegensätzlichkeit der beiden herausragenden Männer seiner Epoche, Caesar und Cato, in einem systematischen Vergleich (einer Synkrisis) von Charakter, Wirksamkeit und Berühmtheit gegenüber – dieser wird (wie schon Catilinas Putsch) als Symptom der Krise einer auseinanderfallenden *res publica* verständlich.

Interpretationsansätze

Der Textauszug gliedert sich in zwei Abschnitte. 53,6 rundet Sallusts Überleitung von der fortlaufenden Darstellung der Ereignisse zu dem weiteren Exkurs ab. Seine vorangehenden Erwägungen zu den Ursachen für Aufstieg und Abbröckeln (Erosion) der römischen Machtstellung beschloss er mit der Diagnose, dass in Rom über lange Zeit wirklich große Männer fehlten, die Geschichte machten. Der Beginn des vorliegenden Textes postuliert mit *sed* einen starken Kontrast. Der alliterierende Ablativus temporis *memoria mea* setzt programmatisch die »Erinnerungsspanne« des Autors selbst mit einer außerordentlichen Epoche der römischen Geschichte gleich: Sallust schreibt Zeitgeschichte aus eigener Erinnerung. Die etwa ein Vierteljahrhundert zurückliegenden Ereignisse ordnet er aber rückblickend (retrospektiv) in die Phasen der römischen Geschichte ein. Bevor er in Apposition die beiden zu vergleichenden Persönlichkeiten namentlich nennt, stellt Sallust in antithetischem Parallelismus klar, was sie verbindet und was sie trennt: *ingenti virtute, divorsis moribus fuere* (mit den für Sallusts Sprache typischen Archaismen *divorsis* statt *diversis* und *fuere* statt *fuerunt*). Die Leistungskraft des geschichtswirksamen Mannes wird beiden in außerordentlichem Maß zugeschrieben. Die Etymologie von *vir-tus* betont Sallust, indem er in unmittelbarem Anschluss an das Prädikat *fuere* (im existentiellen Sinn: »es gab«) von *viri* spricht. In der folgenden Periode ist der Kausalsatz vorangestellt und relativisch (*quos*) mit der Eingangsthese verknüpft. Inhaltlich bietet er eine Rechtfertigung des folgenden Exkurses. Weil die Geschichtsdarstellung (*res*) der Catilinarischen Verschwörung zwangsläufig diese beiden Männer als Thema aufbrachte (*ob-tulerat*), trifft Sallust als Autor die Entscheidung, eine nähere Betrachtung der beiden nicht stillschweigend zu übergehen. Die Verwendung der Substantive *consilium* und *ingenium*, die auf seine geistigen Kräfte Bezug nehmen, im letzteren Fall in einer einschränkenden Bescheidenheitsfloskel (Captatio benevolentiae), will das Naheliegende einer solchen Vertiefung unterstreichen. Gleichwohl wirkt die Rechtfertigung etwas gewunden. Kriterien des Vergleichs sollen *natura et mores* sein. Dies steht hier fast für *vita et mores* und deutet an, dass eine Kurzbilanz des jeweiligen Lebens mit dem Blick auf die ethisch-sittlichen Verhaltensweisen folgt. Eine solche fügt sich in der Tat gut in Sallusts Konzept einer auf die *mores* konzentrierten Geschichtsschreibung.

Der Hauptsatz 54,1 hebt, wie der vorige Einleitungsgedanke, zunächst das Verbindende hervor: Der Dativus possessoris *iis ... fuere* rahmt das asyndetische Trikolon *genus, aetas, eloquentia* und deren Einschätzung als »im Großen und Ganzen gleichartig«. Die für die Laufbahn eines Römers der Oberschicht wesentlichen Eigenschaften Abstammung/Herkunftsfamilie und rhetorisches Können rahmen wiederum den neutraleren Faktor »Lebensdaten« (*aetas*). Zwar mag es erstaunen, dass Sallust, wenn man die historische Überlieferung vergleicht, derzufolge Cato Uticensis 95–46 v. Chr. lebte, also fünf Jahre jünger als Caesar war und zwei Jahre eher starb, tatsächlich etwas im Ungefähren bleibt. Aber im »Großen und Ganzen« (*prope*) treffen seine Wertungen zu. Eine Klimax ergibt sich dadurch, dass Sallust für die zwei folgenden Gesichtspunkte sogar Parität behauptet: *par* wird dabei gerahmt durch den auch philosophisch wichtigen inneren Wert der »Charakterstärke« (*magnitudo animi*) und der äußeren Wirksamkeit (*gloria*). Letztere erweist sich durch Wiederaufnahmen in §§ 3 und 5 als Leitmotiv des Textes. Der wiederum mit *sed* eingeleitete adversative Gedanke *alia alii* führt dann zur weiteren systematischen Gegenüberstellung der beiden hin. Diese erläutert deren *divorsi mores* (53,1) mit dem Blick auf den jeweils ganz unterschiedlichen Grund der *gloria* der beiden: *alia (gloria) alii (viro fuit)* ist in diesem Sinn zu verstehen. Caesar, oben (obwohl älter) als Zweiter genannt, erhält im Nominativ die Spitzenstellung in §§ 2, 3 und 4, Cato im Dativ in § 5. Die Ausdrücke für den Erhalt von *gloria* variiert Sallust merklich: Auf *magnus habebatur* (2), das lexikalisch *magnitudo animi* aufgreift, folgen *clarus factus* und *dignitatem addiderat* (2). In § 3 heißt es *gloriam adeptus est* und *laudabatur*. Dann tritt ein Wechsel der

Darstellung ein. In § 4 bekommt Caesar wie in § 5 Cato ein etwas ausführlicheres Charakterporträt und Tätigkeitsbild. Die zahlreichen Antithesen, die in §§ 2 und 3 in kürzerem Abstand die völlig gegensätzlichen Gründe für den Aufstieg vorführen, indem sie häufig mit instrumentalen Ablativen von Substantiven (alliterierend etwa *mansuetudine et misericordia*) oder von Gerundien (asyndetisches Trikolon *dando, sublevando, ignoscundo*) arbeiten, verdichten sich inhaltlich allesamt im Schluss von § 3: Caesars *facilitas*, also die leichte Zugänglichkeit und Umgänglichkeit, fasst alle vorher erwähnten Formen seiner großzügigen und freigebigen Sympathiewerbung bündig zusammen. Antithetisch bündelt die Unverrückbarkeit (*constantia*) eines stoischen Weisen alle vorher erwähnten Ausprägungen von Catos Sittenstrenge. Das historisch Entscheidende spricht Sallust in §§ 4 und 5 aus. Caesars unermüdlicher Tatendrang und sein die eigenen finanziellen Interessen hintanstellender Karrierismus, wie ihn das Trikolon *laborare, vigilare, ... sua neglegere* zum Ausdruck bringt, steigert sich zur Machtbesessenheit. Das spitzt Sallust zum asyndetischen Trikolon *sibi magnum imperium, exercitum, bellum novom* zu. Damit rückt er Caesars Vorstellung von *virtus* (vgl. 54,4 Ende im Rückbezug auf 53,6) als militärisch-machtpolitischem Glanz, für den er selbst vor einem Bürgerkrieg nicht zurückschreckt, in krassen Gegensatz zu Catos Streben. Dessen *virtus* liegt auf einer anderen Ebene, wie etwa *neque ... cum strenuo virtute ... certabat* (5) im Kontrast zu *exoptabat, ubi virtus enitescere posset* (4) belegt. Er ist mit seinem *studium* (5) ganz auf die inneren Kardinaltugenden eines philosophisch geprägten Weisen (*sapiens*) ausgerichtet. Durch *maxume* besonders hervorgehoben ist *severitas*, also die Sittenstrenge (§5 im Rückgriff auf §2) und typisch stoische Unerschütterlichkeit in eigenen und fremden Angelegenheiten. Catos Ehrgeiz geht auf sittliche Vollkommenheit und gipfelt darin, dass er sich eine wichtige sokratische Forderung zu eigen macht: Bei der Tugend (griech. *aretḗ*) ist Sein statt Schein (griech. *dóxa*) zu erzielen. Sallust würdigt diese unerschütterliche Haltung durch die paradoxe Schlusswendung, dass der von Cato als unerheblich vernachlässigte Ruhm im Sinn von allgemeiner Anerkennung ihm umso mehr nachjagte: *(gloria) illum adsequebatur* (5) verstärkt *gloriam adeptus est* (3).

Im Rückblick hätte Sallust hinzufügen können, dass auch der gewaltsame Tod beider von ihm verglichenen Persönlichkeiten ihnen *gloria* ganz unterschiedlicher Art eintrug. Denn der Tod des im Bürgerkrieg Caesar unterlegenen Cato in Utica war stoisch-philosophisch und selbstbestimmt. Caesar dagegen erlag trotz seines Sieges im Bürgerkrieg und seiner gigantischen Machtposition dem Attentat der Verschwörer und starb einen einsamen Tyrannentod.

6 Vergil

Publius Vergilius Maro wurde im Jahr 70 v. Chr. in Andes bei Mantua (Oberitalien) geboren. Das ländliche Umfeld prägte seine ersten Dichtungen. Bereits diese zeugen von großer Gelehrsamkeit und umfassenden Kenntnissen in der griechischen und lateinischen Literatur. Nach Verlust des väterlichen Landguts im Zuge der Enteignungen während des Bürgerkriegs begab sich Vergil nach Rom, wo ihn die Spitzen des geistigen Lebens um 39 v. Chr. in den berühmten Maecenaskreis aufnahmen. Er starb 19 v. Chr. im süditalischen Brundisium auf dem Rückweg von Athen und wurde in Neapel, einem seiner liebsten Aufenthaltsorte, beigesetzt. Vergil zählt zu den bedeutendsten Dichtern der Epoche des Augustus und der lateinischen Literatur überhaupt.

Werk

Vergils erstes Werk waren die stark von hellenistischen Einflüssen geprägten ***Eclogen*** oder ***Bucolica*** (42–39 v. Chr.). Aus einer subjektiven und emotionalen Perspektive schildern die zehn Gedichte dieser Sammlung eine bukolisch-idyllische Szenerie, vor der Hirten als Dichter und Sänger in Wettkämpfen miteinander konkurrieren und über ihre teils unglückliche Liebe berichten. Zusätzlich finden sich Reflexionen der Gattung und Dichtung sowie von Vergils eigener politischer Gegenwart, in der das rurale Leben wesentlich durch Landverteilungen beeinflusst war.

Mit den ***Georgica*** (36–29 v. Chr.) schrieb Vergil ein Lehrgedicht über die Landwirtschaft. Auf die ersten drei Bücher verteilt, behandelt er zunächst den Ackerbau, darauf Baum- und Rebpflanzungen sowie Viehzucht. Das Thema des abschließenden vierten Buchs ist die Imkerei. Während das erste und dritte Buch – beispielsweise durch die Schilderung unheilvoller Vorzeichen bei Caesars Tod und die Beschreibung der Rinderpest – einen düsteren Eindruck vermitteln, haben die übrigen Bücher einen vergleichsweise positiven und heiteren Charakter. Diese Aufhellung zeigt sich besonders in Vergils »Lob auf Italien« (*laudes Italiae*) im zweiten Buch. Darin verklärt er die menschenfreundliche Landschaft mit ihrem milden Klima zu einer Art irdischem Paradies.

Das letzte Werk, das Epos ***Aeneis*** (29–19 v. Chr.), ist durch Vergils Tod unvollendet geblieben. In zwölf Büchern beschreibt es die Reise des Trojaners Aeneas nach dem Ende des großen Krieges: Von seiner zerstörten Heimatstadt aus gelangt er schließlich über Sizilien und Karthago bis nach Mittelitalien, in das gelobte Land Latium. Durch Prophetien (etwa von Jupiter und von Aeneas' Vater Anchises, dessen Seelenphantom der

Held in der Unterwelt besucht), die Schildbeschreibung und die Heldenschau in der Unterwelt wird deutlich, dass Aeneas Stammvater der Römer ist. Zugleich wird die historische Person Augustus und dessen ›Neugründung‹ des römischen Staates als schicksalhaft herausgestellt.

Handlungsort der ersten vier Bücher ist Karthago: Hier berichtet Aeneas als Binnenerzähler von der Eroberung Trojas und seinen anschließenden Irrfahrten. Die karthagische Königin **Dido** verliebt sich in ihren Gast. Als dieser jedoch – durch göttliche Intervention genötigt – von Karthago wegsegelt, verflucht sie Aeneas und alle seine Nachkommen und begeht Selbstmord. Die Bücher 5–8 bereiten den abschließenden Kampf um Rom vor: Nach Leichenspielen für seinen Vater Anchises und der ›Katabasis‹ (Hinabsteigen) in die Unterwelt gelangen Aeneas und seine Gefährten im siebten Buch nach Italien. Der dortige König Latinus bietet Aeneas die Ehe mit seiner Tochter Lavinia an. In Begleitung des Königs Euander besichtigt Aeneas den Ort des zukünftigen Rom zudem erhält er einen von Vulcanus geschmiedeten Schild, auf dem Teile der römischen Geschichte abgebildet sind. Der Rutulerfürst Turnus, dem Lavinia ursprünglich als Ehefrau versprochen war, ist im letzten Werkdrittel der zentrale Kontrahent (Antagonist) des Aeneas. Nach mehreren Schlachten, die auch durch das Eingreifen der verfeindeten Göttinnen Juno und Venus geprägt sind, kommt es im zwölften Buch zum finalen Kampf zwischen Aeneas und Turnus. Aeneas gewinnt und tötet den von ihm bereits besiegten Turnus aus Rache für Euanders Sohn Pallas, den dieser im Zweikampf getötet hat.

Wichtige Einzelaspekte der *Aeneis*

Das *fatum*:

- das Schicksal als Legitimierung römischer Weltherrschaft
- Prophezeiungen sagen Rom eine weltweite Herrschaft ohne zeitliche und räumliche Grenzen voraus:
- Jupiter-Prophezeiung: *imperium sine fine dedi* (1,279)
- Heldenschau durch Vater Anchises in der Unterwelt (Buch 6): Augustus wird als neuer Herrscher über Rom geboren und wird ein wahres Weltreich schaffen; die Mission der künftigen Römer bringt Anchises abschließend auf die Formel: *parcere subiectis et debellare superbos* (6,853)
- Schildbeschreibung (Buch 8): Schild für Aeneas, auf dem der Schmiedegott Vulcanus Schlüsselszenen der römischen Geschichte künstlerisch dargestellt hat; diese beginnen mit Romulus und Remus nebst Wölfin und gipfeln in der Seeschlacht von Actium mit dem Sieg des Augustus u. a. über Ägypten und den Nahen Osten (Antonius und Cleopatra) und dem folgenden dreifachen Triumph des Augustus

Die *Aeneis* und Homers *Odyssee*:

Die *Aeneis* ist keinesfalls nur ein Abklatsch von Homers *Odyssee*, jedoch gibt es viele strukturelle und inhaltliche Parallelen sowie natürlich auch gravierende Unterschiede – siehe die Übersicht auf der folgenden Seite.

Beispiele für Gemeinsamkeiten	Beispiele für Unterschiede
• Irrfahrt eines Helden (mit seinen Kameraden) • Begegnung mit Fabelwesen wie Zyklopen • mehrfaches Stranden an Inseln und Landstrichen im Mittelmeerraum • Verlassen einer Geliebten aufgrund einer göttlichen Weisung	• Gründung eines neuen Weltreichs in der *Aeneis* angelegt und prophezeit ↔ Heimkehr nach Ithaka in der *Odyssee* als Wiedergewinnung des privaten Glücks und einer vergleichsweise bescheidenen Herrschaft • Aeneas als Held der Pflicht (*pietas*) gegenüber Göttern und Mitmenschen ↔ Odysseus als abenteuerlustiger Trickster, der auf seinen Irrfahrten sämtliche Kameraden verliert • ideologisches Ziel der *Aeneis*: Verehrung des Augustus über sein mythisches Muster Aeneas

Aeneas = ein typischer bzw. wahrer Held?

Einerseits ja:	Andererseits nein:
• Aeneas folgt gehorsam dem göttlichen *fatum*, dass er Rom gründen muss. • Bei der Flucht aus dem zerstörten Troja hat er seinen Vater Anchises, seinen Sohn Ascanius/Iulus und die Schutzgötter Trojas, die Penaten, gerettet und mitgenommen. • Er verlässt sogar in Karthago die ihn heftig liebende Dido, weil er weiterreisen muss, um Rom zu gründen.	• Aeneas lässt seine Heimat (samt seiner Ehefrau Creusa) zurück. • Er lässt letztlich Dido im Stich, so dass sie sich das Leben nimmt. Bei der allerletzten Begegnung in der Unterwelt, als Dido sich von ihm abwendet, ist er davon tief erschüttert. • Am Schluss des Epos tötet Aeneas in wahnwitziger Wut seinen im Endkampf unterlegenen Gegner Turnus trotz dessen Einlenken.

Die Liebesgeschichte zwischen Dido und Aeneas:

- Nach der Zerstörung Trojas landet Aeneas nach längerer Irrfahrt und einem Schiffbruch in Karthago (Nordafrika) bei der verwitweten Königin Dido und erzählt ihr vom Untergang Trojas und seinen Abenteuern.
- Die Königin verliebt sich auf Betreiben der Göttinnen Venus und Juno unsterblich in Aeneas, möchte ihn heiraten und mit ihm die Herrschaft teilen.
- Da Aeneas aufgrund des *fatum* eine eigene neue Stadt in Latium (in Mittelitalien) gründen muss, verlässt er auf Geheiß von Merkur Dido heimlich in einer nächtlichen Segelaktion.
- Als Dido merkt, dass Aeneas abgereist ist, lässt sie ihre Schwester Anna einen Scheiterhaufen aufschichten. Dido behauptet, die alten Sachen von Aeneas verbrennen zu wollen. Doch sie stürzt sich in Aeneas' Schwert und springt sodann in den Scheiterhaufen, um verbrannt zu werden (Bestattungsform) und ein Fanal zu setzen.
- Aus Aeneas' Betrug an der Königin Dido wird die historische Erbfeindschaft zwischen Rom und Karthago mythologisch begründet (Aitiologie): Vor ihrem Selbstmord verflucht nämlich Dido Aeneas persönlich und alle seine Nachkommen (siehe Textbeispiel). Als den von ihr heraufbeschworenen Rächer in künftigen Zeiten kann der Leser Hannibal erschließen, der Rom im 2. Punischen Krieg (218–201 v. Chr.) an den Rand des Untergangs brachte.

Textbeispiel (Aeneis 4,618b–631)

Nach der heimlichen Abreise der Aeneaden aus Karthago ist Königin Dido außer sich. Sie verflucht Aeneas und seine Nachkommen, weil er seiner schicksalhaften Mission den Vorzug vor ihrer Liebe gab.

»… nec, cum (Aeneas) se sub leges pacis iniquae
tradiderit, regno aut optata luce fruatur,
sed cadat ante diem mediaque inhumatus harena.
Haec precor, hanc vocem extremam cum sanguine fundo.
Tum vos, o Tyrii, stirpem et genus omne futurum
exercete odiis, cinerique haec mittite nostro
munera. Nullus amor populis nec foedera sunto.
Exoriare aliquis nostris ex ossibus ultor,
qui face Dardanios ferroque sequare colonos,
nunc, olim, quocumque dabunt se tempore vires.
Litora litoribus contraria, fluctibus undas
imprecor, arma armis: Pugnent ipsique nepotesque.«
Haec ait, et partis animum versabat in omnis,
invisam quaerens quam primum abrumpere lucem.

Metrische Übersetzung

»… Nicht soll er, wenn Gesetzen des Friedens-Unrechts
er sich ergibt, sein Königtum und Leben genießen,
sondern zu Fall kommen vor der Zeit unbeerdigt im Schlachtfeld.
Diese Bitte, mein letztes Wort, will mit Blut ich besiegeln.
Ihr, liebe Tyrier, sollt den Stamm und die künftigen Erben
plagen mit euerem Hass, und die Asche von uns bedenkt mit

diesem Geschenk. Nicht Liebe der Völker, kein Bündnis darf je sein!
Auferstehest du einst aus unseren Knochen als Rächer,
der du mit Feuer und Eisen den Dardanersiedlern dann nachsetzt,
jetzt oder dereinst, zu welcher Zeit auch die Macht dazu vorliegt.
Küste und Küste seien Gegner, die Fluten den Wogen
– bitte! – die Waffen den Waffen: Nur Kampf für sie und die Enkel!«
So rief sie, ließ ihr Denken in alle Richtungen schweifen,
auf der Suche nach schnellstem Abbruch verhassten Lebens.

Basissatz

Am Schluss ihrer Hassrede gegen den tragisch geliebten Aeneas steigert sich die verlassene Königin Dido in den vernichtenden Tonfall einer Rachegöttin (Furie) hinein, die Aeneas' persönliches Wohlergehen wie auch das kollektive Wohlergehen seiner römischen Nachkommen mit einem Fluch belegt. Den Nachkommen werde ein später Rächer (gemeint ist der Karthager Hannibal) entgegentreten.

Interpretationsansätze

Der Text bietet den Schluss von Didos Fluchrede sowie eine zwei Verse umfassende Abrundung des Erzählers. Er lässt sich somit grob in drei Abschnitte gliedern: Zunächst widmet sich Dido dem persönlichen Geschick ihres bisherigen Geliebten, dem sie das schlimmstmögliche Lebensende wünscht (618–621). Im Schlussteil der Rede, der *peroratio*, verpflichtet sie ihre derzeitigen Untertanen und deren Nachkommen zu dauerhaftem und unerbittlichem Völkerhass auf Aeneas' Nachkommen, d. h. die künftigen Römer (622–629). Der Erzähler kommentiert im abrundenden Verspaar (630–631) Didos Entschlossenheit zur schnellstmöglichen Selbstauslöschung. Dieses Motiv des Lebenshasses (*invisam … lucem*, wo *lux* für »Lebenslicht« steht, rahmt den Schlussvers) prägt die gesamte Schlusspartie des überaus pathetischen rhetorischen Ausbruchs der karthagischen Königin. Der wörtliche Anklang schlägt auch die Brücke zum Beginn des Textauszuges.

Dort bezeichnet *optata luce* (619) die Hoffnung auf ein glückliches Leben als Herrscher in Latium (in Mittelitalien), das Aeneas nach den langjährigen Plagen der Irrfahrten und Kriege vom Schicksal (*fatum*) verheißen ist. Wenn Dido nun diese Hoffnung durchkreuzen will, indem sie etwa einen rechtlich geordneten Friedensschluss der Italer mit den Aeneaden als »Unrechtsfrieden« und »Unterwerfung« des Aeneas unter eine fremde Oberhoheit abwertet, so ist sie nicht nur einseitig, parteiisch und böswillig. Sie stellt sich offenbar, ähnlich wie die Göttermutter Juno an zahlreichen Stellen des Epos, gegen den Plan, den der höchste Gott Jupiter in Gestalt des *fatum* schrittweise (und mit Rückschlägen) verwirklicht. Anchises erlegt in der Unterweltsprophetie im Einklang mit dem *fatum* den Römern eine Führungsrolle in der Welt und eine moralisch gefestigte Friedensordnung als dauerhafte Aufgabe auf (6,850 *tu regere imperio populos, Romane, memento*; 6,852 *pacique imponere morem*). Dido dagegen verwünscht Aeneas, den Stammvater der späteren Römer, zu einer Unterwerfung (4,618–619 *se … / tradiderit* findet eine Antwort in 6,853 *parcere subiectis*) unter eine ungerechte Friedensordnung. Damit verkehrt sie die Grundlagen des *fatum* in ihr Gegenteil. Persönlich wünscht sie Aeneas, den sie zuvor so innig liebte, dass sie ihm Anteil an ihrer Herrschaft einräumen wollte, einen vorzeitigen Tod. Zusätzlich beschwört sie auf ihn die Entehrung eines Verendens ohne soziale Würdigung durch einen Tod (auf dem Schlachtfeld) ohne ordentliche Bestattung herab: 620 bringt das mit dem Jussiv *cadat* in betonter Anfangsstellung und dem vom Hyperbaton *media ... harena* gerahmten Adjektiv *in-humatus* anschaulich zum Ausdruck. Wie Parallelen aus Epos (Patroklos und Hektor in der *Ilias*) und Tragödie (Polyneikes in Sophokles' *Antigone*) zeigen, gehört das Verweigern einer ordentlichen Bestattung zum schlimmsten Horror eines antiken Menschen. Das verneinende Präfix *in-* bei *in-humatus* verweist auf *in-iquae* (in betonter Schlussstellung in 618) zurück und auf das (durch Versanfangsstellung ebenfalls betonte) *in-visam* in 631 voraus. Im bekräftigenden Vers 621 unterstreicht die polyptotische Anapher *haec ... hanc* Didos Unheilswunsch. Dieser ist durch das zentral gestellte Adjektiv *extremam* und das zeugmatisch gebrauchte Prädikat *fundo geprägt*, das die Objekte *vocem* und *sanguine* verkoppelt. Ersteres bezieht sich metaphorisch auf ihre »letzten Worte«. Dido meint hier ihr »Vermächtnis« für alle Zeiten, denn es sind nicht die wirklich letzten Worte, die sie in der *Aeneis* spricht. Kurz vor ihrer Selbsttötung und sogar noch als Seelenphantom erhält sie weitere Auftritte. Dass sie ihr eigenes Blut vergießen wird, droht in erschütternder Deutlichkeit ihr nächstes Vorhaben an. Diese Todessehnsucht bestätigt dann der Erzähler in 631.

In 622–624a eröffnet Dido einen weiteren zeitlichen Horizont: Über Aeneas' Lebensspanne hinaus weist sie in der appellativen Anrede an »ihre Tyrier«, wie sie die aus Tyros (in Phönizien) nach Karthago in Nordafrika zugewanderten Untertanen anspricht, hinaus. Sie werden mit betont an den Anfang von 623 gestelltem Imperativ *exercete odiis* zum Hass verpflichtet. Und dieser Hass soll nun nicht Aeneas allein gelten, sondern *stirpem et genus omne futurum* (622). Mit *stirps* ist zunächst die

Linie seiner Familie (der Sohn Ascanius/Iulus und alle seine Nachkommen) gemeint. Das weiter ausholende zweite Glied der Zweiwortverbindung umfasst dann die gesamte Zukunft und mit *genus* auch alle Nachkommen der Gefährten des Aeneas, also alle künftigen Römer. Die ewige Erbfeindschaft zwischen Rom und Karthago will Dido als Ehrengabe (*haec ... munera* in weitem Hyperbaton über die Versgrenze 623/624 hinweg) für ihre Asche (623 *cinerique ... nostro* ebenfalls als Hyperbaton, hier zur Rahmung des Imperativs *mittite*) verstanden wissen. Damit deutet sie nach 621 erneut ihren bevorstehenden Freitod und die folgende Verbrennung ihrer Leiche an. Die ewige Totenehrung für ihre symbolischen Überbleibsel rückt sie in starken Gegensatz zur von ihr erwünschten Vernachlässigung von Aeneas' imaginiertem Leichnam. Der Imperativ *sunto* in betonter Versendstellung in 624 ahmt die Sprache von Gesetzestexten nach. So verleiht Dido ihrem Verbot jeglicher freundschaftlicher, ja überhaupt vertraglicher Beziehung zwischen den beiden Völkern Nachdruck. Der Dativus possessoris oder auch commodi *populis* wird gerahmt durch die parallel gestellten Verneinungen *nullus amor ... nec foedera*. Letzterer Begriff verweist angemessen auf rechtliche Grundlagen von zwischenstaatlichen Beziehungen. Der emotional beladene Begriff *amor* (»leidenschaftliche Liebe«) passt dagegen nicht in den Bereich des Völkerrechts. Vielmehr verrät er die Fixierung der Sprecherin auf ihre höchstpersönlichen Gefühle. Dies gilt ebenso für den antithetischen Affekt *odiis*, den sie in 623 vorausgeschickt hatte. In den folgenden drei Versen wechselt der Ton vom Quasi-Gesetzestext zu einem orakelhaft verkündeten Wunschbild (625–627). Nach dem Appell an die Gesamtheit ihrer Landsleute in Gegenwart und Zukunft folgt nun die persönlichere Anrede (Apostrophé) im optativischen Du-Stil (*ex-oriare* für *ex-oriaris*) an eine namentlich nicht genannte, sondern lediglich durch ihre Funktion bestimmte Persönlichkeit. Diese Funktion hebt *ultor*, in Versendstellung und wiederum durch Hyperbaton vom Bezugswort *aliquis* getrennt, überdeutlich hervor. Der allgemeine Römerhass, den Dido als Totenehrung eingefordert hatte, erhält in der »Rache« für ihren Tod eine scharf umrissene Form: *nostris ex ossibus* variiert *cinerique … nostro* (623) und behält dabei in Umkehrung der Reihenfolge (Inversion) den Pluralis maiestatis bei. Dieser führt auf die Spur des *ultor*, der in der Zeit des Augustus konkret die Rache an den Mördern seines Adoptivvaters Gaius Iulius Caesar bezeichnen kann. Aus der Sicht der Romideologie des Augustus pervertiert Dido dieses Motiv der gerechten Rache, wenn sie alle Römer aller Zeiten für ihre Liebesqualen büßen sehen will. Die Taten des von ihr heraufbeschworenen Rächers bestimmt Dido in einer relativischen Prädikation näher. Damit missbraucht sie ein Formelement aus dem Gebet (Hymnus) für Verfluchungszwecke (626): Der Ausdruck *face … ferroque sequare* (*sequaris*) offenbart erneut ihren eigenen Drang, dem heimlich abgereisten Aeneas mit Brandfackeln und Waffengewalt nachzujagen. Die Bezeichnung der künftigen Römer als »aus Dardanerland (= Troja) zugewanderte Siedler« spricht von ähnlicher Geringschätzung wie die in 619–620 geäußerte Verweigerung eines gerechten Friedens in Latium (in Mittelitalien) für Aeneas. Auf die in der zweiten Hälfte von 622 ausgesprochene unbegrenzte zeitliche Ausdehnung ihres Fluches kommt Dido in 627 zurück. Die Perspektive ist allerdings verschoben. Die asyndetischen Temporalia *nunc, olim, quocumque … tempore* setzen die Ewigkeit der Erbfeindschaft voraus. Gleichzeitig bringen sie orakelhaft die Offenheit eines konkreten Zeitpunktes der Rachehandlung zum Ausdruck. Egal, wann genau, nur die Streitkräfte (*vires*) müssen für einen Vernichtungsfeldzug ausreichend sein. Für geschichtskundige Leser erschließt sich rasch der historische Bezug, die Transparenz des Textes hin zur Zeit des 2. Punischen Krieges (218–201 v. Chr.). Damals brachte der von Jugend auf zum Rom-Hass erzogene karthagische Feldherr Hannibal durch seine Siege auf italischem Boden die Römer an den Rand des Untergangs. Mit Blick auf die Rom-Prophetie des Anchises in Buch 6 lässt sich diese Stelle als Didos Anti-Rom-Prophetie deuten.

Von der Hannibal-Prophetie kehrt Dido in 628–629 nochmals zur unversöhnlichen Erbfeindschaft zurück: Mit Polyptota und elliptischen Ausdrücken wie *litora litoribus contraria (sint)* hämmert sie ihre Botschaft den Zuhörern ein. Sie beginnt mit den an sich unkriegerischen Küstenlinien und Wogen. Diese verbildlicht sie aber in einer Art geographischer Metapher durch ihre ›konfrontative‹ Lage im Mittelmeerraum zu naturgegebenen Feinden. Nach eingeschobener Bittformel (*imprecor*), mit der sie neuerlich ein Gebetsmotiv missbraucht, bringt die antithetische Assonanz (ähnlicher Klang) *arma armis (contraria sint)* die militärische Stoßrichtung ihres Fluches gegen den einstigen Trojakrieger Aeneas auf den Punkt. Gleichzeitig zitiert sie das Titelwort der *Aeneis* und setzt diesem ihre eigenen *arma* entgegen. Das auf den Titelhelden bezogene *bello passus* des Proöms (1,5), also seine Leiden in zahlreichen Kriegen, möchte Dido für Rom im Kampf mit Karthago verewigt sehen. Dies bringt der Jussiv *pugnent* zum Ausdruck, dessen Subjekte mit Polysyndeton am Versende stehen: *ipsique nepotesque*; der Schlussvokal am Versende wird prosodisch per Enjambement mit dem vokalisch anlautenden Folgevers *(H)aec* verschliffen (Synaloephe). Die solcherart nicht wirklich abgerundete und abgeschlossene Rede könnte auf die Ewigkeit dieser für sie nie abzuschließenden kriegerischen Völkerfeindschaft verweisen. So wird umso unmissverständlicher offenbar, wie sehr Didos Wunschtraum mit der Vorbestimmtheit

(Teleologie) der römischen Weltherrschaft und eines Sieges der Römer über Karthago letztlich im Widerspruch steht. Gleichzeitig weist ihr Fluch aber nicht nur zutreffend auf Hannibal voraus, sondern er erschließt sich als mythische Ursachendarstellung (Aitiologie) für die gesamte Auseinandersetzung der Römer mit Karthago. Und diese war für die Römer, wie etwa die Katastrophe in der Schlacht von Cannae 216 v. Chr. zeigt, mit bitterstem Kriegsleid verbunden.

In den kommentierenden Versen 630–631 wartet der Erzähler zunächst mit einer Redeabschlussformel (*Haec ait*) im Stil Homers auf. Sodann stellt er gerafft Didos innere Unruhe dar. *Versabat* als Intensivum zu *vertere* im Tempus des Imperfekts bringt das länger dauernde (durative) Hin- und Herüberlegen Didos zum Ausdruck. Dieses ist aber, wie schon die haltlose Fluchrede zeigte, nicht an vernünftigen, heilsamen Überlegungen interessiert. Wonach Dido sucht, wie es das Participium coniunctum *quaerens* formuliert, ist schnellstmöglicher »Lebensabbruch«. Das harte Bild *abrumpere lucem* weist ringkompositorisch auf das inhaltlich gleichläufige *cum sanguine fundo* (621) an nämlicher Endposition im Vers zurück.

7 Horaz

Quintus Horatius Flaccus wurde 65 v. Chr. in Venusia/Venosa in Süditalien geboren. Wie er selbst es in seinen Dichtungen darstellt, war sein Vater ein Freigelassener (*libertinus*), der stark um die höhere Bildung seines Sohnes besorgt war. Im Bürgerkrieg kämpfte Horaz in den Jahren 44–42 v. Chr. auf der republikanischen Seite. Nach deren Niederlage sah er sich mit Enteignung und damit dem Verlust des väterlichen Besitzes konfrontiert. Seiner finanziellen Notlage entging er durch die Aufnahme in den Kreis des sprichwörtlichen Kunstförderers Maecenas, die auf Empfehlung u. a. von Vergil erfolgte: Das Landgut in den Sabinerbergen, das der Gönner Maecenas seinem Freund Horaz zum Geschenk machte, stellt ein wiederkehrendes Thema seiner Gedichte dar.

Horaz zählt zu den augusteischen Dichtern, die das Zeitalter des selbsternannten Friedenskaisers ausgiebig in dessen Sinn gewürdigt haben. Anlässlich der Säkularfeier im Jahr 17 v. Chr., mit welcher der Princeps den Beginn eines neuen Zeitalters ausgiebig feiern ließ, erhielt Horaz den Auftrag, ein Festlied zu dichten, das *Carmen saeculare*. Horaz starb im Jahr 8 v. Chr.

Werk

Horaz' dichterisches Schaffen beginnt mit den ***Epoden*** bzw. ***Jamben/Iambi*** (41–30 v. Chr.). Diese Gattung, die der Grieche Archilochos (um 680–645 v. Chr.) geprägt hat, ist durch derben Spott und persönliche Angriffe (Invektiven) gekennzeichnet. Horaz erweiterte dieses thematische Spektrum jedoch um Reflexionen des Bürgerkriegs, magische Rituale sowie Essen und Trinken.

Etwa zur gleichen Zeit wie die Epoden entstanden die insgesamt zwei Bücher seiner in Hexametern verfassten ***Satiren*** bzw. ***Sermones***. Unter dem Grundsatz *ridentem dicere verum* (»lachend zu sagen das Wahre«) nimmt sich Horaz darin allgemein menschliche Schwächen vor, etwa Habgier, Unzufriedenheit, sexuelle Maßlosigkeit oder übermäßigen Ehrgeiz; die Gedichte sind in einem kolloquialen Ton gehalten, ahmen also Gespräche nach. Dazu kommen Satiren mit narrativem Charakter: Horaz berichtet etwa von einer Reise mit Freunden aus dem Maecenaskreis nach Brundisium (Brindisi), aber auch von unangenehmen Begegnungen mit einem aufdringlichen Karrieristen in Rom (siehe Textbeispiel). Ein weiteres wichtiges Motiv sind die metapoetische Reflexion und Legitimation der *Sermones*, die Horaz für eine Abgrenzung von dem Begründer der Gattung, Lucilius (um 180–103/102 v. Chr.), nutzt. Doch bietet sein eigenes Dichten innerhalb des Werks auch selbst Anlass zum Spott: In 2,7 hält der Sprecher des Gedichts, der Sklave Davus, bei einer Saturnalienpredigt Horaz dessen eigene Verfehlungen vor, die er in seinen *Sermones* kritisiert. Zu den berühmtesten Horaz-Satiren gehört neben der »Schwätzersatire« (siehe Textbeispiel) die Satire von der Stadt- und Landmaus.

Inhalt und Funktion der »Stadt- und Landmaus-Satire« (2,6)

- Horaz vergleicht das Stadt- und Landleben und zeichnet Letzteres vielleicht etwas zu geschönt.
- Die Landmaus lebt karg, die Stadtmaus im Überfluss.
- Die Landmaus besucht die Stadtmaus und erkennt den Überfluss, aber auch viele Gefahren durch Menschen und deren Haustiere, wie Hunde.
- Sie kehrt aufs Land zurück und erträgt die Kargheit wegen der Ruhe und geringeren Gefahr.
- Übertragen auf das Leben des Horaz: Horaz zog das Landleben dem belebten Stadtleben in Rom vor. Maecenas schenkte ihm ein Landgut in den Sabinerbergen. Die Satire ist als Dank an ihn für die Übererfüllung dieses sehnlichen Wunsches nach einem beschaulichen und bescheidenen Rückzugsort zu sehen.

In den Jahren 26–23 v. Chr. veröffentlichte Horaz drei Bücher lyrische ***Oden*** bzw. ***Carmina***; ab ca. 17 v. Chr. ergänzte er diese Sammlung um ein viertes Buch. Die literarischen Vorgänger sind, wie schon bei den *Epoden*, in der griechischen Archaik zu finden: die Lyriker Sappho und Alkaios (7./6. Jh. v. Chr.). Die thematische Breite der Gedichte reicht von aktueller Politik (z. B. *pax Augusta*) über Götterhymnen bis hin zu Trinkliedern und erotischen Gedichten. In diesen Komplex sind *carmina* über die Freundschaft mit Maecenas, aber auch philosophische, vor allem epikureische Überlegungen eingebunden. Die *Oden* zeichnen sich sprachlich und stilistisch durch verdichtete Formulierungen, ausdrucksstarke Bilder und Formstrenge aus.

Zwischen den ersten drei Büchern und dem letzten Buch der *Oden* entstanden die ***Episteln*** (zwei Bücher), mit denen Horaz zur hexametrischen Dichtung zurückkehrte. Sie folgen zwar den formalen Vorgaben einer prosaischen *epistula* (Anrede, Grußformel), heben aber durch die poetische Form als Versepisteln die Illusion realer Lebenswirklichkeit auf. Neben Briefen, die alltägliche Themen behandeln, stehen im ersten Buch (insgesamt 20 Briefe) vor allem Fragen der Ethik im Zentrum. Dagegen hat das zweite Buch in drei längeren Briefen die Literatur zum Gegenstand. Nach einer Analyse und Kritik der gegenwärtigen literarischen Gegebenheiten im ersten Brief rechtfertigt Horaz in der darauffolgenden Epistel seinen Entschluss, sich von der Lyrik abzuwenden. Den Abschluss bildet die *ars poetica*, die insbesondere das Drama und das Satyrspiel genauer bespricht und in Geschichte und Theorie der Literatur einordnet. Auch hier verbindet Horaz einen lehrhaften Gesprächston mit satirischen Seitenhieben zur Auflockerung. In diesem Werkteil findet sich auch die Bestimmung der Absicht von Dichtern, die über seinem gesamten Schaffen stehen könnte: *aut prodesse volunt aut delectare poetae / aut simul et iucunda et idonea dicere vitae* (»Entweder nützen will man oder erfreuen als Dichter / oder zugleich Heiterem und Praktischem künden«, *Epistula* 2,3,333–334).

Textbeispiel (*Satiren* 1,9,1–15)

Horaz beginnt eine seiner ein Alltagserlebnis berichtenden Satiren folgendermaßen:

Ibam forte via sacra, sicut meus est mos,
nescio quid meditans nugarum, totus in illis:
Accurrit quidam notus mihi nomine tantum
arreptaque manu: »Quid agis, dulcissime rerum?«
»Suaviter, ut nunc est«, inquam »et cupio omnia, quae vis.«
Cum adsectaretur, »numquid vis?« occupo. At ille
»noris nos« inquit; »docti sumus.« Hic ego »pluris
hoc« inquam »mihi eris.« Misere discedere quaerens
ire modo ocius, interdum consistere, in aurem
dicere nescio quid puero, cum sudor ad imos
manaret talos. »O te, Bolane, cerebri
felicem«, aiebam tacitus, cum quidlibet ille
garriret, vicos, urbem laudaret. Ut illi
nil respondebam, »misere cupis«, inquit, »abire:
iamdudum video; sed nil agis: Usque tenebo.«

Metrische Übersetzung

Ging so dahin auf der Sacra Via, wo ich immer spaziere,
irgendetwas im Kopf von dem Kleinkram und ganz bei der Sache:
Da stürmt herbei so ein Mensch, den ich kenne beim Namen, nichts weiter,
reißt mir die Hand fast aus: »Wie geht es, du Liebster von allen?« –
»Prächtig – bis jetzt«, sage ich, »ich wünsche dir alles, was du willst.«

Da er an mir kleben blieb, sage ich: »Auf Wiedersehen!«;
er sagt:
»Kennst uns doch; wir sind Literaten«; da meine ich:
»Noch mehr
giltst du deswegen bei mir.« Verzweifelt Auswege suchend
gehe ich bald beschleunigt, bleibe dann stehen, vertraulich
flüstere ich etwas zu dem Sklavenjungen, der Schweiß
rann
bis zu den Füßen herab; »O du, Bolanus, als Hitzkopf
selig«, sagte ich still zu mir, als irgendwas der da
laberte, Straßen und Hauptstadt hymnisch pries;
und da ich ihm
nichts antwortete, sagt er: »Verzweifelt willst du
entkommen,
längst schon sehe ich es; doch vergebens: Nie lasse
ich locker.«

Basissatz

Zu Beginn seiner satirischen Erzählung schildert Horaz den unvermittelten Anfang eines Alltagsdramas, bei dem er als gutmütiger Dichter der taktlosen Zudringlichkeit eines Möchtegernliteraten immer schutzloser ausgesetzt ist und selbst zur lächerlichen Figur zu werden droht.

Interpretationsansätze

Die Textstelle lässt sich in vier Abschnitte untergliedern: In den ersten beiden Versen schildert der Ich-Erzähler als Exposition die Alltagssituation seines Spaziergangs im Zentrum Roms. Das erregende Moment in diesem kleinen satirischen Drama liegt in der unvermittelten Zudringlichkeit eines dem Ich-

Erzähler nur flüchtig bekannten Mitmenschen: In Vers 3–5 schildert der Sprecher den Versuch einer raschen, aber höflichen Verabschiedung. Die folgenden gut fünf Verse belegen das Scheitern dieser Konfliktlösung, da der Irgendwer aufdringlich bleibt, sich zudem als Gelehrter/Literat (7 *docti sumus*) anpreist und neue Manöver des Erzählers, sich von ihm zu lösen, vereitelt (6–11a). In Vers 11b–15 kommt es durch die weitere Zuspitzung infolge der Unbeirrbarkeit der ›Klette‹ dazu, dass der Horaz nicht von der Seite weichende ›Schwätzer‹ den Konflikt offen anspricht und sich dabei zu seiner Unverfrorenheit bekennt.

In der auf Horaz allein bezogenen Eingangsszene stellt der Sprecher sich und die Situation bündig vor: Mit dem linearen Imperfekt *ibam* an betonter Versanfangsposition setzt er einen Schlüsselbegriff des Abschnitts an den Beginn. Die bewegungsreiche Erzählung lebt davon, dass sie nicht in einem Innenraum und in Ruhelage spielt, sondern in Bewegung, während eines Spaziergangs im städtischen Raum. Das Schlüsselwort *ire* begegnet erneut am Beginn von Vers 9 sowie im Kompositum *abire* am Ende von 14 und ist an sämtlichen Stellen auf die Fortbewegung des Sprechers bezogen. Der adverbiale Ablativ *forte* ist hier nicht im strengen Sinn als »zufällig« aufzufassen, sondern im Sinne von »gerade« oder »einfach so / ohne etwas Böses zu befürchten«. Der folgende lokative Ablativ verortet das Geschehen auf dem Forum Romanum mitten in Rom. Diese stets von betriebsamen Menschen belebte Gegend steht im Widerspruch zu der im Folgenden vom Ich-Sprecher beschriebenen eigenen Gedankenversunkenheit. Bevor er diese in 2 ausmalt, verstärkt er im Einschub der zweiten Hälfte von 1 den bereits mit *forte* erweckten Eindruck. *Mos* (»Sitte«) gebraucht er dabei im abgeschwächten Sinn von »Angewohnheit, übliches Verhalten«. Somit unterstreicht er nochmals die Alltäglichkeit dieses Spaziergangs. Doch zu seinem üblichen Verhalten dabei gehört auch die in Vers 2 beschriebene Versunkenheit in geistige Dinge. Diese hebt nun den Sprecher implizit von den *mores* seiner Mitmenschen ab, die lärmend, plaudernd und Handel treibend die Heilige Straße bevölkern. Als extremes Beispiel für das damit aufgerufene *vulgus*, gegenüber dem Horaz in *Carmen* 3,1,1 übrigens seine heftige Ablehnung bekundet, tritt hier in Vers 3 der *quidam* auf. Das Participium coniunctum *meditans* in Vers 2 wird gerahmt von dem davon abhängigen Indefinitpronomen als Objektsakkusativ *nescio quid* (aufgegriffen in 10) und dem davon wiederum abhängigen Genitivus partitivus *nugarum*. Dabei bezeichnet *meditari* zunächst allgemein eine geistige Tätigkeit, ein angestrengtes Nachsinnen, über dem man sich gern der Umwelt entrückt. Eben darauf verweist die elliptische Verdeutlichung *totus in illis (nugis fui)* am Versende. Als Gegenstand des Nachdenkens verrät Horaz zu Beginn der zweiten Vershälfte die *nugae*. Damit ruft er ein verharmlosendes Signalwort für die kleine, höchst feine und anspruchsvolle Poesie im Stil des hellenistischen Dichters Kallimachos (305–240 v. Chr.) oder der diesem nacheifernden lateinischen Neoteriker auf (in Catulls erstem Gedicht erscheint *nugae* in diesem Sinn an prominenter Stelle). Damit ist bereits in Vers 2 das richtige Verständnis von Dichtung als ein Hauptthema der gesamten Satire etabliert.

Im zweiten Abschnitt scheint angesichts der komödienhaften Anschaulichkeit der Szenen- und Dialogschilderung diese poetologische Aussage in den Hintergrund zu treten. Zu Beginn von Vers 3 bringt *ac-currit* in betonter Anfangsposition den Einbruch einer fremden Macht in die geistige Sphäre des Ich-Sprechers zum Ausdruck. Das hastige Heranlaufen (punktueller Aspekt des Perfekts) im Gegensatz zum ruhigen Schlendern des Opfers wird schon bald gesteigert durch den haptischen Übergriff (mit dem Ablativus absolutus *arreptaque ma-*

nu zu Beginn von 4) und dem anschließenden ›Stalking‹ (*adsectaretur* als Intensivum von *adsequi*) am Anfang von 6. Der Selbstvorstellung des Ichs in den ersten beiden Versen folgt in Vers 3 eine sehr kurze Charakteristik seines Gegenspielers als losen Bekannten, von dem er gerade einmal den Namen kennt (*notus ... tantum* aus 3 setzt dieser allerdings zu Beginn von 7 selbstbewusst *no[ve]ris nos* entgegen). Nach dem zupackenden und damit bereits übergriffigen Ergreifen von Horaz' Hand durch den Verfolger beginnt der Dialog. Dieser ist durch kurze wörtliche Reden im *sermo*-Stil mit unterschiedlichen Gesprächsanteilen beider gekennzeichnet. Die banale Alltagsbegrüßung *Quid agis?* verbindet der *quidam* mit einem überschwänglichen und völlig unangemessen Intimität vortäuschenden superlativischen Vokativ am Ende von Vers 4. Die beiden Antworten des Horaz, von der Sprechaktkennzeichnung *inquam* unterteilt, setzen dem größtmögliche geschäftsmäßige Nüchternheit und höfliche Abweisung entgegen. Die Einschränkung *ut nunc est* in Vers 5 lässt sich als Wunsch lesen, auch weiter in Ruhe gelassen zu werden, damit die Situation von Vers 1 wiederhergestellt ist. Die Beschwichtigungsformel am Ende von 5 ist als Verabschiedung gemeint im Sinn von »Mach's gut!«.

So erklärt sich auch die aktive und kurz angebundene Nachfrage, mit der Horaz in Vers 6 reagiert: Es kommt zur Krisenverschärfung, weil der lose Bekannte ihm nicht von der Seite weicht. In dem kurzen Frage-Antwort-Spiel folgt auf die Behauptung engerer Bekanntschaft und den Versuch, über das Thema Gelehrsamkeit Sympathie herzustellen, eine weitere Verabschiedungsfloskel aus Horaz' Mund: Der Genitivus pretii *pluris / ... mihi eris* (7 f.) ist als erneute Vertröstung zu sehen. Das Futur steht als Hinweis auf eine künftige Wertschätzung dafür, dass Horaz jetzt seine Ruhe haben möchte. Dass er damit erneut scheitert, bringt er mit der Wendung *misere discedere quaerens* in Vers 8 auf den Punkt. Das vorangestellte Adverb, wiederholt und damit bekräftigt aus dem Mund des Verfolgers in Vers 14, rückt das Participium coniunctum *quaerens* von vornherein in das Licht des Scheiterns. Versuchte Horaz den Zudringlichen zuvor durch sprachliche Äußerungen abzuwimmeln, so nimmt er nun zu Handlungen Zuflucht: Die parallelen Zeitadverbien *modo … interdum* (9) und die asyndetische Reihung unterstreichen das Verzweifelte dieser Unternehmungen. Doch weder unvermittelte Tempoänderungen noch die flüsternde Zuwendung an seinen jungen Begleitsklaven, von dem hier zum ersten Mal die Rede ist, verhelfen zum rettenden Ausweg. Der in 10–11a als Schluss des Krisenabschnitts im temporalen Gliedsatz hyperbolisch beschriebene Schweißfluss bis zu den Fußknöcheln deutet nicht nur die Hitze vor Ort an, sondern symbolisiert vor allem den auch physischen Stress, dem Horaz sich ausgesetzt sieht.

Dass er nun, statt ein Machtwort zu sprechen, weiter duldend ausharrt, weist ihn als allzu gutmütigen und konfliktscheuen Charakter aus. Diese Selbstkritik ist in einen sehr verknappten Anruf (eine Apostrophé) an den Hitzkopf Bolanus gekleidet; dieser, so ist dazuzudenken, hätte durch einen Wutausbruch die ›Klette‹ umgehend verscheucht. Der *cum*-Satz, der den Schweißausbruch beschrieb, findet in dem *cum*-Satz in Vers 12–13a seine Entsprechung: Während Horaz still leidet, geht sein Verfolger dem Laster (*vitium*) der Redseligkeit (*loquacitas*) nach, indem er Belanglosigkeiten über die Schönheit der Straßen und des Stadtbildes überhaupt vor sich hin plappert (*garrire*). Hier ist das Motiv des Schwätzers beim Namen genannt, das der ganzen Satire ihren populären Namen »Schwätzersatire« verpasst hat. Doch der Stalker belässt es nicht beim Geschwätz. Er verfolgt Karriereziele, die sich in seinem

Beharren auf Gelehrsamkeit andeuteten und im weiteren Verlauf des Gedichtes offen zutage treten. Horaz soll ihm als Türöffner in den Maecenaskreis behilflich sein, dessen wahres Wesen der *quidam* aber völlig missversteht. Dies zeigt bereits im Einleitungsteil seine unverschämte Taktlosigkeit: Als nämlich Horaz in 13–14a den Kontakt durch Gesprächsverweigerung abbrechen will, gibt er offen zu, Horaz' Widerwillen längst zu durchschauen. Sein obiges *quid agis?* (4) variiert er nun zu einem trotzigen *nil agis* (nichts richtest du damit aus), das er mit dem unheilsprophetischen Futur *usque tenebo* bekräftigt.

Inhalt, Aufbau und Funktion der »Schwätzersatire«

- Zufallsbegegnung mit einem Schwätzer auf der Via Sacra in Rom und lange vergebliches Abwimmeln eines aufdringlichen Pseudodichters, der über Horaz in den Maecenaskreis vordringen möchte
- Aufbau wie ein Drama: Prolog (Spaziergang auf der Via Sacra), Exposition (der Pseudodichter passt Horaz ab), spannungssteigerndes Moment (der aufdringliche Schwätzer heftet sich Horaz an die Fersen, indem er vorgibt, in dieselbe Richtung zu müssen), Höhepunkt (der Schwätzer erkundigt sich über den Maecenaskreis), retardierendes Moment (Horaz wird durch einen Bekannten im Stich gelassen), Schluss (Horaz wird durch einen Prozessgegner bzw. Apollo vor dem Schwätzer gerettet – durch einen *deus ex machina*: der Kläger zerrt den Schwätzer vor Gericht)
- Ehrung des Maecenas als wichtigen Kunstgönner, dessen Name in Künstlerkreisen bekannt ist und in dessen Kreis auch andere Aufnahme finden wollen

8 Ovid

Publius Ovidius Naso wurde im Jahr 43 v. Chr. als Sohn eines Ritters in Sulmo (Mittelitalien) geboren. Nach seiner insbesondere rhetorischen Ausbildung, die ihn auch nach Griechenland führte und die er glänzend absolvierte, widmete er sich früh hauptsächlich der Dichtung. Unterstützung erfuhr er dabei durch den Kunstförderer Messalla. Den wohl entscheidenden Einschnitt seines Lebens markiert die Verbannung durch Augustus im Jahr 8 n. Chr., die nach eigener Auskunft aufgrund von *carmen et error* (*Tristia* 2,207) erfolgte. Mit dem »Gedicht« (*carmen*) meint er die *Liebeskunst* (*Ars amatoria*). Diese habe nämlich Anlass geboten, ihn als »Lehrmeister des schmutzigen Ehebruchs« in Verruf zu bringen. Der konkrete Hintergrund der zur Relegation (Verbannung ohne Vermögenseinzug) führenden »persönlichen Verfehlung« (*error*) ist jedoch nicht bekannt. Bis zu seinem Tod im Jahr 17 oder 18 n. Chr. lebte Ovid im Exil in Tomi am Schwarzen Meer, blieb dort aber literarisch produktiv. In seinem autobiographischen Gedicht *Tristia* 4,10 betont er, dass die heilsamen Musen und die fortgesetzte Tätigkeit als Dichter ihn über den Verlust der familiären und geistigen Heimat in Rom und Italien hinwegtrösteten.

Werk

Ovids umfangreiches dichterisches Schaffen ist in großen Teilen überliefert. Sein erstes Werk, die ***Amores*** (*Liebesgedichte*, 20–15 v. Chr.), knüpfen an die römische Liebeselegie an: Im Zentrum steht die Liebe der als Liebhaber und Dichter gezeichneten Ich-Figur (*amator/poeta*) zu der wohl fiktiven *puella* Corinna. Diese Beziehungsgeschichte ist spielerisch mit verschiedenen Themen und literarischen Motiven (z. B. *servitium amo-*

ris, militia amoris, recusatio) verbunden. Der Abschied von Corinna, den Ovid im letzten der insgesamt drei Bücher behandelt, findet metaliterarisch seine Entsprechung in der Abwendung von der Liebeselegie.

Bei den ***Heroides*** (*Heldinnenbriefe*, um 5 v. Chr.) handelt es sich um Briefdichtung: Ovid lässt verschiedene mythische ›Heldinnen‹, z. B. Penelope, Dido und Medea, Briefe an die jeweils abwesenden Liebhaber bzw. Ehemänner schreiben, in denen sie ihre unglückliche Beziehung mithilfe elegischer Motive entfalten. Ovid bekundet, dass er diese Gattung der elegischen Versepistel mit mythischen Heldinnen als Autoren erfunden habe.

In seinen beiden nächsten Werken (um 1 v. Chr. – 4 n. Chr.) stilisiert Ovid den Sprecher als Liebeslehrer (*praeceptor amoris*), der sein eigenes Wissen über die Liebe an junge, unerfahrene Frauen und Männer in einem Lehrgedicht vermitteln will. In den drei Büchern der ***Ars amatoria*** (*Liebeskunst*) stellt er als Liebeslehrer systematisch erfolgversprechende Verhaltensweisen und Strategien zum Finden, Gewinnen und Halten einer/eines Geliebten vor (die ersten beiden Bücher richten sich an Männer, das letzte an Frauen), wohingegen die ***Remedia amoris*** (*Therapien gegen die Liebe*) Abhilfe bei unglücklicher Liebe versprechen.

Die ***Metamorphosen*** (*Verwandlungen*, um 1–8 n. Chr.) lassen sich als mythologisches Epos charakterisieren, das anhand zahlreicher Verwandlungssagen eine Geschichte der großen Sagenkreise von der Entstehung der Welt bis hin zu Ovids eigener Zeit erzählt. Die insgesamt 15 Bücher setzen sich aus drei Pentaden (Gruppen von fünf Büchern) zusammen, wobei die erste (1–5) von der Kosmogonie, den Weltzeitaltern und verschiedenen Göttermythen berichtet, die zweite (6–10) Mythen über Heroinen und Heroen enthält und die dritte (11–15) den trojanischen Sagenkreis und die römische Geschichte behandelt. Mit der sog. *Kleinen Aeneis* (13. und 14. Buch) und den römischen Gründungserzählungen treten die *Metamorphosen* aus dem Mythos in die historische Vergangenheit. Den Abschluss des Epos markiert die zukünftige Apotheose (Vergöttlichung) Ovids durch sein eigenes Werk. Den damit verbundenen ewigen Ruhm scheint er sogar noch über die Hoheit des ebenfalls dereinst zu vergöttlichenden Kaisers Augustus zu stellen.

Verschiedene inhaltliche Schwerpunkte setzen die ***Fasti*** (*Kalendertage*, um 1–8 n. Chr.). Insgesamt sechs Bücher behandeln die Ursprungserzählungen (Aitiologien) der römischen Kulte und Feste für die ersten sechs Monate des Jahres. Damit verbunden behandelt Ovid als »umtriebiger Sänger von den Tagen« (*vates operosus dierum*) die römische Frühgeschichte und die mythologische Götterwelt. Erstaunlicherweise fehlt die zweite Jahreshälfte, die mit den Iulius Caesar und Augustus gewidmeten und nach ihnen benannten Monaten begonnen hätte.

Nach Ovids Verbannung sind die ihn tief erschütternden Erlebnisse im Exil das prägende Thema seiner Dichtung. Die ***Tristia*** (*Trauergedichte*, 5–10 n. Chr.) und die ***Epistulae ex Ponto*** (*Briefe vom Schwarzen Meer*, ab 13 n. Chr.) beschreiben als elegische Versepisteln autobiographisch, aber mit fiktiven Einsprengseln die eigene glückliche Vergangenheit und gegenwärtige Einsamkeit, reflektieren aber auch Ovids literarisches Schaffen – vor allem als ironisierende Rechtfertigung gegenüber Augustus.

Textbeispiel (*Metamorphosen* 3,413–426)

Im Buch über die Gründung und Entwicklung der Stadt Theben in Böotien (Mittelgriechenland) kommt Ovid auf den berühmten blinden Seher Tiresias zu sprechen. Dieser habe über den wunderschönen, aber alle ihn erotisch Begehrenden hartnäckig abweisenden jungen Narcissus Folgendes geweissagt: Nur wenn er sich selbst nicht kennenlerne, werde ihm ein langes Leben beschieden sein. Nachdem Narcissus von einer abgewiesenen Person verflucht wurde, kommt es zu der folgenden Begebenheit:

Hic puer et studio venandi lassus et aestu
procubuit faciemque loci fontemque secutus,
dumque sitim sedare cupit, sitis altera crevit,
dumque bibit, visae correptus imagine formae
spem sine corpore amat, corpus putat esse, quod unda est.
Adstupet ipse sibi vultuque inmotus eodem
haeret, ut e Pario formatum marmore signum;
spectat humi positus geminum, sua lumina, sidus
et dignos Baccho, dignos et Apolline crines
impubesque genas et eburnea colla decusque
oris et in niveo mixtum candore ruborem,
cunctaque miratur, quibus est mirabilis ipse:
Se cupit inprudens et, qui probat, ipse probatur,
dumque petit, petitur, pariterque accendit et ardet.

Metrische Übersetzung

Hier hat der Junge sich, von Jagdlust erschöpft und von Hitze,
hingelegt, ist dem Reiz dieses Ortes mit Quelle ergeben;

als er den Durst zu löschen begehrt, wuchs ein anderer Durst ihm,
und beim Trinken, verzückt vom Bild der erblickten Schönheit,
ist er in Reiz ohne Körper verliebt, hält für Körper das Wasser.
Er starrt sich selber an mit stierem Blick, unbeweglich
hängt er dort reglos fest wie aus parischem Marmor ein Standbild;
er blickt am Boden liegend ins Zwillingsgestirn seiner Augen,
auf seine eines Apollo und Bacchus würdige Haarpracht,
auf seine Knabenwangen, den Elfenbeinhals und die Zierde
seines Gesichts, den mit Schneeweiß glänzend gemischten Rotton,
und über alles staunt er, durch das er staunenswert aussieht:
Sich begehrt er verblendet, Verehrer und selber Verehrter,
flirtet als Flirtobjekt, ist gleichzeitig Zunder und Feuer.

Basissatz

Der Text zeichnet als Kurzdrama nach, wie sich Narcissus bei einer Rast während der Jagd auf den ersten Blick in sein eigenes Spiegelbild verliebt, und unterstreicht anhand des Statuenvergleiches und der sprachlichen Paradoxien der Selbstverliebtheit die Wahnhaftigkeit dieses Begehrens.

Interpretationsansätze

Der Textauszug lässt sich in drei Abschnitte gliedern. Die fünf Anfangsverse (413–417) beschreiben expositorisch die Rast des durstigen Narcissus an einer Quelle und sein unwillkürliches Gepacktwerden vom Spiegelbild. Diese emotionale Wendung wirkt als Auslösung für den am Ende tödlichen Konflikt eines unerfüllbaren Liebesbegehrens. Der zweite Absatz (418–424) stellt die Fixierung des Narcissus auf sein eigenes Spiegelbild als Erstarren zu einem bewundernswerten, aber nicht lebendigen Marmorkunstwerk dar. Das abrundende Verspaar (425–426) bietet die Diagnose der unheilvollen Selbstverliebtheit und deutet das für Narcissus tragische Ende bereits an.

Der erste Abschnitt bietet im Rahmen der längeren Parallelgeschichte von Echo und Narcissus einen Neueinsatz. Die jeweils die Verse einleitenden Wörter, die Ortsadverbiale *hic* (413) und das erste Hauptsatzprädikat *pro-cubuit* (414) bezeichnen eine Wende in Narcissus' Leben. Denn der zuvor allseits Begehrte und ebenso hartnäckig allseits Abweisende, der damit auch die widerhallende Nymphe Echo in die Versteinerung getrieben hat, legt sich an diesem Ort nieder und verfällt selbst einem Affekt, für den er zuvor völlig unempfänglich gewesen ist. Das attributive Adjektiv *lassus* (»abgekämpft, erschöpft«) wird in der Liebesdichtung auch in erotischem Sinn gebraucht. Hier deuten die instrumentalen Ablative, die das Adjektiv polysyndetisch rahmen, an, dass auf die Erschöpfung durch Jagdbetrieb bei Mittagshitze nun eine andere Art von Erschöpfung durch unerfüllbare Liebesfixierung folgen wird. Das auf den »Jungen« (*puer*) bezogene Participium coniunctum *secutus* erweist sich im Nachhinein ebenfalls als tragisch getönt. Er erliegt dem Sog der Wohlgestalt der Örtlichkeit, also eines typischen *locus amoenus*, sowie auch der dort befindlichen Quelle. Durch Alliteration und Polysyndeton ist in der Kollokation (Wortfügung) *faciemque loci fontemque* das Verführerische abgebildet. Die Wohlgestalt des Ortes geht kurz darauf in die (für Narcissus so verderbliche) Wohlgestalt seines Spiegelbildes über. Dieses fasst Ovid in 416 in den Ausdruck *visae … formae*. Der erste Gliedsatz der ausgedehnten Periode, die den ganzen ersten Abschnitt einnimmt, wird am Beginn von 415 betont mit *dumque* eingeleitet. Dieser Versbeginn wiederholt sich bereits in 416 und erneut in 426. Dies zeigt die rasche Abfolge und Unmittelbarkeit der Schicksalswende, die sich an diesem herrlich schönen Ort für Narcissus ergibt. In Vers 415 spielt Ovid mit der wortwörtlichen und übertragenen Bedeutung des Wortes »Durst«. Im ersten Gliedsatz ist es wörtlich als Bedürfnis der Wasseraufnahme zu verstehen, ein Begehren (*cupit*), das die Quelle zu stillen (*sedare*) vermag. Die metaphorische Verwendung von *sitis* als erotisches Begehren im zweiten Versteil signalisiert Ovid durch das adjektivische Pronomen *altera*. *Crevit* steht am Versende antithetisch zu *sedare cupit*. Der kurze zweite Gliedsatz (416) geht unmittelbar in den längeren zweiten Hauptsatz über: Das zweite auf Narcissus bezogene Participium coniunctum *cor-reptus* (Kompositum von *cum-* und *rapere*) bringt mit dem Bild des gewaltsamen und urplötzlichen Gepacktwerdens den Umschwung für Narcissus vom Liebesunempfindlichen zum hoffnungslos Verliebten heftig zum Ausdruck. Die Wahnhaftigkeit steckt im Ablativus instrumentalis *imagine* (»Abbild, Schein«). Der von diesem abhängige Genitivus subiectivus *visae … formae* ist durch weites Hyperbaton hervorgehoben. Narcissus ist rettungslos hingerissen allein vom Anblick einer nur in flüchtiger Wasserspiegelung vorhandenen Schönheit. Der Erzählerkommentar im dritten Hauptsatz (417) bereitet seinen Schlusskommentar am Ende des Abschnitts schon vor: Das Hauptsatzprädikat *amat* nimmt das (dort noch harmlose) *cupit* (415) auf. Als direktes Akkusativobjekt nennt Ovid *spem sine corpore*. Hier gibt er der Substanzlosigkeit des bloßen Abbildes eine neue Bedeutung als Hoffnung, die leer, wahnhaft und unerfüllt bleiben muss. Als psychologische Diagnose fügt er asyndetisch mit polyptotisch wiederholtem *corpus* hinzu, dass Narcissus eine Wasserspiegelung (*unda* nach *fontemque* in 414 jetzt für unheilvoll schönes Wasser) für einen begehrenswerten Körper hält (*corpus putat*). Diese innere Verwandlung (Metamorphose) in einen Liebeswahnsinnigen findet dann am (hier nicht abgedruckten) Schluss der Geschichte ihren äußeren Ausdruck: Der physische Körper (*corpus*) des Narcissus schwindet dahin und verwandelt sich in die namensgleiche Blume.

Die innere Erschütterung des Jungen, die *correptus* (416) ausdrückte, setzt sich fort in den beiden Prädikaten des folgenden Hauptsatzes, die jeweils die betonte Versanfangsposition einnehmen: *ad-stupet* (418) und *haeret* (419) bezeichnen innere und äußere Reglosigkeit und Fixierung. *Ipse sibi* (418) gibt in Juxtaposition den Ton auch für die folgenden Umschreibungen der paradoxen Selbstverliebtheit vor: *sibi* wird in *sua* (420) aufgenommen, *ipse* kehrt in 424 (am Versende) und in 425 (als vorletztes Wort) wieder. Die pleonastische Ausdrucksweise, in der das Hyperbaton *vultu ... eodem* das Participium coniunctum *in-motus* rahmt, fächert die bewegungslose und unbewegliche Fixierung in den starren Blick und die Erstarrung des gesamten Körpers auf. Der folgende Vers (419) verstärkt diesen Eindruck weiter: Das erstarrte Festhängen veranschaulicht der Erzähler hier mit einem Kurzvergleich mit einer Statue aus parischem, d. h. hell glänzendem Marmor. Dieses epische Formelement unterstreicht auf der Bildebene die Perfektion des strahlend schönen Körpers, dem aber jedes menschliche Leben und menschliche Regungen fehlen. Auf der Sachebene ist es der in Betrachtung versunkene Narcissus, den Ovid mit der Statue nach dem Vergleichspunkt (Tertium comparationis) der Reglosigkeit in Beziehung setzt. Der Tatbestand der Selbstspiegelung bringt freilich die Identität von Betrachter und Betrachtetem mit sich, so dass auch das bewunderte Spiegelbild mit einem Kunstwerk (Artefakt) verglichen ist. Den fixierten Blick des Narcissus aus Vers 418 verfolgt die Erzählung in 420–423 weiter. Sie geht der Betrachtung des am Boden Liegenden (420 *humi positus* verstärkt *procubuit* in 414) vom Kopf bis zur Schulter nach. Sie bietet damit gewissermaßen die Kunstwerksbeschreibung (Ekphrasis) eines Porträtkopfs (aus Marmor) nach dem Muster der *descriptio pulchritudinis*: Bei den Augen (420) erläutert die Apposition (Beifügung zur näheren Erläuterung) *sua lumina* die bildhafte Verklärung als »Doppelgestirn«, welche die Sicht eines Verliebten wiedergibt. Die Verherrlichung der Haarpracht in Vers 421 variiert den Vergleich mit Bacchus (Dionysos) und Apoll, die als Männerschönheiten mit prächtiger Langhaarfrisur unter den Göttern bekannt sind. Anaphorisches *dignos* im Hyperbaton zum betont endgestellten *crines* unterstreicht die Besonderheit, dass Narcissus' Spiegelbild es mit beiden aufnehmen könnte. In polysyndetischer Reihung zeichnen die Verse 422 und 423 Wangen, Hals und Gesamtgesicht mit schmückenden Beiwörtern (Epitheta ornantia) aus, die nach antiker Vorstellung einen besonderen erotischen Reiz bezeichnen: Jugendlichkeit an der Schwelle zum Erwachsenenalter (*impubes*), strahlend helle Körperhaut (*eburnea*) und eine wie geschminkt wirkende Mischung aus schneeiger Weiße und (schamhafter) Rötung im Antlitz. Im Kommentar der Schönheitsbeschreibung (424) bilanziert der Erzähler mittels der Epanalepse (Wiederaufnahme eines Wortes, Wortbestandteils oder einer Wortgruppe) *miratur ... mirabilis*, die sich als Spiegelung im Textbild lesen lässt, die Selbstbezogenheit dieser Bewunderung.

Dies bringt die Schlussdiagose des Abschnitts dann noch mehrfach zum Ausdruck. Der Pleonasmus spielt dabei allerdings unterschiedliche Wort- und Bildkonzepte durch und gibt sich als Ausdruck des mitfühlenden Erstaunens und Befremdens der Erzählerfigur zu erkennen: *Se cupit* (425) gibt dem dort noch harmlosen *cupit* des Durstigen in Vers 415 endgültig eine tragische Note. Dies gilt insbesondere dann, wenn man die Prophezeiung des Tiresias über den Jungen im Hinterkopf hat. *In-prudens* (425) lässt *in-motus* (418) nun zu einer psychologischen Diagnose werden, die auf das Wahnhaft-Verblendete, also den tragischen Irrtum des Narcissus, abhebt. Die zur Abrundung polysyndetisch aneinandergereihten Einzeldiagnosen sind zunächst verbalpolyptotische Wortspiegelungen im Textbild (425 *probat... probatur*; 426 *petit, petitur* sogar in Juxtaposition). Während *probare* und *petere* neutralere Ausdrücke für »verehren« und »begehren, flirten« im erotischen Kontext sind, greift Ovid am Ende als Klimax zum starken Bild des Liebesfeuers, das etwa den Fackeln des Liebesgottes Eros/Amor zugrunde liegt. Doch nicht dieser zündelt hier. Vielmehr ist es Narcissus selbst, der neben Bacchus und Apoll auch noch die Rolle des Amor einnimmt: Er gibt dem Liebesfeuer Zunder (426 *ac-cendit* nach *ad-stupet* in 418) und geht gleichzeitig selbst in Flammen auf (426 *ardet*). Das kann kein gutes Ende nehmen.

9 Livius

Über das Leben von Titus Livius ist wenig bekannt. Sein Geburtsjahr ist wohl 59 v. Chr., und er stammte aus Patavium/Padua in Oberitalien. Trotz rhetorischer Ausbildung ist er weder als Politiker noch als Militär in der Öffentlichkeit hervorgetreten. Nach Octavians Sieg im Bürgerkrieg kam er nach Rom, wo er im Zuge seiner historiographischen Arbeit auch Bekanntschaft mit dem *princeps* machte. Livius starb im Jahr 17 n. Chr. in seiner Heimatstadt.

Werk

Um 30 v. Chr. begann Livius mit den Arbeiten an seinem monumentalen historiographischen Werk ***Ab urbe condita*** (*Seit Gründung der Stadt Rom*), das die römische Geschichte von der Stadtgründung (mythisches Datum: 753 v. Chr.) bis zum Tod von Augustus' Stiefsohn Drusus im Jahr 9 v. Chr. beschreibt. Von den insgesamt 142 Büchern sind lediglich 35 erhalten, der Inhalt der übrigen Bücher ist nur durch Fragmente bzw. Zitate sowie Inhaltsangaben (sog. *periochai*) in anderen Quellen greifbar. Die überlieferten Textpassagen umfassen vor allem die römische Frühgeschichte bis zum Jahr 293 v. Chr. (Bücher 1–10) und die Jahre 218–167 v. Chr. (Bücher 21–45).

Die ersten fünf Bücher behandeln die Zeit der Könige, die Gründung der Republik und die äußere Behauptung gegen Nachbarstämme sowie die inneren Unruhen bei den Ständekämpfen zwischen Plebejern und Patriziern bis zur Eroberung Roms durch die Gallier im Jahr 390 v. Chr.

Daran schließt bzw. schloss sich in den nächsten zehn Büchern die Eroberung von Mittel- und Süditalien an.

Mit dem Ausbruch des 1. Punischen Kriegs im Jahr 264 v. Chr. beginnt die nächste Pentekaidekade (Bücher 16–30). Den 2. Punischen Krieg behandeln die Bücher 21–30: Nach Hannibals Zug über die Alpen und seinem Sieg bei Cannae belagerten und eroberten die Römer die abgefallenen Städte Syrakus und Capua zurück (Bücher 21–26). Während Hannibal in Italien blieb, errang der römische Feldherr Scipio entscheidende Erfolge in Spanien und setzte daraufhin nach Afrika über. Nun begab sich auch Hannibal nach Afrika, wo es 202 v. Chr. in Zama zur Entscheidungsschlacht kam, in der die Römer den Sieg davontrugen (Bücher 27–30).

Die übrigen erhaltenen Bücher (31–45) haben die Kriege im

Osten (Griechenland und Kleinasien) und den damit einhergehenden Aufstieg Roms zur Hegemonialmacht im Mittelmeerraum zum Gegenstand.

Als Ordnungsprinzip lässt sich eine Pentadenstruktur erkennen: Je fünf Bücher bilden eine thematische Einheit. Größere Strukturen sind Fünfzehnbüchereinheiten (Pentekaidekaden). Innerhalb der Pentaden sind die einzelnen Bücher von Leitmotiven wie *libertas*, *moderatio* oder *pietas* geprägt. Die beschriebenen Figuren dienen oftmals als *exempla*, deren Verhalten moralisch gewertet wird und damit die Erklärung für den Aufstieg, aber auch für den Niedergang Roms liefert. In der großen Vorrede zum Werk, der *praefatio*, bekennt sich Livius zu einer wertorientierten Betrachtung der römischen Aufstiegsgeschichte. Das Imperium habe mittlerweile eine Größe erreicht, an der es im Inneren selbst leide.

Als stilistisches Vorbild für Livius' literarische Technik, die Anschaulichkeit, Klarheit und den Wechsel von Kürze und Ausführlichkeit zum Ziel hat, gilt Cicero. Livius' Werk offenbart zudem eine eingehende Quellenerschließung und eine gründliche Auseinandersetzung mit den früheren Werken der griechischen und lateinischen Geschichtsschreibung. Wegen seines umfassenden Ansatzes ist Livius zum bis heute wirkungsreichsten Vertreter der lateinischen Geschichtsschreibung aufgestiegen. Die heutige Geschichtsschreibung folgt allerdings anderen Prinzipien als Livius: So ist ihr Ziel, Quellen und Deutungshypothesen kritisch auszuwerten und zu reflektieren; in den Darstellungen findet kein dramatischer Spannungsaufbau statt, und es werden keine Figuren hinzuerfunden. Wohl aber begegnen diese Merkmale in heutigen TV-Dokudramen.

Moralisierende Geschichtsschreibung anhand von *exempla*

In seiner Behandlung der römischen Frühzeit veranschaulicht Livius einzelne Entwicklungen anhand von Einzelschicksalen: Den fiktionalen Figuren legt er erfundene Reden in den Mund. Damit malt er tugendhafte Verhaltensweisen einzelner Frauen und Männer als vorbildliche »altehrwürdige Leistungskraft der Römer« (*prisca virtus Romana*) aus.

Lucretia-Episode:

- Vergewaltigung der Ehefrau eines sittenhaften Römers durch Sextus Tarquinius, den Sohn des etruskischen Königs Tarquinius Superbus, unter erpresserischer Anwendung eines Druckmittels: Töten von Lucretia zusammen mit einem Sklaven und Vorwurf der Unzucht
- nach der Tat Benachrichtigung des Ehemanns und des Vaters durch Lucretia und Selbstmord als Beweis ihrer Unschuld sowie als Demonstration unverbrüchlicher ehelicher Treue auch für andere Frauen

→ Anlass für den Sturz des Tarquinius Superbus und von dessen Sohn unter Führung des Iunius Brutus, der sich lange Zeit dumm gestellt hat

Cincinnatus-Episode:

- tugendhafter Bauer, der im Kampf gegen die Ertrusker für kurze Zeit zum Dictator ernannt wird
- er will seine Felder bewirtschaften und seine Familie ernähren und gibt seine Macht freiwillig wieder ab

→ Ideal des Machtverzichts zugunsten der Gesellschaft (in den USA wurde sogar eine Stadt nach diesem Vorbild benannt)

Mucius-Scaevola-Episode:

- Planung eines Attentats gegen den Etruskerkönig Porsenna, der Rom belagert hat
- nach der fälschlichen Ermordung seines Schreibers/Kassierers: Legen der Hand ins Feuer, Verbrennen der Hand und Schwur, dass die römische Jugend Porsenna töten wird; Abzug der Etrusker, da sie beeindruckt von dem römischen Mut sind

→ Tugend der (Teil-)Aufopferung für das Vaterland im Krieg (heute hat sich im Allgemeinen die Einstellung zu diesem Thema verändert: eine friedliche Lösung ist das Ziel, bei der niemand zu Schaden kommt)

Cloelia-Episode:

- spannende Episode zur Verdeutlichung römischer Tugend
- Thema: Flucht von römischen Frauen aus der Geiselhaft der Etrusker unter Anführung der mutigen Römerin Cloelia, die zusammen mit anderen Frauen in den Tiber springt und ihre Mitgefangenen trotz der vielen bewaffneten Angriffe sicher nach Rom führt
- Cloelia als mustergültige, mutige und aufopferungsbereite Römerin gezeichnet

→ Cloelia, die schlaue und mutige Kämpferin, kann als zeitloses Vorbild gelten (vgl. heutige Frauenrechtlerinnen und Politikerinnen weltweit, die sich ähnlich mutig für Frauen einsetzen, die vom Regime gefangen gehalten werden)

Textbeispiel (2,32,8–12)

Aufgrund schwerer sozialer Spannungen in der noch jungen römischen Republik zogen die Plebejer im Jahr 494 v. Chr. die letzte Konsequenz. Sie ließen ihre patrizischen Gegenspieler nahezu allein in der Stadt zurück und zogen auf den Mons Sacer, den heiligen Berg. In Rom herrschte daraufhin allgemeine Furcht. Diese leitete die Patrizier bei ihrem Unternehmen, den sozialen Frieden wiederherzustellen:

(8) Placuit igitur oratorem ad plebem mitti Menenium Agrippam, facundum virum et quod inde oriundus erat plebi carum. Is intromissus in castra prisco illo dicendi et horrido modo nihil aliud quam hoc narrasse fertur: (9) Tempore, quo in homine non ut nunc omnia in unum consentiant, sed singulis membris suum cuique consilium, suus sermo fuerit, indignatas reliquas partes sua cura, suo labore ac ministerio ventri omnia quaeri, ventrem in medio quietum nihil aliud quam datis voluptatibus frui; (10) conspirasse inde, ne manus ad os cibum ferrent, nec os acciperet datum nec dentes quae acciperent conficerent. Hac ira, dum ventrem fame domare vellent, ipsa una membra totumque corpus ad extremam tabem venisse. (11) Inde apparuisse ventris quoque haud segne ministerium esse nec magis ali quam alere eum reddentem in omnes corporis partes hunc, quo vivimus vigemusque, divisum pariter in venas maturum confecto cibo sanguinem. (12) Comparando hinc, quam intestina corporis seditio similis esset irae plebis in patres, flexisse mentes hominum.

Übersetzung

(8) Man beschloss also, als Unterhändler zum Volk zu entsenden den Menenius Agrippa, einen wortgewaltigen Mann, der zudem, weil er von dort stammte, beim Volk beliebt war. Den schickte man in das Lager, wo er nach jener altmodischen und ungeschliffenen Redeweise nichts außer der folgenden Erzählung vorgetragen haben soll: (9) Zu einer Zeit, als im Menschen nicht wie jetzt alles einvernehmlich zusammenwirkte, sondern die einzelnen Organe jeweils eigene Pläne, eigene Gespräche hatten, hätten sich die übrigen Teilbereiche ereifert, dass durch ihre Sorgfalt, ihre Arbeit und Dienstbarkeit für den Magen alles besorgt werde, der Magen aber in der Mitte seelenruhig ausschließlich die ihm geschenkten Köstlichkeiten genieße; (10) sie hätten sich daraufhin verschworen, dass weder die Hände dem Mund Speise zuführten noch der Mund aufnehme das Gegebene noch die Zähne das Aufgenommene zerkleinerten. Durch diesen Zorn seien, während sie den Magen durch Hunger bändigen wollten, selber zugleich die Organe und der ganze Körper in den Zustand äußerster Auszehrung gelangt. (11) Daraufhin sei klar geworden, dass dem Magen auch eine unbequeme Dienstbarkeit obliege und er nicht in höherem Maß Ernährter als Ernährer sei, der Versorger aller Körperteile mit dem, wodurch wir Leben und Lebenskraft bekommen und was verteilt wird zugleich in die Adern und aufbereitet unter Nährstoffgewinnung als Blut. (12) Durch den hierauf erfolgten Vergleich, in welchem Maß der innere Körperaufstand ähnlich sei dem Zorn des Volkes auf die Oberen, habe er ein Umdenken bewirkt bei den Menschen.

Basissatz

Dem Unterhändler Menenius Agrippa gelingt es, die Plebejer nach ihrem Auszug aus Rom durch gezielten Einsatz rhetorischer und erzählerischer Mittel (Psychagogie) zum Einlenken zu bewegen, nämlich mittels der transparenten bildhaften Geschichte (Fabel oder Parabel) vom letztlich gemeinschaftsschädlichen Aufstand der Körperteile gegen den vermeintlich privilegierten Magen.

Interpretationsansätze

Der Textauszug gliedert sich in drei Abschnitte: § 8 stellt einleitend die Person des Menenius Agrippa knapp vor und begründet seine besondere Eignung für die Vermittlungsmission. Die §§ 9–11 geben in indirekter Rede die gleichnishafte Erzählung vom letztlich widersinnigen Aufstand der Körperteile gegen den Magen wieder. Der abrundende § 12 bekundet den rhetorischen Erfolg des Menenius durch die Anwendung des Gleichnisses auf die gegenwärtige Konfliktsituation.

Der erste Abschnitt beginnt mit dem betont an den Satzanfang gestellten Hauptsatzprädikat *placuit*, das in kürzestmöglicher Form den Beschluss der Patrizier, also der stadtrömischen Aristokratie, dokumentiert. Noch bevor der Name des Unterhändlers Menenius Agrippa im Subjektsakkusativ des AcI genannt wird, hebt der Text durch Voranstellung dessen Rolle als »Redner« (*oratorem*) hervor. Damit spielt Livius auf die in dieser historischen Krise entscheidende Redegewandtheit und Überzeugungskraft des Menenius an. Sodann bestimmt die mit der Ortspräposition ausgedrückte Richtungsangabe *ad plebem* sowohl das Ziel seiner Mission als auch die Adressaten seiner Ausführungen. Damit fällt zu Beginn der Passage ein

Schlüsselbegriff: Denn als soziale Gruppe stellt die *plebs*, also das einfache Volk und die unterprivilegierte Menge der freien Bürger der Stadt Rom (vgl. kurz darauf *plebi* und in § 12 *plebis*), die Gegenkraft zu den hier die Initiative ergreifenden Patriziern oder »Vätern« dar. Diese sind erst am Ende des Textauszugs in § 12 mit *patres* ausdrücklich benannt. Nach der namentlichen Einführung des Menenius bietet eine Apposition seine Kurzcharakterisierung. Das Adjektiv *facundus* verweist erneut auf seine Redegewandtheit; es ist etymologisch mit *fabula* verwandt. So könnte es indirekt auch auf die »Geschichte« vorausverweisen, die er erzählen wird. In weitem Hyberbaton zu *virum* steht das zweite Adjektiv *carum* in betonter Satzendstellung. Der Erfolg seiner Mission liegt von vornherein auch darin begründet, dass der Redner bei der *plebs* Sympathie genießt und bei seinen Worten mit aufnahmebereiten und wohlwollenden Zuhörern rechnen kann. Ein eingeschobener kausaler Gliedsatz begründet Menenius' Beliebtheit beim einfachen Volk mit seiner Herkunft aus dieser Schicht. Auffällig ist die altertümlich gerundivische Ausdrucksweise *oriundus erat* für *oriebatur* oder *ortus erat*. Der zweite Satz zeichnet in ganz knappen Strichen, wie der Gesandte (*mitti*) von den Plebejern auf dem Mons Sacer umstandslos in ihr »Militärlager« (*castra*), das ja auf einen bewaffneten Aufstand hinweist, eingelassen (*intro-missus*) wurde. Ohne irgendwelche weiteren Umstände zu erwähnen, wendet sich Livius sogleich der Einführung von Menenius' Rede zu: Diese ist im Neutralität andeutenden NcI gehalten. Das an den Schluss gestellte Hauptverb *fertur* dient als nicht weiter ausgeführter Hinweis auf anderweitige, unter Umständen mündliche Überlieferung dieser Episode. Menenius' Redeweise bewertet Livius aus der Sicht der insbesondere durch Ciceros Werk hochentwickelten und ausgefeilten Rhetorik der eigenen Zeit als »altertümlich« (*prisco illo dicendi ... mo-*

do in recht weitem Hyperbaton) und – noch deutlich abwertender – als »struppig, ungeschliffen« (*horrido modo*). Dieser rückblickende Hinweis auf den mangelnden Entwicklungsstand der Redekunst im frührepublikanischen Rom bezieht sich, wie das Weitere zeigt, vor allem darauf, dass das von Menenius erzählte Gleichnis nicht in eine kunstvoll aufgebaute und ausgestaltete Rede eingebunden war, sondern als deren Ersatz gedient hat: *nihil aliud quam hoc narra(vi)sse* zeigt das an; denn die *narratio* (»Erzählung des Sachverhalts«) war nur ein Teilstück einer schulmäßigen Rede und stand in der Regel nicht für sich alleine.

Zu Beginn des zentralen Abschnitts (§ 9) bezeugt der einleitende Ablativus temporis *tempore*, der im Relativsatz *quo … fuerit* aufgegriffen wird, in betonter Antithese zu *nunc*, dass von einer märchenhaften Frühzeit im Sinne des »Es war einmal …« die Rede ist. Damit offenbart sich Menenius' Gleichnis als eine Art Mythos, Kindergeschichte oder auch »Ammenmärchen«, das auch insoweit mit der Praxis der in Livius' Zeit modernen Redekunst im Gegensatz steht. Das unmittelbar angefügte *in homine* bereitet sehr sinnfällig den Boden für das folgende Gleichnis. Denn in dessen Bildebene steht *homo* (»Mensch«) ganz physiologisch oder somatisch für den menschlichen »Körper« (vgl. 10 *totum corpus*; 11 *omnes corporis partes*; 12 *intestina corporis seditio*); auf der Sachebene bezeichnet *homo* dagegen den Menschen als soziales Wesen und Mitglied einer größeren Gemeinschaft (vgl. 12 *mentes hominum*). Die einleitend genannte jetzige Eintracht im Körper wird von Anfang an als der für alle überlebenswichtige Normalzustand gekennzeichnet: *omnia in unum consentiant* spielt auf das erstrebenswerte Ziel der *concordia omnium civium* an. Den Zustand der früheren Gespaltenheit, der vor der Krise herrschte, unterstreicht § 9 durch Parallelismus und polyptotische Anaphern (zuletzt auch alliterierend): *suum … consilium, suus sermo* –

Beratungszirkel und Gesprächskreise sind nicht auf Gemeinwohlinteressen, sondern auf Einzelbedürfnisse ausgerichtet. Der Hauptsatz greift die stilistische Form in *sua cura, suo labore ac ministerio* mit Blick auf die immerhin gemeinschaftliche Auflehnung der restlichen Körperteile gegen den Magen wieder auf. Zu Beginn des Kolons (Satzglieds) bezeichnet *indignatas* die Tatsache der Empörung, die sich am Anfang von § 10 zu einer »Verschwörung« (*conspirasse*) steigert und am Ende des Abschnitts in Klimax als *seditio* (»Aufruhr, Umsturzversuch«) bewertet wird. Die Antithese von *reliquas partes* und dem Magen ist durch das anaphorische Polyptoton von *ventri ... ventrem* noch unterstrichen. Die vom Restkörper als unerträglich empfundene Sonderstellung des Magens ist sprachlich durch die antithetischen Infinitivformen *quaeri ... frui* (jeweils in Kolon-Endstellung) untermauert. Unterstützend steht *labore ac ministerio* für die aufreibende Tätigkeit der Übrigen in Antithese zum müßigen (*quietum*) Genussleben (*datis voluptatibus*) des Magens. Die Verschwörung selbst ist negativ beschrieben als Arbeitsverweigerung oder Streik der Körperteile Hände, Mund und Zähne. Wiederum ist die Gleichläufigkeit im Ausstand an der parallelen Gestaltung der Satzglieder ablesbar. Inhaltlich fällt auf, dass es um die Stufen der Nahrungsaufnahme (10 *cibum*) geht. Der nächste Satz stellt mit dem einleitenden instrumentalen Ablativ *hac ira*, der auf der Sachebene in § 12 mit *irae plebis* seine Entsprechung findet, sofort Folgendes auf parteiische Weise dar: Die Verschwörung gegen den Magen ist affektgesteuert und hat unerwünschte Folgen und Nebenwirkungen nicht hinreichend in Rechnung gestellt: Die im eingeschobenen temporalen Gliedsatz festgestellte Intention der Revolte schlägt im längeren Hauptsatz gegen die Verschwörer selbst aus. Die beabsichtigte »Aushungerung« (*fame domare*) hatte offensichtlich zum Ziel, den Magen zum Aufgeben seiner

Sonderrechte und zur Unterwerfung unter den Willen der übrigen Körperteile zu zwingen. Doch dazu kann es gar nicht kommen: *ipsa una membra totumque corpus* prangern die Gemeinschaftsschädlichkeit des impulsiven Aufstands an. *Extremam tabem* dramatisiert als deutliche Klimax zu *fame* die katastrophalen Wirkungen der Arbeitsverweigerung. In § 11 erfolgt sogleich die Peripetie (Umschwung). Diese ist als tragische Erkenntnis oder Einsicht (*apparuisse*) der Aufständischen umschrieben. Der AcI mit betonter Anfangsstellung des Genitivus subiectivus *ventris*, der in recht weiter Sperrung vom Bezugswort *ministerium* steht, korrigiert den Irrglauben der Aufständischen: Dem anmaßenden *suo labore ac ministerio* (9) wird per Litotes das *haud segne ministerium* (11) des Magens entgegengesetzt, das auch dem obigen *quietum* (9) widerspricht. Das Verbalpolyptoton *ali ... alere* setzt die Aktivität des Magens an den betonten Schluss. Diese führt die lange Periode, die mit dem Participium coniunctum *reddentem* beginnt, wortreich und anschaulich aus: Bereits *omnes corporis partes*, das *totumque corpus* (10) aufgreift, schreibt dem Magen einen Dienst an der Gesamtheit der Organe zu. Ein großer Spannungsbogen entsteht durch die weite Sperrung von *hunc ... sanguinem*. Dass der Magen den »Lebensstoff« des Blutes, der im Relativsatz mit Assonanz, Pleonasmus und Homoioteleuton gepriesen wird, durch die Adern leitet, schreibt ihm sogar die Funktion zu, die nach (nicht nur moderner) medizinischer Kenntnis das Herz erfüllt. Immerhin umreißt der alliterierende Ablativus absolutus *confecto cibo*, der auf *cibum* (10) zurückverweist, korrekt die Magenfunktion der Nahrungsaufbereitung zur Nährstoffgewinnung.

Nach abruptem Abschluss des Kurzreferats von Menenius' Erzählung fasst Livius, der das Einlenken der Aufständischen nicht ausdrücklich erwähnt, in § 12 nun die »Moral« oder die didaktische Verknüpfung der Bildebene mit der Sachebene zusammen: Das betont an den Anfang gestellte Gerundium *comparando* bezeichnet den rhetorischen Kunstgriff einer vergleichenden Ausführung. Dazu passt das Adjektiv *similis* (»ähnlich, vergleichbar«), mit dem der Aufstand der Organe und Gliedmaßen des Körpers mit dem Auszug der Plebejer aus Rom in Beziehung gesetzt wird. Das hier nicht erwähnte gedankliche Bindeglied oder Tertium comparationis ist die Gemeinwohlschädlichkeit, ja tödliche Bedrohung für die Überlebensfähigkeit der staatlichen Gemeinschaft durch die überstürzte emotionale Verweigerungshaltung einer Gruppe. Dass Menenius in Livius' Text die *secessio plebis* als *irae plebis in patres* abwertet, unterstreicht diese Lesart. Mit dem Infinitiv Perfekt *flexisse mentes hominum* gibt Livius zunächst den Erfolg von Menenius' »altertümlicher« Überzeugungstechnik (*persuasio*) zu Protokoll. Er schlägt zudem ringkompositorisch den Bogen zum Anfang des Textauszuges, wo er die rhetorischen Fähigkeiten des *orator* gerühmt hatte. Zu dessen Aufgaben gehört *probare* (Argumentieren), *delectare* (Unterhalten) und *flectere* (Beeinflussen).

Dass diese zugespitzte Form von Krisenbewältigungsrhetorik wesentliche Punkte der sozialen Spannungen innerhalb Roms ausblendet, indem ein körperbezogenes (somatisches) Bild nur die Alternativen ›zusammenleben‹ oder ›getrennt sterben‹ nahelegt, darf bei der Interpretation nicht unberücksichtigt bleiben.

10 Seneca

Lucius Annaeus Seneca wurde im Jahr 1 v. oder 1 n. Chr. im spanischen Corduba geboren, doch bereits ab 2 oder 3 n. Chr. wuchs er in Rom auf. Dort betrieb sein Vater eine überaus angesehene höhere Schule zur Rhetorikausbildung. In den Jahren 16–22 n. Chr. widmete der jüngere Seneca sich philosophischen Studien. Im Jahr 34 n. Chr. bekleidete er das Amt des Quästors. Als Claudius 41 n. Chr. Kaiser wurde, beschuldigte man Seneca des Ehebruchs mit Iulia Livilla, der Schwester von Claudius' Vorgänger Caligula, und verbannte ihn ins Exil auf Korsika. Erst acht Jahre später, 49 n. Chr., durfte er zurückkehren und wurde Lehrer Neros, der nach der Adoption durch Claudius im Jahr 50 n. Chr. nun Thronfolger war. 52 n. Chr. hatte Seneca die Prätur inne.

Porträtbüste Senecas. Antikensammlung, Berlin –

Als Nero 54 n. Chr. erst siebzehnjährig Kaiser wurde, führte Seneca zusammen mit dem Prätorianerpräfekten Burrus die Regierungsgeschäfte. 56 n. Chr. war er Konsul. Burrus' Tod im Jahr 62 n. Chr., den die Ermordung von Neros Ehefrau Octavia und der Brand Roms begleiteten, veranlasste Seneca, ein Entlassungsgesuch zu stellen. Dieses lehnte Nero offiziell zwar ab, doch zog sich Seneca ab diesem Zeitpunkt zunehmend aus der Hofpolitik zurück und widmete sich seinen philosophischen Schriften. 65 n. Chr. wurde Seneca gleichwohl wegen der ihm vorgeworfenen Beteiligung an der Pisonischen Verschwörung zum Tod durch Suizid verurteilt. Wie Sokrates rund 450 Jahre vor ihm beging er daraufhin Selbstmord.

Werk

Senecas Gesamtwerk umfasst sowohl prosaische als auch poetische Texte (die Datierungen sind oft unsicher). Die **Prosaschriften** sind stark von der stoischen Philosophie beeinflusst:

De beneficiis (*Wohltaten*) umfasst sieben Bücher und hat die Ethik des Schenkens zum Gegenstand.

De clementia (*Die Milde*) ist ein Nero gewidmetes staatsphilosophisches Werk und wird als Fürstenspiegel bezeichnet. Die Milde des Herrschers sei wesentlich für die Entstehung von Gerechtigkeit im Staat.

Die mit ***Dialogi*** betitelte Sammlung von zwölf Werken enthält hauptsächlich philosophische Traktate und Trostschriften. Sie decken ein breites thematisches Feld ab, darunter die folgenden:

- ***De brevitate vitae*** (*Die Kürze des Lebens*): Kritik am leichtfertigen Umgang der Menschen mit der vorhandenen Lebenszeit
- ***De constantia sapientis*** (*Die Unerschütterlichkeit des Weisen*): das Ideal des stoischen Weisen, der von äußeren Umständen innerlich unberührt bleibt
- ***De ira*** (*Der Zorn*): drei Bücher; die stoische Affektenlehre am Beispiel Zorn oder Wutausbrüche
- ***De vita beata*** (*Das glückende Leben*): die stoische Güterlehre, auch vor dem Hintergrund von Senecas eigenem Reichtum
- ***De otio*** (*Die Freizeit*): Teil des Spätwerks; das Zusammenwirken von Philosophie und politischem Engagement

- ***De providentia*** (*Die Vorsehung*): das Theodizeeproblem, also die ›Rechtfertigung‹ der Götter angesichts des Übels in der Welt
- ***De tranquillitate animi*** (*Die Ausgeglichenheit der Seele*): philosophischer Dialog Senecas mit einem gewissen Serenus über dessen seelisches Wohlergehen

Die ***Naturales quaestiones*** (*Naturwissenschaftliche Untersuchungen*) behandeln in Prosa naturphilosophische Fragen. Die insgesamt sieben Bücher sind zunächst nach den Elementen Feuer, Wasser, Luft und Erde gegliedert, worauf das Thema Kometen folgt.

Wie die *Naturales quaestiones* gehören auch die ***Epistulae morales*** (*Briefe über Ethik*) zu Senecas Spätwerk. Bereits in ihrer Entstehung zur Veröffentlichung bestimmt, sind sie an Lucilius gerichtet und als Einführung in die Philosophie konzipiert (→ S. 237 f.). Die Themen der 124 Briefe reichen von Tod über Freundschaft und Reichtum bis hin zu Tugend und Freiheit.

Den Großteil von Senecas **poetischem Werk** machen die zehn unter seinem Namen überlieferten Tragödien aus: ***Hercules furens***, ***Troades***, ***Phoenissae***, ***Medea***, ***Phaedra***, ***Oedipus***, ***Agamemnon***, ***Thyestes***, ***Hercules Oetaeus*** (stammt tatsächlich wohl nicht von Seneca) und ***Octavia*** (stammt sicher nicht von Seneca). Diese Stücke gehen hauptsächlich auf die drei großen attischen Tragödiendichter (alle 5. Jh. v. Chr.) zurück, v. a. auf Euripides.

Und schließlich findet sich unter Senecas Œuvre mit der ***Apocolocyntosis*** (*Die Verkürbissung*) eine menippeische Satire, die Prosapartien und Verspassagen mischt. Das Stück verhöhnt den zum Erscheinungszeitpunkt bereits verstorbenen Kaiser Claudius, indem es dessen unrühmliches Nachleben in der Unterwelt beschreibt.

Textbeispiel (*Epistula moralis* 7,1–3)

Einen Lehrbrief an seinen jungen Freund Lucilius mit den Themen die Masse, ihre Zerstreuungen und der sich sammelnde Philosoph beginnt Seneca mit folgenden Worten:

SENECA LUCILIO SUO SALUTEM
(1) Quid tibi vitandum praecipue existimes quaeris? Turbam. Nondum illi tuto committeris. Ego certe confitebor inbecillitatem meam: Numquam mores quos extuli refero; aliquid ex eo, quod composui, turbatur, aliquid ex iis, quae fugavi, redit. Quod aegris evenit, quos longa inbecillitas usque eo adfecit ut nusquam sine offensa proferantur, hoc accidit nobis, quorum animi ex longo morbo reficiuntur.

(2) Inimica est multorum conversatio: Nemo non aliquod nobis vitium aut commendat aut inprimit aut nescientibus adlinit. Utique, quo maior est populus cui miscemur, hoc periculi plus est. Nihil vero tam damnosum bonis moribus, quam in aliquo spectaculo desidere; tunc enim per voluptatem facilius vitia subrepunt.

(3) Quid me existimas dicere? Avarior redeo, ambitiosior, luxuriosior? Immo vero crudelior et inhumanior, quia inter homines fui.

Deutsche Übersetzung

Lieber Lucilius!
(1) Was du als Verbotszone mit Sonderwarnstufe einschätzen sollst, fragst du? Durcheinander. Noch kannst du dich ihm nicht sicher aussetzen. Ich bin jedenfalls zum Eingeständnis der Anfälligkeit meiner Person bereit: Niemals bringe ich die Gesinnung, die ich nach draußen trug, heim.

Etwas von dem, was ich geordnet habe, wird durcheinandergebracht, etwas von dem, was ich ausgetrieben habe, kehrt wieder. Was Kranken passiert, die lange Hinfälligkeit so schlimm getroffen hat, dass sie nirgendwohin ohne Beeinträchtigung gebracht werden können, das geschieht mit uns, deren Inneres sich von langer Krankheit erholt.

(2) Unzuträglich ist der Massenumgang: keiner, der nicht irgendwie uns Irriges entweder anempfiehlt oder aufstempelt oder ohne unser Wissen anhängt. Klar, je umfangreicher das Volk ist, unter das wir uns mischen, desto gefährlicher. Nichts aber ist so schädlich für eine gute Gesinnung wie in irgendeiner Unterhaltungsvorstellung herumzusitzen. Da nämlich pflegt sich im Vergnüglichen allzu leicht Irriges einzuschleichen.

(3) Was ich, denkst du, dazu sage? Gieriger kehre ich heim, ehrgeizzerfressener, verschwendungssüchtiger? Ja, sogar kaltblütiger und unmenschlicher, weil ich unter Menschen gewesen bin.

Basissatz

Zu Beginn des siebten Briefes warnt Seneca seinen Schüler in stoischer Selbstoptimierung eindringlich vor den seelischen Ansteckungsgefahren, die der Umgang mit großen Menschenansammlungen, insbesondere bei Unterhaltungsvorstellungen für die Masse, mit sich bringt.

Interpretationsansätze

Der Text gliedert sich in drei Abschnitte: Am Beginn steht die Brieferöffnungsformel mit den regulären Bestandteilen des Absenders (im Nominativ), dem Empfänger (im Dativ) mit dem Possessivpronomen *suo* zur Bezeichnung engerer persönlicher Nähe und schließlich der elliptischen Begrüßungsformel *salutem (dicit)*. Im ersten Teil (1–2a) stellt Seneca seinem Briefpartner Lucilius die Schädlichkeit des Umgangs mit der Masse für den Genesungsprozess der philosophischen Lebensentwicklung eindringlich vor Augen. Der zweite Teil des Briefanfangs (2b–3) veranschaulicht diese These drastisch anhand des Beispiels einer Unterhaltungsveranstaltung für die breiten Massen im Getriebe der Stadt Rom.

Im ersten Satz stellt Seneca seinem Adressaten eine Frage. Damit greift er die Form eines direkten philosophischen Lehrgesprächs zwischen Lehrer und Schüler auf, in dem Ersterer auf eine Frage des Letzteren antwortet. In der verschriftlichten Form eines Lehrbriefes, der naturgemäß nur die Hälfte eines Dialogs enthalten kann, dient die Gesprächseinkleidung der Verlebendigung, indem sie ein echtes Lehrer-Schüler-Gespräch zumindest simuliert. Das für die Schlussstellung vorbehaltene Hauptverb *quaeris* verweist auf die Systematik von Frage und Antwort. Den Inhalt der Schülerfrage fasst Seneca in eine Gerundivkonstruktion mit vorangestelltem Dativus auctoris *tibi*, der die persönliche Bedeutung für Lucilius hervorhebt. Durch nachgestelltes *praecipue* wird das elliptische Gerundiv *vitandum (esse)* seinerseits herausgestellt. Das konjunktivische Verb im von *quaeris* abhängigen Fragesatz, *existimes*, zielt auf den Gebrauch des Verstandes. Mit dessen Hilfe soll der auf dem Weg zum stoischen Philosophen Voranschreitende, mit griechischer Bezeichnung *pro-kóptōn*, lateinisch *proficiens*, Störfaktoren möglichst ausschalten. Die Lehrerantwort des zweiten Satzes besteht markant in dem alleinigen Akkusativ *turbam*. Dieser Schlüsselbegriff wird im Weiteren durch *turbatur* aufgegriffen. Diese Verbindung macht die Übersetzung mit »Durcheinander« und »durcheinanderbringen« nachvollziehbar. Eine Übersetzung von *turbam* mit »Menge« oder »Masse«

würde diese Wort-Wort-Beziehung innerhalb des Textstückes verwischen. Zu Beginn von § 2 ist konkreter von *multorum conversatio* (»Massenumgang«) die Rede. Der dritte Satz bringt ohne ausdrückliche logische Verknüpfung die Begründung für Senecas Anweisung (*praeceptum*): Lucilius sei auf seinem Weg »noch nicht« (*nondum*) so weit, um gegen die Gefahren durch stoische ›Panzerung‹ hinreichend gesichert zu sein (vgl. den adverbialen Ablativ *tuto*). Zur Verstärkung dieser Auffassung greift Senceca nun zu einem Argument aus der höheren Warte (*argumentum e maiore*), genauer zu einem »Argument aus der Person des Lehrers« (*argumentum e persona praeceptoris*): Wenn schon dem Fortgeschrittenen der Massenumgang schadet, um wie viel mehr schadet er dann dem Anfänger! Dem *tibi* an zweiter Stelle von Satz 1 setzt Seneca an erster Stelle von Satz 4 ein stark betontes *Ego certe* entgegen, das am Satzende in *meam* aufgegriffen wird. Auf die Frage seines Schülers entgegnet er mit einem entwaffnenden Geständnis (*confitebor*): In der folgenden Selbstanalyse diagnostiziert er wie ein philosophischer Seelenarzt in medizinischer Ausdrucksweise »mangelnde Immunität« und daraus resultierende Anfälligkeit (*inbecillitas*). Der Begriff wird gleich darauf in eindeutig medizinischem Kontext als *longa inbecillitas* wiederholt. Die folgenden drei syntaktischen Einheiten (Kola) halten aus verschiedenen Blickwinkeln Symptome dieser Anfälligkeit fest. Im ersten Kolon (Satzglied) stellt das Zeitadverb *numquam* (nach *nondum* zu Beginn des dritten Satzes) die Dauerhaftigkeit dieser Bedrohung aus. Das Leitwort *mores* zeigt unmittelbar daraufhin an, dass es um Gefahren für die »geistige Gesundheit« und das ethisch-moralische Wohlbefinden geht (vgl. *animi* am Ende von § 1). Die antithetischen Prädikate *extuli* (im Relativsatz) und *refero* (am Ende des Hauptsatzes) deuten in aller Kürze »Ausflug« (in die Öffentlichkeit) und »Rückkehr« (in die eigenen vier Wände und zu sich selbst) an. Sodann beschreibt anaphorisches *aliquid* mit jeweils folgendem Relativsatz die Art der Verschlechterung: Die antithetischen Juxtapositionen der Prädikate *composui – turbatur* und *fugavi – redit* unterstreichen, dass es sich um Rückfälle zu ›unordentlichen‹ Einstellungen handelt, die Seneca auf dem Weg zur stoischen Unerschütterlichkeit (griech. *ataraxía*) persönlich bereits überwunden glaubte. Die folgende längere Periode setzt die Anfälligkeit von körperlich chronisch Kranken eingehend mit der Anfälligkeit der geistig Rekonvaleszenten nach langer Krankheit gleich. Syntaktisch bildet sich diese Aussageabsicht in *Quod ... evenit ... hoc accidit* ab. Koordiniert sind ebenso die Dativi incommodi *aegris* und *nobis*. Letzteres fasst das zuvor getrennte Du und Ich von Lehrer und Schüler hier zusammen. Mit dem an das Ende der Periode gerückten Verb *reficiuntur*, das auf eine langsam verlaufende medizinische Genesungstherapie verweist, setzt Seneca abermals das Bild der körperlichen Gesundung für die philosophische Weiterentwicklung ein. Die Wendung *nusquam sine offensa* im mehrfach untergeordneten Konsekutivsatz überträgt *numquam mores* ... auf den örtlichen Bereich.

Die erste Hälfte von § 2 kehrt nach dem Vergleich wieder zum Ausgangsthema des Massenumgangs zurück. In betonter Anfangsstellung warnt Seneca vor der Feindseligkeit (*inimica*), welche die philosophische Entwicklung geradezu hintertreibt. Paradox sind die Bestandteile des weiten Hyperbatons *inimica ... conversatio* zusammengestellt. Dem sozialen Miteinander (*con-versatio*) unterstellt diese Wendung eine persönliche Feindschaft gegenüber dem voranstrebenden Stoiker. Der asyndetisch angefügte Folgesatz bietet dafür erneut die Begründung. Dreimal anaphorisches *aut* leitet verschiedene Formen der »Ansteckung« mit Charakterfehlern ein: *Viti-*

um konkretisiert *offensa* und *mores* aus § 1. Das parallele Trikolon *com-mendat… in-primit… ad-linit* entwickelt im Rahmen einer Klimax immer gefährlichere, weil unbemerkt bleibende »Ansteckungswege«: Das weite Hyperbaton *nobis… nescientibus* unterstreicht das. Die Unbewusstheit steht im strikten Gegensatz zum philosophischen Nachdenken, zu dem Seneca seinen Adressaten und auch die übrigen Leser zu animieren bestrebt ist. Dies zeigt *existimes* (1) ebenso wie *existimas* (3) am Ende des Textauszuges. Der abrundende Satz dieses Abschnitts nimmt das Motiv der Masse (2 *multorum*) zum Ausgangspunkt für eine statistische Korrelation: Diese ist syntaktisch mit *quo … hoc* verwirklicht. Sie verbindet Seneca mit dem Chiasmus *maior … populus … periculi plus*, letztere Zweiwortverbindung durch Alliteration und Umstellung (Anastrophé) noch weiter betonend: Je größer die Zahl der Kontakte, umso größer die Gefährdung. Das Motiv der Gefahr (*periculum*) steigert Seneca zu Beginn des dritten Abschnitts zur Schädigung einer guten philosophischen Gesinnung: *damnosum* verstärkt *vitium* und *offensa*; *bonis moribus* nimmt *mores* (1) auf. Was denn so verderblich auf ihn einwirkt, bleibt bis zum Ende des Satzes in der Schwebe: In der Kollokation (Wortfügung) *in aliquo spectaculo* bringt das adjektivische Indefinitpronomen die Beliebigkeit zum Ausdruck wie oben die anaphorischen substantivischen Indefinitpronomina *aliquid… aliquid* (1). *Spectaculum* bezeichnet hier keine gehobene Unterhaltung im Theater, sondern eine blutrünstige Darbietung in der Arena, welche die niedersten Instinkte des Publikums anspricht. Mit *de-sidere* (»untätig herumsitzen«) bringt Seneca präzise zum Ausdruck, dass er solches Zusehen als Verschwendung der Lebenszeit erachtet. Zu deren bewusstem Gebrauch leitet er seinen Schüler und sein Lesepublikum ja seit dem ersten Brief an. Das folgende Kolon

(Satzglied), durch das Bindewort (den Konnektor) *enim* ausdrücklich als Begründung gekennzeichnet, formuliert die besonders große Gefahr für das Publikum. Die Gefahr für Leib, Leben und Gesundheit, der die Darbietenden ausgesetzt sind, lässt Seneca hier außer Betracht. Soweit das Publikum an diesen Scheußlichkeiten ein gewisses Behagen (*per voluptatem* auch mit Blick auf das höchste Gut der epikureischen Philosophie gesagt) empfinden, haben Charakterfehler (*vitia* im Plural nach *vitium* im Singular) umso größere Chancen, sich heimlich einzuschleichen: *sub-repunt* variiert sachlich *nescientibus adlinit.* Offensichtlich ist man von der Aufführung derart mitgerissen, dass der Verstand selbst des Philosophen nicht mehr vollständig funktioniert.

Die rhetorische Frage zu Beginn von § 3 dient wie diejenige zu Beginn von § 1 der Simulation eines direkten Lehrer-Schüler-Dialogs im Brief. Senecas Selbstanalyse buchstabiert am Beispiel der Massenunterhaltung aus, was er eingangs allgemein gesagt hatte: So greift *redeo* (3) gezielt auf *redit* (1) zurück. Das asyndetische Trikolon der Homoioteleuta *avarior ... ambitiosior, luxuriosior* nennt mit Habgier, Geltungssucht und Verschwendungssucht drei Charakterfehler (*vitia*), die den geistigen Haushalt eines stoischen Philosophen aufs Schwerste beeinträchtigen können. Nach der mündliche Sprache imitierenden Steigerungsfloskel *immo vero* fügt Seneca noch als Klimax die syndetischen Homoioteleuta *crudelior et inhumanior* hinzu: Grausamkeit und Unbarmherzigkeit/Unmenschlichkeit angesichts des Gemetzels in der Arena bezeichnen das psychologische Phänomen der Abstumpfung und Desensibilisierung angesichts des als ›Belustigung‹ vorgeführten Grauens. Eine typisch senecanische Pointe liegt in der Paradoxie der Antithese *inhumanior ... inter homines.* Die Entmenschlichung durch Umgang mit Menschen ist tatsächlich ein Extrembeispiel für die Ausgangsthese, dass sich der Stoiker auf seinem Weg vor dem »Durcheinander« von Menschenmassen vorsehen soll.

Die *Epistulae morales*

Lucilius:

- Er ist ein fiktiver Schüler Senecas in diesem ›Philosophie-Lehrgang in Briefen‹.
- Seneca legt ihm Fragen aus Sicht des philosophisch weniger gebildeten Lesers in den Mund.
- Lucilius dient dem Leser als Identifikationsfigur.

Einzelne Themen dieses ›Philosophie-Lehrgangs in Briefen‹:

- Ziel: Verbesserung der Lebensqualität durch Wegnahme der Angst vor dem Tod
- Tipp, sich mental auf den Tod vorzubereiten
- Aufruf, die Zeit zu nutzen, um sich mit den Grundfragen des Lebens zu beschäftigen und somit ein philosophisch gebildeter Mensch zu werden
- ein glückliches Leben kann man nur als ein weiser Mensch führen
- Tugend (*virtus*) als höchstes Gut (*summum bonum*), um den Status eines Weisen zu erreichen
- Philosophie als das Streben nach Tugend
- Philosophie als Stifterin eines Gemeinschaftssinnes
- der gute Geist im Menschen als Wächter über positive Dinge
- Plädoyer dafür, dass Sklaven auch Menschen sind, weil das Rad der Fortuna sich willkürlich dreht, so dass selbst

Königinnen und Könige nach einem Krieg versklavt werden können
- Plädoyer für ein ehrliches und bescheidenes Leben nach dem Vorbild der Tugend

11 Petron

Über Petrons Leben gibt es kaum gesicherte Fakten. Ein Gaius oder Titus Petronius Arbiter ist wohl der Verfasser des ersten bekannten römischen **Romans**. Er lebte im 1. Jh. n. Chr. und war Statthalter in Bithynien und Konsul in Rom. Als »Berater in Stilfragen« (*arbiter elegantiae*) soll er am Hof Neros beschäftigt gewesen sein. Wie Seneca beging er im Zusammenhang mit der Pisonischen Verschwörung Selbstmord. In dem Bericht des Tacitus erscheint seine Selbsttötung als groteske Spielart eines Philosophentodes nach dem Vorbild des Sokrates oder zahlreicher Stoiker.

Werk

Petrons ***Satyrica*** (*Satyrngeschichten*) sind fragmentarisch überliefert – wie umfangreich das Werk ursprünglich war, ist nicht bekannt. Die Gattung ist einzigartig: Es handelt sich um einen das Heldenepos parodierenden Roman, der hauptsächlich in Prosa verfasst ist, aber auch einige dichterische Passagen – u. a. über die Zerstörung Trojas und den Bürgerkrieg zwischen Caesar und Pompeius – enthält. Man spricht bei einer solchen Formmischung von Prosimetrum im Stil der menippeischen Satire. Weitere Zutaten zu Petrons Gattungsmixtur sind der Typenspott der römischen Satire, Liebesverwicklungen aus hellenistischem Roman und Novelle sowie volkstümlichere dramatische Elemente aus Mimus und Pantomimus. Im Roman werden die sozialen, kulturellen und literarischen Verhältnisse der neronischen Zeit (54–68 n. Chr.) gespiegelt und karikiert.

Die *Satyrica* als Opus Mixtum / Hybridwerk

Gattung	Element
Roman (allgemein)	Protagonisten, die Abenteuer erleben
Liebesroman	Getrenntwerden und Zusammenfinden eines Liebespaares
Schelmenroman	Streiche der Protagonisten
Parodie	witzige Figuren wie die drei Studenten, die untereinander Liebesdramen erleben
Reisebericht	Bereisen von unterschiedlichen Städten und exotischen Orten
Satire	überspitzte Darstellung von Studenten und Neureichen
Odyssee	Parodie der Irrfahrten des Odysseus
Symposion	Parodie von Platons *Gastmahl*
Novellen	Witwe von Ephesus und Werwolf-Geschichte

Intradiegetischer, also in die Handlung verwickelter, Ich-Erzähler des Romans ist Encolpius, der zusammen mit Giton und Ascyltos eine nicht immer konfliktfreie homosexuelle Dreiecksbeziehung pflegt. Die Erzählung beginnt mit einem Gespräch von Encolpius und seinem Lehrer Agamemnon über den Verfall der Beredsamkeit. Aus dieser Unterhaltung schleicht sich Encolpius davon, um sich mit Giton und Ascyltos zu treffen. Nach einem Ausflug auf einen Markt gesellen sich drei Frauen zu ihnen: Quartilla, Psyche und Pannychis.

Ein Sklave des Agamemnon informiert Encolpius, dass bei dem neureichen Freigelassenen (*libertus*) und Geldprotz Trimalchio ein Gastmahl stattfindet. Die ***cena Trimalchionis*** (*Die Party bei Trimalchio*) ist das längste im Zusammenhang erhaltene Fragment der *Satyrica*. Encolpius und seine Freunde begutachten zunächst das Bad, begeben sich dann aber in das Speisezimmer, wo das Essen beginnt. Neben den luxuriösen Gängen inszeniert sich Trimalchio mit pseudophilosophischen Gedanken und astrologischen Erläuterungen selbst. Von seinem Tischnachbarn erhält Encolpius darauf einige Informationen u. a. zu Trimalchio und dessen Frau Fortunata.

Als sich Trimalchio kurz zurückzieht, beginnen die Freigelassenengespräche, die durch das verwendete Vulgärlatein literarisch auffällig sind: Dama lobt die wärmende Wirkung des Weins, Phileros und Seleucus reden über einen kürzlich Verstorbenen. Ganymedes denkt an vergangene Tage und beklagt die steigenden Getreidepreise. Der reiche Echion zeichnet dagegen ein positiveres Bild der gegenwärtigen Situation. Gegenüber Agamemnon prahlt er zudem mit den intellektuellen Fähigkeiten seines Sohns.

Als Trimalchio wiederkommt, folgt eine Reihe kurzer Auftritte und Darbietungen. Dazwischen präsentiert Trimalchio sein (größtenteils fehlerhaftes) Wissen über Medizin, Rhetorik, Mythen und Literatur. Daran anschließend eröffnet er nach einem Gespräch mit Habinnas, der spät mit seiner Frau Scintilla zur *cena* dazugestoßen ist, sein Testament und plant sein

Grabmal. Darauf begibt sich die zunächst in Tränen aufgelöste Festgemeinde ins Bad. Trimalchio ist besessen vom Gedanken an seine Sterblichkeit und von der Sorge um ein möglichst ruhmreiches Nachleben. Nach einem gescheiterten Fluchtversuch von Encolpius, Asclytos und Giton kommt es zu einem Streit zwischen Trimalchio und Fortunata. Bei einer Probe von Trimalchios Beerdigung gelingt Encolpius, Asclytos und Giton schließlich doch die Flucht.

Encolpius trennt sich vorläufig von seinen beiden Freunden, wird beraubt und trifft auf den Dichter Eumolpus. Zusammen mit dem wiedergekehrten Giton und Eumolpus unternimmt er eine Schiffsreise nach Tarent und erleidet dabei Schiffbruch. Darauf begibt er sich mit Eumolpus nach Kroton. Hier bricht das Romanfragment ab.

Einzelaspekte der *cena Trimalchionis*

Der Charakter der Figur Trimalchio:

- Anhänger von derbem Humor und primitiven Witzen (z. B.: *Aquam foras, vinum intro!* – »Wasser heraus, Wein herein!«)
- Säufer und Trinker
- Angeber (z. B.: *Nemo cordacem melius ducit* – »Niemand tanzt den Cancan besser«)
- Hang zur Selbstinszenierung und Drang, im Mittelpunkt zu stehen (z. B.: *Erectis supra frontem manibus Syrum histrionem exhibebat* – »Er ahmte den Schauspieler Syrus nach, nachdem er die Hände über die Stirn gehoben hatte«)

- eher kein bzw. nur teilweise ein guter Gastgeber

Trimalchio als schlechter Gastgeber	Trimalchio als guter Gastgeber
• Er feiert exzessiv und stellt sich selbst in den Mittelpunkt, was andere Gäste wie den Ich-Erzähler Encolp zu Abneigung und Spott verleitet. • Er protzt mit seinen eher niederen politischen Ämtern und seinem Schmuck. • Er beleidigt bisweilen seine Frau Fortunata und auch Gäste, u. a. den Redelehrer Agamemnon. • Er weist seine Gäste immer wieder auf die Vergänglichkeit des Lebens hin, um sie daran zu erinnern, dass sie es sich gut gehen lassen sollen. Die *cena* wird sodann zu einem morbiden Event für die Gäste, weil Trimalchio seine eigene Beerdigung proben lässt. Auch zeigt er den Gästen eine silberne Gliederpuppe, die *larva argentea*, die wie ein Skelett aussieht, und lässt sein Testament öffentlich verlesen.	• Er finanziert die Schlemmerei der Gäste und veranstaltet auch für weniger zahlungskräftige Menschen ein kostenloses Ess- und Trinkgelage. • Er initiiert Showeinlagen zur Unterhaltung seiner Gäste: Artisten und Homeristen.

Trimalchios Werdegang:

- Herkunft aus Kleinasien (heute westliche Türkei)
- kam als Sklave nach Rom (*Annis quadraginta servivi* – »Vierzig Jahre war ich Sklave«; *puer capillatus in hanc coloniam veni* – »Ich bin als junger Mann mit langen Haaren in diese Kolonie/Stadt gekommen«; Verrichten von Sexualdiensten für seinen Herrn: *domino satisfacerem*; Sich-Durchsetzen gegen Intrigen der Hausgemeinschaft: *enatavi* – »ich bin herausgeschwommen«)
- sein Herr ließ ihn in seinem Testament frei und vermachte ihm ein kleines Vermögen
- dieses Vermögen investierte er seinerseits in Sklaven sowie in Wein
- wirtschaftliche Erfolge trotz Schiffbruchs
- Lustsklave, der sich hochgearbeitet hat

Trimalchio als Angeber:

- Trimalchio bietet den Gästen an, den Wein auszutauschen, wenn sie damit unzufrieden sind: *Vinum, si non placet, mutabo.*
- Er betont, dass er diesen nicht kaufen musste und dass er somit von einem seiner vielen Landgüter stammt: *Deorum beneficio hoc non emi.*
- Er hält sich für gebildet ohne Studium: *in domusionem tamen litteras didici.*
- Er besitze sogar zwei Bibliotheken: *duas bybliothecas habeo, unam Graecam, alteram Latinam.* (Trotzdem offenbart er durchgehend seine mangelnde Bildung und Unkultiviertheit.)
- Er ist protzig und geschmacklos gekleidet: viel Schmuck und eine Serviette mit breitem Purpurstreifen.

Trimalchios Verhältnis zu seiner Frau Fortunata:

- Hörigkeit: Wenn sie am helllichten Tag sagt, dass es dunkel sei, dann würde er es glauben.
- Trimalchio lobt sie vor allen Gästen als beste Tänzerin.
- Abwerten ihrer Person: Er beschimpft sie vor allen Gästen als Klotz und Klatschbase und offenbart ihre sehr niedere Abkunft in aller Öffentlichkeit.
- Anwenden von Gewalt im Streit: Er wirft ihr einen Becher ins Gesicht.

Trimalchios Umgang mit seinen Sklaven:

Schlechte Behandlung:	**Gute Behandlung:**
• Abtrocknen der Hände an den Haaren der Sklaven • drakonische Strafen für kleine Vergehen • Aufforderung, dass Sklaven aus dem Speisesaal verschwinden sollen • Beschimpfungen	• Anerkennen der Sklaven als Menschen • Freilassen der Sklaven durch Testament nach seinem Tod • zeitweiliges Hinzuziehen der Sklaven zur Tischgemeinschaft

Die studentischen Protagonisten:

- Encolp (der Ich-Erzähler): intellektueller Student, der die *cena* kritisch hinterfragt und sich über die Freigelassenen lustig macht; sehr emotional; in Giton verliebt
- Ascyltos: eher grob und ebenfalls in Giton verliebt
- Giton: sehr schöner junger Mann, um den sich Encolp und Ascyltos streiten

Beispiele für Speisen, die den sonderbaren Geschmack Trimalchios zeigen:

- Ein Schwein, das angeblich noch unausgenommen ist: Trimalchio lässt es vor den Augen aller Gäste ausnehmen, und es stellt sich heraus, dass es doch schon ausgenommen war und stattdessen mit Würstchen und anderen Spezialitäten gefüllt ist.
- Ein ganzes Sternzeichenmenü: Speisen werden spektakulär auf den Servierplatten drapiert.
- Schnecken fallen aus den Amphoren.

Darbietungen:

- Schauspieler: führen Szenen aus Homers Werken *Ilias* und *Odyssee* auf
- Akrobaten (einer von ihnen erleidet einen Sturz)
- Sklaven: singen und proben später Trimalchios Beerdigung
- Ich-Erzähler Enkolp: macht sich über das übertriebene Menü und die aus seiner Sicht lärmenden und lästigen Showeinlagen lustig; er zeigt damit eine kritisch-distanzierte Sicht, die intellektuelle studentische Perspektive

Die sog. »Freigelassenengespräche«:

Als sich Trimalchio erleichtert und die ›Bühne der *cena*‹ verlässt, übernehmen andere Freigelassene das Wort; es setzen die »Freigelassenengespräche« ein: primitive Stammtischreden mit Vulgarismen, in denen sich der Ursprung der romanischen Sprache zeigt:

- alltägliche Probleme als Themen: hoher Getreidepreis, Aberglaube, Körperhygiene, Saufen

- Gesprächsteilnehmer: u. a. Phileros, Ganymedes, Dama, Seleucus
- Vulgarismen: u. a. derbe und bildliche Sprache, grammatische Fehler, Schwund des Neutrums; insgesamt ein niederes Sprachniveau; Beispiele:
    - Ablativ der Zeit statt Akkusativ der zeitlichen Ausdehnung: *annis quadraginta* – »vierzig Jahre lang«
    - einfache Ausdrucksweise: *facere* statt eines passenderen Verbs für »bauen« (wie z. B. *aedificare*)
    - derb anschauliche Ausdrucksweise: *cuius unguis pluris erat quam tu totus es* – »dessen Fingernagel mehr wert war, als du es ganz bist«
    - bildliche Ausdrucksweise: *qui mihi pedem opponerent* – »die mir ein Bein stellen würden«
    - Ausrufe und Interjektionen: *genio ... gratias!* – »dem Schutzgeist ... sei Dank!«
    - Ellipse: *gratias (ago)*
    - umständliche Ausdrucksweise / pauschalisierende Phrasen: *In ingenuum nasci facile est* – »Von freien Eltern geboren zu sein, ist leicht«
    - Beschimpfungen und Beleidigungen: *stupes tamquam hircus* – »du staunst wie ein Ziegenbock«

Textbeispiel (*Satyrica* 32,1–33,3)

Encolpius hat in Begleitung seiner Freunde und seines Rhetoriklehrers Agamemnon das wundersame und protzige Haus des Trimalchio betreten. Im Speisezimmer legen sie sich zu Tisch und wundern sich, dass die Sklaven zwischen all dem Luxus, mit dem sie hantieren und den sie servieren, ständig Liedchen trällern wie in einer Pantomimenaufführung. Doch der Gastgeber selbst lässt zunächst auf sich warten.

32 (1) In his eramus lautitiis, cum ipse Trimalchio ad symphoniam allatus est positusque inter cervicalia minutissima expressit imprudentibus risum. (2) Pallio enim coccineo adrasum excluserat caput circaque oneratas veste cervices laticlaviam immiserat mappam fimbriis hinc atque illinc pendentibus. (3) Habebat etiam in minimo digito sinistrae manus anulum grandem subauratum, extremo vero articulo digiti sequentis minorem, ut mihi videbatur, totum aureum, sed plane ferreis veluti stellis ferruminatum. (4) Et ne has tantum ostenderet divitias, dextrum nudavit lacertum armilla aurea cultum et eboreo circulo lamina splendente connexo.

33 (1) Ut deinde pinna argentea dentes perfodit, »amici«, inquit, »nondum mihi suave erat in triclinium venire, sed ne diutius absentivus morae vobis essem, omnem voluptatem mihi negavi. (2) Permittitis tamen finiri lusum.« Sequebatur puer cum tabula terebinthina et crystallinis tesseris notavique rem omnium delicatissimam. Pro calculis enim albis ac nigris aureos argenteosque habebat denarios. (3) Interim dum ille omnium textorum dicta inter lusum consumit, gustantibus adhuc nobis repositorium allatum est cum corbe, in quo gallina erat lignea patentibus in orbem alis, quales esse solent quae incubant ova.

Übersetzung

32 (1) Mit diesen Leckereien waren wir beschäftigt, als höchstpersönlich Trimalchio zu Instrumentalmusik hereingetragen wurde und in seiner Aufmachung zwischen Kisschen von winzigster Größe einen Lachanfall auslöste bei (uns) Unerfahrenen. (2) Denn aus einem Mantel von knalligem Rot hatte er kahlrasiert hervorlugen lassen seinen Kopf, und rings um den schwer mit Gewand behangenen Nacken

hatte er den Breitpurpurstreifen geschlungen auf einer Serviette, deren Fransen da und dort herumbaumelten. (3) Er hatte zudem am kleinen Finger der linken Hand ein Ringungetüm mit Vergoldung, am letzten Glied aber des Fingers, der folgte, einen kleineren nach meinem Eindruck Massivgoldring, der aber gänzlich mit sternartigen Lötverzierungen besetzt war. (4) Und um nicht dies allein vorzuführen an Reichtümern, hat er rechts entblößt seinen Oberarm, der mit einem Reif aus Gold geschmückt war und mit einem Elfenbeinband, das ein Plättchen schimmernd zusammenhielt.

33 (1) Sowie er sich hierauf mit einem Stocher aus Silber zwischen den Zähnen herumgefuhrwerkt hatte, sagte er: »Freunde, noch war es für mich nicht süß, ins Esszimmer zu kommen, aber damit ich nicht länger durch Abwesen Wartezeit euch bereite, habe ich jeden Spaß mir versagt. (2) Ihr erlaubt dennoch die Beendigung des Spiels.« Es folgte ein (Sklaven-)Junge mit einem Brett aus Terpentinholz und kristallgläsernen Würfeln, und dabei fiel mir das Allerfeinste auf. Statt Spielsteinen in Schwarz und Weiß hatte er nämlich Gold- und Silbermünzen. (3) Während er mittlerweile sämtliche Weberkraftausdrücke beim Spiel aufbrauchte, ist noch während unserer Vorspeise ein Tablett hereingetragen worden mit einem Korb, in dem sich eine Henne aus Holz befand mit zum Kreis ausgestreckten Flügeln, so wie sie gewöhnlich ausbrüten ihre Eier.

Basissatz

Encolpius' Erzählung von Trimalchios Auftritt unter großem Getöse im eigenen Speisesaal wirkt für Außenstehende überaus lächerlich; die Geschmacklosigkeit von Kleidung, Benehmen und Sprache des Gastgebers offenbart den schreienden

Gegensatz zwischen seinem Anspruch auf noble Repräsentation und der vulgären Wirklichkeit des Neureichen.

Interpretationsansätze

Der Textauszug lässt sich in drei Abschnitte gliedern: In Kapitel 32 beschreibt der Erzähler Encolpius, wie lächerlich Trimalchios äußere Erscheinung bei seinem Auftritt auf die erstmals in seinem Haus aufgenommenen Gäste wirkt. In 33,1 und 2 stellt er das völlig egoistische und situationsunangemessene Betragen des Gastgebers bloß. Im Schlusssatz 33,3 leitet er dann zur Fortsetzung der Speisenfolge über.

Dass im Hause Trimalchio der Gastgeber wie die Speisen bei ihrem Auftritt in ähnlich abwegiger Weise in Szene gesetzt werden, zeigt die wörtliche Wiederaufnahme von *allatus est* (in 32,1 auf Trimalchio bezogen) mit *allatum est* (in 33,3 auf das Tablett mit der Holzhenne bezogen). Dass Trimalchios auf die Übermacht der Symbole zielende Zurschaustellung seiner eigenen Person wie seines Reichtums zum Scheitern verurteilt ist, belegt bereits der erste Satz des Textauszugs. Der Hauptsatz verweist auf den ohne Trimalchio ablaufenden Beginn des Gastmahls zurück. Diesen bezeichnet der Erzähler als *lautitiae*, was, von *lautus* (»gewaschen, sauber«) abgeleitet, »Feinheiten, Leckereien«, aber auch ironisch »geschmacklosen Luxus« bezeichnen kann. Das *cum inversivum* leitet nach dem linear-szenischen Imperfekt *eramus* den Auftritt Trimalchios ein. Durch Namensnennung und vorangestelltes *ipse (dominus)* ist dessen Rolle und Funktion hervorgehoben. Dass Orchestermusik (*symphonia*) seinen Auftritt schmetternd untermalt, fügt sich in die Penetranz der zuvor bereits erwähnten musikalischen Untermalung des Festessens. Der erste optische Eindruck von Trimalchio erzeugt allerdings bei den noch unerfahrenen Gästen, die mit *imprudentibus (nobis)* beschrieben sind, da sie sich nicht auf das einstellen konnten, was auf sie zukommt, mitnichten Respekt und Ehrerbietung: Vielmehr ist für sie Trimalchio von Anfang an eine Lachnummer: *expressit ... risum* mit betonter Endstellung des für die Gattung des komisch-satirischen Romans erwartbaren Gelächters als Rezeptionshaltung. Die Drapierung (*positus*) des Geldprotzes zwischen winzige Kissen genügte schon. Als weitere Begründung (*enim*) folgen in 32,2 seine Kleidung und in 32,3 sein Schmuck: Das Knallrot des Mantels gilt bei den Römern als »unmännliche« Kleidungsfarbe, der kahlrasierte Kopf verrät den entlassenen Sklaven und nicht den feinen Herrn und könnte hier noch eine frivole Nebenbedeutung haben. Das Zuviel, das insgesamt Trimalchios Selbstdarstellung ins Lächerliche zieht, zeigt sich an der Gewandlast, die den Nacken niederdrückt. Servietten, die den breiten Purpursaum der Senatorentoga zitieren, sind auch anderswo belegt. Doch die Verwendung als Halstuch mit baumelnden Fransen ist typisch für die Geschmacklosigkeit des Trimalchio, der das Statussymbol der Senatoren zum Accessoire herabwürdigt. Die in 32,3 vom Erzähler beobachteten und nach Anordnung und Material beschriebenen Ringe stehen ebenfalls für eher weiblichen Schmuck. Allein Senatoren durften Ringe aus massivem Gold tragen. Dass der von Trimalchio seltsamerweise am Fingerende des Ringfingers getragene kleinere Ring vollständig mit aufgelöteten Sternverzierungen besetzt ist, lässt sich auch als Vertuschung des Materials lesen. Gleichzeitig deutet sich Trimalchios Vorliebe für Astronomie an. Im verneinten Finalsatz zu Beginn von 32,4 bewertet Encolpius diesen protzigen Fingerschmuck klar als Zurschaustellung von Reichtum (*ne has tantum ostenderet divitias*). Damit bringt er die von ihm eingeschätzten (32,3 *ut mihi videbatur*) *lautitiae* eindeutig auf ihren materiellen Punkt. Konnten Männer in

Rom noch dezente Ringe tragen, so waren Armreife und Armspangen, wie sie Encolpius in 32,4 an Trimalchio wahrnimmt, zum Schmuck des weiblichen Körpers vorgesehen. Den Erzähler wiederum charakterisiert seine Vorliebe für und Expertise in Glitzerschmuck samt seiner Machart. Insbesondere Gold hat es ihm angetan (vgl. 32,3 *subauratum, totum aureum*, 32,4 *aurea*).

Zu Beginn von Kapitel 33 wandert der Blick des Erzählers vom schmuckbehangenen Arm Trimalchios wieder zu dessen kahlrasiertem Kopf, genauer zu dessen Mund: Während seine Gäste schon speisen, stochert er demonstrativ in seinen Zähnen herum. Das unappetitliche Benehmen wird noch durch die protzige Verwendung eines Silberzahnstochers gesteigert (*argentea* wird am Abschnittende bei den Spielmünzen wieder aufgegriffen: 33,2 *argenteosque … denarios*). Die ersten Worte, die der Gastgeber dann an seine bereits länger wartenden Gäste richtet, sind alles andere als eine freundliche Begrüßung. Das Zusammensein mit den Leuten, die er mit dem Vokativ *amici* anspricht, stellt er als lästige Pflicht dar. Diese halte ihn von angenehmeren Tätigkeiten ab, die er in infantiler Sprache als *suave* und in pseudo-philosophischem Gehabe als *omnem voluptatem* umschreibt. In geschraubter (Dativus finalis *morae vobis essem* statt *vos morarer*) und nicht vollständig idiomatischer Sprache (*absentivus* statt *absens*) gibt er als Grund für sein jetziges Erscheinen an, er wolle die Eingeladenen nicht noch länger auf sich warten lassen. Doch statt sich wenigstens jetzt um die ja bereits Speisenden zu kümmern, will er zunächst den Zeitvertreib seines Gesellschaftsspiels (33,2 *lusus*) zu Ende bringen. Der folgende Auftritt eines Sklavenjungen (*puer*) nährt jedoch den Verdacht, dass es ihm vor allem um die Vorführung seiner Utensilien geht. Der Erzähler jedenfalls setzt nach *divitias* (32,4) zur Klimax an und bietet in 33,2 den hyperbolischen und pleonastischen Superlativ *rem omnium delicatissimam* an betonter Satzendstellung. Mit den Materialien des Edelholztisches, der Kristallglaswürfel und der Gold- und Silberspielsteine steht erneut in schreiendem Gegensatz das unflätige Verhalten des Eigentümers:

Zu Beginn des Schlussabschnitts 33,3 fasst der temporale Gliedsatz die ordinäre Ausdrucksweise Trimalchios beim Würfelspiel (*inter ... lusum* nimmt 33,2 *finiri lusum* auf) in ein kräftiges Bild: »Aller (*omnium*) derber Weber Kraftausdrücke« schafft eine bezeichnende Antithese zu *rem omnium delicatissimam*. Dass Trimalchio diese »aufbraucht« (*consumit*), steht hyperbolisch für seine unvergleichliche Vulgarität und Unbeherrschtheit. Der mit dem Ablativus absolutus *gustantibus ... nobis* eingeleitete Hauptsatz weist als gleichzeitiges Geschehen die Fortsetzung der Speisenfolge auf. An dieser scheint der Gastgeber weiterhin nicht das geringste Interesse zu hegen. Die Holzhenne bringt ein neues Material ins Spiel. Die auf dem Tablett nachgestellte Szene des Eierausbrütens verweist wiederum auf den Inszenierungscharakter. Der Tafelluxus im Haus Trimalchio zielt auf besondere Showeffekte ab. Allerdings zeigt diese gesamte Szene, dass hierbei stets das außergewöhnliche Arrangement, nicht aber der gute Geschmack die Oberhand behält.

12 Martial

Marcus Valerius Martialis wurde um das Jahr 40 n. Chr. in Bilbilis (Nordspanien) geboren. Im Jahr 64 n. Chr. zog er nach Rom, wo zu seinen *amici* Seneca, Lucan, Juvenal, Quintilian und Plinius der Jüngere zählten. Im Jahr 98 n. Chr. kehrte Martial in seine Heimat zurück. Seinen Tod 104 n. Chr. behandelt Plinius der Jüngere in einem Brief (*Epistula* 3,21) und zählt sich darin zu seinen Unterstützern; er zitiert auch aus einem Gedicht, das Martial auf ihn und für ihn verfasst habe.

Werk

Martial veröffentlichte ausschließlich Epigramme. Er gilt daher als »Epigrammatist«. Sein dichterisches Schaffen begann 80 n. Chr. mit dem ***Liber spectaculorum*** (*Buch der Schauspiele*): Dieses Buch stellt den literarischen Beitrag zur Eröffnungsfeier des Amphitheatrum Flavium – also des Kolosseums in Rom – dar.

Ein Jahr später brachte Martial die ***Xenia*** (*Gastgeschenke*) und ***Apophoreta*** (*Tafelgeschenke*) heraus. Die zweizeiligen Epigramme beschreiben knapp und oft humorvoll allerlei Lebensmittel wie Getreide, Wein, Käse und Fleisch sowie Alltagsgegenstände wie Schreibtafeln, Seife, Besen und Becher.

In den Jahren 85–102 n. Chr. verfasste Martial insgesamt zwölf Bücher ***Epigrammata***. »Epigramm« war ursprünglich die Bezeichnung für eine Grab- und Weihinschrift. Als literarische Gattung werden darunter pointierte Sinnsprüche und Spottverse gefasst. Das Sinngedicht schafft es, in aller Kürze eine Situation zu skizzieren und eine Erwartung zu wecken, die dann in einen humorvoll zugespitzten Aufschluss mündet. Martials Sprache und Wortwahl variieren je nach Thema, so dass sich neben obszönen Ausdrücken und Alltagssprache auch Anklänge an den epischen Duktus finden.

Martials thematisches Feld ist breit:

- derbe Invektiven, die oftmals sexuelle Vorlieben oder körperliche Fehlbildungen zum Gegenstand des Spotts machen
- satirische Kurzgedichte zu Berufen
- ›eigentliche‹ Epigramme, also Grabinschriften oder Nachrufe
- die Tätigkeit als Dichter

- die Konkurrenz zu anderen Poeten
- der gewünschte oder befürchtete Umgang des Lesers mit seinem Werk
- die literarisch inszenierte Rolle als Klient oder gar ›Bettelpoet‹: für eine geringe finanzielle Gegenleistung sei Martial gezwungen, zahlreichen lästigen Pflichten gegenüber seinem Patron nachzukommen
- das Leben in Rom, u. a. mit Beschreibungen von Festtagen
- teils ironisierte Herrscherpanegyrik gegenüber den Kaisern Domitian, Nerva und Traian

Textbeispiel (*Epigramm* 3,44)

Occurrit tibi nemo quod libenter,
quod, quacumque venis, fuga est et ingens
circa te, Ligurine, solitudo,
quid sit, scire cupis? Nimis poeta es.
Hoc valde vitium periculosum est.
Non tigris catulis citata raptis,
non dipsas medio perusta sole,
nec sic scorpios inprobus timetur.
Nam tantos, rogo, quis ferat labores?
Et stanti legis et legis sedenti,
currenti legis et legis cacanti.
In thermas fugio: Sonas ad aurem.
Piscinam peto: Non licet natare.
Ad cenam propero: Tenes euntem.
Ad cenam venio: Fugas sedentem.
Lassus dormio: Suscitas iacentem.
Vis, quantum facias mali, videre?
Vir iustus, probus, innocens timeris.

Metrische Übersetzung

Dass Begegnungen mit dir keiner gernhat,
dass, wohin du auch kommst, es Flucht heißt, riesig
um dich herrscht, Ligurinus, Menschenleere,
dafür willst du den Grund? Bist Ultra-Dichter.
Diese Schwäche ist ernstliche Bedrohung.
Keine Tigerin, der man raubt den Nachwuchs,
keine Giftschlange mitten in Gluthitze,
auch kein Skorpion jagt so schlimme Angst ein.
Denn wer, bitteschön, duldet solche Plagen?
Wenn man steht, liest du vor, liest vor beim Sitzen,
wenn man rennt, liest du vor, liest vor beim Kacken.
In ein Bad fliehe ich, du rauschst ins Ohr mir.
In den Pool will ich und darf dort nicht schwimmen,
will zum Essen ich rasch, hemmst du mein Gehen.
Bin beim Essen ich, treibst du mich vom Sitzplatz.
Müde schlafe ich, du störst meinen Schlummer.
Willst du dich deiner Riesenuntat stellen?
Mann, bist brav, gut, gerecht und jagst doch Angst ein.

Basissatz

In einem inszenierten Frage- und Antwortspiel, in dem das epigrammatische Ich einen Dialog mit seinem Spottopfer führt, nimmt Martial den Fall des Möchtegerndichters und Dauerrezitators Ligurinus zum Anlass für satirischen Typenspott gegen schlechte Dichter, die sich durch Zudringlichkeit die Sympathien ihrer Mitmenschen verscherzen.

Interpretationsansätze

Das mit 18 Versen recht lange Gedicht Martials lässt sich symmetrisch in zwei Hälften untergliedern. Die Verse 1–9 malen drastisch die allgemeine panische Furcht vor dem jedes rechte Maß vergessenden ›Dichterling‹ Ligurinus aus. Die Verse 10–18 erklären seine abschreckende Wirkung auf Mitmenschen durch Fallbeispiele für seine allgegenwärtige Zudringlichkeit als Rezitator eigener Werke.

Die erste Hälfte ist ihrerseits wieder annähernd symmetrisch in zwei Abschnitte gegliedert: Die Verse 1–4 setzen ein Frage-Antwort-Spiel zwischen dem epigrammatischen Ich (Martial) und seinem direkten Adressaten Ligurinus, der in Vers 3 vokativisch angeredet (apostrophiert) wird, in Szene. Das Gedicht erweckt den Eindruck, als ob der Sprecher unvermittelt eine vorangegangene dringende Frage seines Gegenübers aufgreift. Dies verdeutlicht Vers 4, wo der abhängige Fragesatz dem kurzen Hauptsatz *scire cupis* vorangestellt ist. Die Verse 1–3 bieten vorab die Gliedsätze zweiter Ordnung, die jeweils durch faktisches *quod* als Subjunktion gekennzeichnet sind. In Vers 1 bringt Martial die Subjunktion erst nach dem vorausgestellten Prädikat *oc-currit*, das auf das Leitthema der Zufallsbegegnungen im stadtrömischen Alltag verweist. Ligurinus wird mit *tibi* gleich an zweiter Stelle angeredet. Dass es sich ausnahmslos um unerwünschte Begegnungen handelt (*nemo ... libenter*), verweist auf ein bekanntes satirisches Motiv. Diesem hat Horaz in seiner *Satire* 1,9, der Schwätzersatire, eine klassische Form gegeben (s. S. 198 ff.). Die Fluchtwünsche derer, die Ligurinus begegnen, drückt der Sprecher in Vers 2 und 3 in komischer Hyperbolik aus: Auf das alleinstehende *fuga* (»Reißaus«) folgt als Klimax das weite Hyperbaton *ingens ... solitudo*, jeweils in betonter Versendstellung. Das Auftauchen (*venis*) des Ligurinus erzeugt überall eine gewaltige Menschenleere wie in einer Wüste. Besonders drastisch ist dabei das pleonastische *ingens*, da sich die Einsamkeit eigentlich nicht mehr steigern lässt. Die Antwort des Sprechers am Ende von Vers 4 fällt sehr knapp aus. Sie offenbart das Ziel des satirischen Typenspotts dieses Epigramms: Es geht um wenig talentierte, sich überschätzende und ihre Umwelt mit ihrem Eifer nervende Dichter. *Nimis poeta es* (»Allzu sehr Dichter bist du«) ist eine witzige Wortverbindung (*callida iunctura*) Martials. Er wendet die sprichwörtliche Weisheitslehre »Nichts im Übermaß!« (griech. *mēdén ágan*; lat. *nil nimium*) auf das Verfassen und Vortragen von Gedichten an. Die Kreativität gewinnt demnach moralische Relevanz. Vers 5 verklammert als Scharniervers die erste Gedichthälfte. Martial stellt hier eine knappe Diagnose in pseudo-philosophischem Ton: Dieser Charakterfehler (*vitium*) stelle eine große Gefahr dar. Das Hyperbaton *hoc ... vitium* und die Sperrung des Quantors (Mengenadverb) *valde* vom zugehörigen Adjektiv *periculosum* unterstreichen den warnenden Tonfall. Dass es dabei aber nicht (wie zumeist im philosophischen Gespräch, etwa bei Seneca dem Jüngeren) um Selbstgefährdung, sondern um Fremdgefährdung geht, belegt das Folgende. In episch getönten Tiervergleichen setzt Martial in Vers 6–8 die panische Furcht vor dem »Ultra-Dichter« mit der berechtigten Furcht vor für den Menschen lebensbedrohlichen Tieren gleich: Anaphorisches *non ... non*, polysyndetisch erweitert durch *nec*, jeweils in betonter Versanfangsstellung, verleiht durch Anhäufung (*accumulatio*) diesem völlig überzogenen Vergleich Nachdruck. Die Hyperbolik verstärkt Martial durch parallele Überkreuz-Hyperbata in Vers 6 und 7, die der Tigerin (als durch Nachwuchsraub gereiztem Raubtier) und der Giftschlange (als durch Gluthitze ausgebranntem Reptil) höchstmögliche Gefährlichkeit zuschreiben. Während bei der

Schlange der Biss dem Opfer Gift zuführt, ist es beim Skorpion (Vers 8) der Stich, der die schlimme Schädigung (*inprobus*) bewirkt. Der Sprecher begründet in seiner rhetorischen Frage zum Abschluss der ersten Gedichthälfte in Vers 9 diese Furcht mit der Unerträglichkeit der riesigen Schinderei (*tantos … labores* in weiter Sperrung), der die jeweiligen Opfer ausgesetzt sind. Damit könnte das Gedicht enden. Die Pointe läge in der grotesken Übertreibung der von Ligurinus ausgehenden Gefahr. Dessen Lästigkeit hat den Epigrammatiker Martial herausgefordert, sein satirisches Gift zu versprühen.

Doch Martial fügt die zweite Gedichthälfte an, um das Lesepublikum seine Entnervtheit noch besser nachvollziehen zu lassen. Ziel des Spotts ist nun die Rezitationswut des Ligurinus: *legere* (»vorlesen«) steht dabei für *recitare*. Die Maßlosigkeit bringt Martial in Vers 10 und 11 durch viermal anaphorisches, paralleles und polysyndetisch mit *et* intensiviertes *legis* zum Ausdruck: Wie die erste Person Singular *fugio* in Vers 12 zeigt, ist bei den als Nomina verwendeten aktiven Präsenspartizipien im Dativ jeweils *mihi* gedanklich zu ergänzen. In zweiter Linie könnte man natürlich auch *cuique* (»jedem beliebigen«) dazudenken. Die kürzestmöglich umrissenen Alltagssituationen im stadtrömischen Umfeld steigern sich in ihrer Unangemessenheit für Rezitationen: Stehen, Sitzen, eiliges Davonlaufen, Defäkation (in einer öffentlichen Latrine). Das Verspaar 12 und 13 setzt die Verfolgung des Sprechers in eine öffentliche Badeanstalt (*thermae*) fort: *Fugio* (12) greift *fuga est* (2) auf. Jeweils parallel folgen auf Ausweichhandlungen des Sprechers Gegenaktionen des Ligurinus: Waren in Thermen öffentliche Dichtervorträge zwar durchaus nicht ungewöhnlich, so bleibt es penetrant, einem Einzelnen damit in den Ohren zu liegen. Auf den alliterierenden Kurzsatz *piscinam peto*, der eine weitere Flucht in einen Bereich beschreibt, in dem Rezitationen völlig unüblich sind, folgt die Gegenaktion asyndetisch auf dem Fuß: Ligurinus' Rezitationen im Sportbecken hindern den Sprecher sogar am Schwimmen. Die nächsten drei Verse (14–16) rufen die noch persönlichere Atmosphäre eines Gastmahls (*convivium*) auf. Es entspricht römischem Brauch, nach dem Bad zum Abendessen zu gehen. Hier ist der Parallelismus noch folgerichtiger durchgehalten. Auf Ausweichhandlungen des Ich folgt in asyndetischer Juxtaposition unmittelbar die Gegenaktion des Du. Die Situationen des Ich sind in aktiven Präsenspartizipien (diesmal im Akkusativ) in betonter Versendstellung anschaulich skizziert. Das Ziel des Gastmahls als Fluchtmöglichkeit ist durch anaphorisches *ad cenam* in Vers 14 und 15 herausgehoben. Der Versuch, eilig vom Bad zum Essen zu kommen und die rezitierende ›Klette‹, die auf dem Fuß folgt (*pedisequa*), abzuschütteln, scheitert kläglich: *Tenes* steht als Simplex pro composito für *retines*. Ligurinus hält ihn also mit weiteren Gedichten auf. Auch nach der Ankunft (*venio*) beim Gastgeber lässt er ihn nicht in Ruhe. Er verfolgt ihn bis zum Sitzplatz und scheucht ihn von diesem durch weiteres Gefasel auf (*fugas* nimmt nochmals auf das Flucht-Motiv Bezug). Nach der ganztägigen Verfolgungsjagd schläft das Ich (offensichtlich auf einer der Liegen beim Gastmahl) erschöpft ein. Da reißt ihn das Du mit neuen Gedichtvorträgen aus dem Schlaf. Diese Rundumbelästigung ruft die Diagnose von Vers 9 in Erinnerung, die der mit dem Sprecher leidende Leser nun umso besser nachvollziehen kann. Vers 17 bringt mit einer weiteren rhetorischen Frage eine neue Diagnose. Das *vitium* (5) wird jetzt mit dem Genitivus partitivus im abhängigen Fragesatz zum »großen Übel« (*quantum … mali*). Die Schlusspointe fällt in diesem Gedicht vergleichsweise versöhnlich aus. Es scheint, als wolle der Sprecher seinen direkten Adressaten zur Vernunft bringen. In Vers 18 stellt er dessen ansonsten grundanständigen Charakter in Antithese zu seinem Gefürchtetsein, das Vereinsamung bewirkt: *Timeris* in betonter Gedichtendstellung nimmt als Polyptoton *timetur* (8, aus der Beispielsreihe) auf. Die asyndetisch die Qualitäten (*virtutes*) des *vir (Romanus)* Ligurinus aufzählenden Wertadjektive *iustus*, *probus* (in Antithese zum *scorpios inprobus* aus 8), *innocens* heben ihn von den tödlich gefährlichen Tieren ab, mit denen ihn Martial zuvor verglichen hatte. Doch das hilft ihm alles nichts, wenn er sein schlimmes *vitium*, nämlich die hemmungslose Vermarktung seiner anfechtbaren Dichtung, nicht in den Griff bekommt.

13 Plinius der Jüngere

Gaius Plinius Caecilius Secundus wurde 61 oder 62 n. Chr. in Comum (Oberitalien) geboren. Nach dem Tod seines Vaters wuchs er bei seinem Onkel, dem hohen Militär und Universalgelehrten Plinius dem Älteren, auf. Nach Ausbildung und Studium in Rom, das er u. a. bei dem Rhetorikprofessor Quintilian absolvierte, arbeitete er als Anwalt und durchlief den *cursus honorum* bis zum Suffektkonsulat im Jahr 100 n. Chr. Er beaufsichtigte die Veteranenkasse und den Staatsschatz. Zudem wurde er im Jahr 103 n. Chr. zum Auguren ernannt. In den Jahren 109–112 n. Chr. war Plinius als kaiserlicher Legat in Bithynien tätig. Er starb um 113 n. Chr.

Werk

Von Plinius' Dichtungen und Reden, von denen er in seinen Briefen berichtet und aus denen er auch zitiert, sind lediglich Fragmente überliefert. Den größten Teil seiner erhaltenen

Schriften machen – neben einer Lobrede (Panegyrikós) auf Kaiser Traian – seine insgesamt zehn Bücher umfassende Sammlung von ***Epistulae*** aus.

Die ersten neun Bücher enthalten insgesamt 247 literarische Briefe, d. h. uneigentliche bzw. ästhetische oder literarisierte ›Kunst‹-Briefe, die zur Veröffentlichung konzipiert wurden. Als stilistisches Vorbild gilt Cicero. Die Adressaten der Briefe sind neben Verwandten und Freunden u. a. die Schriftsteller Silius Italicus, Tacitus und Sueton: Sie repräsentieren damit beispielhaft die Freundschaftskultur der römischen Oberschicht. Die Briefe behandeln jeweils ein Thema und weisen eine große inhaltliche Varianz auf: Den *negotia* in Rom, beispielsweise Tätigkeiten im Senat oder vor Gericht, wird die Freizeit auf dem Land gegenübergestellt, die Plinius in seinen weitläufigen Villenanlagen verbrachte. Auf anekdotische Erzählungen folgen Beschreibungen der intellektuellen und literarischen Szene. Doch auch Persönliches wie die eigene Ehe mit der deutlich jüngeren Calpurnia oder der Tod des Onkels beim Vesuvausbruch sind Gegenstand der *Epistulae*.

Einen grundsätzlich anderen Charakter weist das postum veröffentlichte zehnte Buch der Briefsammlung auf: die Korrespondenz von Plinius mit Kaiser Traian während seiner Zeit als Statthalter in Bithynien. Dementsprechend sind die Briefe knapp und sachorientiert formuliert. Besondere Aufmerksamkeit haben die ›Christenbriefe‹ (10,96 f.) erfahren, in denen sich Plinius nach dem richtigen Umgang mit der neuen Glaubensgemeinschaft erkundigt.

Textbeispiel (*Epistula* 6,16,4–8)

Auf Bitten des mit ihm befreundeten Historikers Tacitus schildert Plinius diesem in einem berühmten Brief den Tod seines Onkels, des älteren Plinius. Dieser war zur Zeit des Vesuvausbruchs 79 n. Chr. Flottenkommandant am Golf von Neapel und verlor bei der verheerenden Naturkatastrophe sein Leben:

(4) Erat Miseni classemque imperio praesens regebat. Nonum kal. Septembres hora fere septima mater mea indicat ei adparere nubem inusitata et magnitudine et specie. (5) Usus ille sole, mox frigida, gustaverat iacens studebatque; poscit soleas, ascendit locum, ex quo maxime miraculum illud conspici poterat. Nubes – incertum procul intuentibus ex quo monte (Vesuvium fuisse postea cognitum est) – oriebatur, cuius similitudinem et formam non alia magis arbor quam pinus expresserit. (6) Nam longissimo velut trunco elata in altum quibusdam ramis diffundebatur, credo quia recenti spiritu evecta, dein senescente eo destituta aut etiam pondere suo victa in latitudinem vanescebat, candida interdum, interdum sordida et maculosa prout terram cineremve sustulerat. (7) Magnum propiusque noscendum ut eruditissimo viro visum. Iubet liburnicam aptari; mihi, si venire una vellem, facit copiam; respondi studere me malle, et forte ipse, quod scriberem, dederat. (8) Egrediebatur domo; accipit codicillos Rectinae Casci imminenti periculo exterritae (nam villa eius subiacebat nec ulla nisi navibus fuga): Ut se tanto discrimini eriperet, orabat.

Übersetzung

(4) Er hielt sich in Misenum auf und hat die Flotte persönlich kommandiert. Am 24. August, etwa zur siebten Tagesstun-

de, macht meine Mutter ihn auf das Erscheinen einer Wolke von ungewöhnlicher Größe und Gestalt aufmerksam. (5) Er nahm ein Sonnen-, gleich darauf ein Kaltwasserbad, hatte gegessen im Liegen und beschäftigte sich gerade geistig; er verlangt nach seinen Sandalen und steigt zu einem Platz hoch, von dem aus man am ehesten diese Seltsamkeit in Augenschein nehmen konnte. Eine Wolke – unklar für aus der Ferne Betrachtende, von welchem Berg (dass es der Vesuv war, wurde später in Erfahrung gebracht) – erhob sich, für deren Gestaltbeschreibung sich kein Baum mehr zum Vergleich anbietet als die Pinie. (6) Denn wie mit einem riesigen Stamm emporragend in die Luft breitete sie sich mit gewissen Verästelungen aus, ich denke, weil sie, nachdem sie vom frischen Luftdruck emporgeschleudert wurde, durch dessen folgendes Erlahmen gebremst oder auch durch ihr Eigengewicht niedergedrückt sich in die Breite ausdünnte, strahlend hell mitunter, mitunter schmutzig und fleckig, je nachdem, wie sie Erde und Asche hochbefördert hatte. (7) Etwas Gewaltiges und näher zu Erkundendes war hier für einen Spitzenwissenschaftler erschienen. Er weist an, ein Liburnerschiff startklar zu machen; mir räumt er, falls ich mitkommen möchte, die Möglichkeit dazu ein; ich gab zur Antwort, dass ich die geistige Arbeit vorzöge, und er hatte mir ja gerade selbst etwas zum Schreiben gegeben. (8) Er machte sich auf den Weg aus dem Haus; er empfängt eine Kurznachricht von Rectina, Cascus' Frau, die vor der in der Luft liegenden Gefährdung erschrocken sei (denn ihr Anwesen war dem ausgesetzt, und unmöglich außer zu Schiff das Entkommen): Dass er sie aus dieser gewaltigen Bedrohung errette, lautete ihre Bitte.

Basissatz

Mit genauen Orts-, Datums- und Sachverhaltsangaben liefert der jüngere Plinius als Augenzeuge der Reaktionen seines Onkels auf die erste Phase des Vesuvausbruchs wichtiges Tatsachenmaterial für eine historiographische Aufbereitung. Darin will er den Onkel als Helden der Menschenrettung und der Naturforschung verewigt sehen.

Interpretationsansätze

Der Textauszug lässt sich in drei Abschnitte gliedern: In § 4 und im ersten Teil von § 5 beschreibt Plinius die allgemeine Funktion und die Alltagsroutine seines Onkels zum Zeitpunkt der ersten Nachricht, die auf eine Naturkatastrophe verweisen könnte. Im zweiten Abschnitt (§§ 5b–6) gibt Plinius eine naturwissenschaftlich exakte Beschreibung der aus der Ferne beobachteten Eruptionswolke. Im dritten Abschnitt (§§ 7–8) schildert er sodann die tatkräftige Reaktion seines Onkels. Sein sofortiger Aufbruch zur Naherkundung als Naturforscher, auf die sein Neffe aus eigenen Stücken verzichtet, wird vom Rettungsgesuch einer Bekannten, die in der Gefahrenzone lebt, überholt.

Der erste Satz gibt in nüchterner Sachlichkeit über die Funktion und den Aufenthaltsort des Onkels Aufschluss: In betonter Anfangs- und Schlussstellung klären das die Prädikate *erat* und *regebat* im linear-durativen Imperfekt. Der Lokativ *Miseni* verweist auf den bedeutenden Flottenstützpunkt beim Kap Misenum nordwestlich von Neapel bei den Phlegräischen Feldern, das seinen Namen einem der Sage nach dort bestatteten Kameraden des mythischen Helden Aeneas verdankt. Dass der Onkel Befehlshaber der Flotte ist, verdeutlicht leicht pleonastisch der

Ausdruck *classemque imperio ... regebat.* Seine Führungsqualitäten äußern sich im weiteren Verlauf in seinem zupackenden und zielgerichteten Handeln (das zeigen etwa die Anordnungen in § 7: *iubet ... facit ... dederat*). Im zweiten Satz erfolgt die für den Historiker wichtige exakte Datierung des Ereignisses nicht nur nach dem Tag im Monatskalender, sondern sogar nach der Tageszeit (etwa 13 Uhr). Nach der Zeitangabe im Ablativus temporis folgt als Subjekt Plinius' Mutter in ebendieser Funktion: *Mater mea* verweist auf ihre Beziehung zum Briefschreiber und Berichterstatter. Sie ihrerseits berichtet ihrem Bruder (*indicat*). Die außergewöhnliche Naturerscheinung begegnet nun im Brief zunächst aus ihrer Perspektive, die aus der beträchtlichen Entfernung nur das Offensichtliche wahrnehmen kann. Der AcI-Infinitiv *adparere* wird in § 7 mit *visum* aufgegriffen. Beim Erstbericht ist die Wolke das besorgniserregende Moment – *nubem* wiederholt Plinius in betonter Satzanfangsstellung in § 5 mit *nubes.* Die Ablativi qualitatis verweisen aus der Sicht der Mutter auf die außergewöhnliche Größe und Gestalt der Wolke: *magnitudine* nimmt Plinius in *magnum ... visum* (7) auf; *specie* findet in *formam* (5) einen Widerhall: Sogleich wechselt der Fokus auf den angesprochenen Onkel. Zu Beginn von § 5 bringt das Hauptsatzprädikat wiederum im linear-durativen Imperfekt *studebatque* seine derzeitige geistige Tätigkeit zum Ausdruck. Wie wir aus anderen Plinius-Berichten wissen, nutzte der Onkel jede irgendwie freie Minute für wissenschaftliche Arbeit. Das vorangestellte Participium coniunctum *usus* mit den zugehörigen Ablativen *sole* und *frigida (aqua)* fasst knapp seine zuvor im Tagesverlauf zu verzeichnenden Tätigkeiten zusammen, bevor das Plusquamperfekt *gustaverat* auf die dem Forschen unmittelbar vorangegangene Nahrungsaufnahme verweist. Das zwischengestellte Participium coniunctum *iacens* gibt darüber Auskunft, dass Mittagessen und Studium im Liegen erfolgten. So hat Plinius' Mutter ihren Bruder in der Alltagsroutine auch angetroffen. Ihre Nachricht bedeutet eine sofortige Peripetie (Umschwung). Dass der Onkel aus der Routine gerissen ist, belegt das asyndetische parallele Bikolon (Doppelsatzglied) *poscit ... ascendit.* Der Wechsel ins lebendige oder dramatische Präsens unterstreicht das. Aus der liegenden Haltung steht er auf, lässt sich die Schuhe anziehen und begibt sich auf einen geeigneten Aussichtspunkt. Die Riesenwolke der vorherigen Beschreibung nennt Plinius nun bereits *miraculum illud.* Dieses Naturwunder reizt den Onkel als Naturforscher und Verfasser der *Naturalis historia* selbstverständlich zu genauer forschender Betrachtung: *Conspici* konkretisiert der jüngere Plinius sogleich mit dem Dativ des räumlichen Standpunktes *procul intuentibus* dahingehend, dass der Beobachterstandpunkt recht weit vom Ereignis entfernt liegt.

An den Beginn des zweiten Abschnitts, noch in § 5, hat Plinius das Leitwort *nubes* gestellt. Die eingehende Beschreibung der Eruptionswolke nimmt dann die gesamte Passage ein. Unmittelbar auf das Subjekt dieser Beschreibung lässt Plinius eine in sich noch verschachtelte Parenthese folgen. Dieser Einschub dient der wissenschaftlich säuberlichen Trennung zwischen dem seinerzeit direkt aus der Ferne Beobachteten (*procul intuentibus*) und späteren Erkenntnissen. Plinius ist es wichtig zu betonen, dass zu Beginn der Naturkatastrophe von Misenum aus nicht sicher festzustellen war (vgl. das elliptische *incertum* für *incertum erat*), von welchem Berg die Wolke sich erhob. Es handelt sich ja um eine Gegend mit mehreren vulkanischen Erhebungen, die zu Plinius' Zeit allesamt lange inaktiv gewesen waren. Der Klammereinschub stellt mit einem vom neutralpassivischen Prädikat *cognitum est* abhängigen AcI klar, dass es sich um einen Ausbruch des weitaus größten Vulkans der Gegend, des Vesuvs (als Subjektsakkusativ in betonter Anfangsstellung), gehandelt hat. Nach der Parenthese folgt das Hauptsatzprädikat im szenischen Imperfekt *oriebatur*. Das Aufsteigen der Wolke ist also gerade im Gange. Im Begründungssatz zu Beginn von § 6 beschreibt das ebenfalls szenische Imperfekt *diffundebatur* einen bereits fortgeschrittenen Stand der Ausbreitung der Wolkenerscheinung. Dazwischen bietet Plinius im Relativsatz einen bis heute oft zitierten Vergleich der Form der Eruptionswolke mit einer Pinie: *similitudinem et formam* steht dabei als echtes Hendiadyoin für *similitudo formae*. Der als Begründung mit *nam* eingeleitete Hauptsatz (§ 6) führt diesen Vergleich im Einzelnen aus: Das Participium coniunctum *elata in altum*, koordiniert mit dem folgenden, fast bedeutungsgleichen *evecta*, vergleicht das Emporwachsen der Wolke mit dem Emporragen eines Pinienstammes (*velut trunco*), der in Beziehung zu seinem ausladenden und mächtig gerundeten Geäst (*quibusdam ramis*) recht schmal wirkt. Diese eigenartige Wolkenform begründet Plinius in einem Gliedsatz. Vor die Subjunktion *quia* setzt er ein *credo*, um die folgende Erklärung als eigene naturwissenschaftliche Spekulation auszuzeichnen. Die drei auf *nubes* bezüglichen Participia coniuncta *evecta … destituta* und *victa* beziehen sich auf zwei Phasen. Für die mit dem temporalen Konnektor (Bindewort) *dein(de)* abgegrenzte zweite Phase stellt Plinius zwei Hypothesen zur Debatte: Das Absacken der Eruptionsmassen in die Breite lässt sich entweder auf nachlassenden Druck von unten (*senescente* im Kontrast zu vorigem *recenti spiritu*) oder auf zu großen Druck von oben (*pondere suo*) zurückführen. Der Prozess der Ausdehnung in die Breite ist mit dem Imperfekt des Inkohativums (Verbums des Anfangens) *vanescebat* bezeichnet. Die folgenden drei Adjektive dienen sodann der Kennzeichnung der Farbe. Die ersten beiden stehen in chiastischer Antithese und sind mit *interdum* in Anadiplose (Wortdoppelung) verkoppelt:

Dem helleren Ton (*candida*) wird der dunkler durchmischte in der Zweiwortverbindung *sordida et maculosa* entgegengestellt. Die Art der Verunreinigung beschreibt Plinius als das Emporschleudern (*sustulerat* in enger etymologischer Verbindung zu *elata*) von Erd- und Gesteinsbrocken (*terram*) oder Asche (*cineremve*). Letzteres Substantiv weist erstmals ausdrücklich auf die Erscheinung eines feuerspeienden Berges hin.

Der dritte Abschnitt schildert nun in einer an Kommandoton erinnernden Kürze die Reaktionen des Onkels: Die Gerundivkonstruktion *propiusque noscendum* (7) kontrastiert mit *procul intuentibus* (5). Sie steht für die Zwangsläufigkeit des Forscherdrangs des älteren Plinius, den sein Neffe mit dem Superlativ einer Wissenschaftskoryphäe (*eruditissimo viro*) auszeichnet. Die nächsten beiden Kurzsätze stehen unter dem Eindruck des in betonte Anfangsstellung gerückten *iubet*. Der jüngere Plinius selbst, bislang ausdrücklich nur in seinem Näheverhältnis zur Mutter gegenwärtig (4 *mater mea*), rückt nun in den Blick des Onkels und damit auch der eigenen Brieferzählung. Das Angebot (*facit copiam*), nicht die Aufforderung, das Phänomen als Nachwuchswissenschaftler mit zu erkunden, lehnt er höflich dankend ab. Er wolle lieber bei seinen theoretischen Studien bleiben, zumal ihm der Onkel selbst eine Schreibaufgabe gegeben habe. Durch den Rückgriff von *studere* auf *studebatque* (5) betont der jüngere Plinius seine mit dem Onkel gemeinsame Vorliebe für intensive geistige Tätigkeit. Der Hinweis auf den Schreibauftrag verstärkt den Eindruck einer engen Lehrer-Schüler-Beziehung. Dass sich in der solchermaßen begründeten Ablehnung auch Vorsicht oder Ängstlichkeit verbergen könnte, scheint der Onkel ohne weiteres zu akzeptieren. Jedenfalls macht er sich sogleich auf seinen Weg. Das szenische Imperfekt in betonter Anfangsstellung von § 8 fasst dies in Worte. Zu Beginn des asyndetisch angefügten zweiten Hauptsatzes steht mit *accipit* nach *indicat* (4) und *ascendit* (5) erneut ein dramatisches Präsens der lebendigen Erzählung: Die Ereignisse überschlagen sich nämlich. War der Vulkanausbruch bislang als studierenswerte Naturerscheinung betrachtet worden, so rückt jetzt ganz unmittelbar die Bedrohlichkeit für Leben und Gesundheit der in der Nähe befindlichen Menschen ins Zentrum: Innerhalb seines Briefes gibt Plinius nun den Inhalt der schriftlichen Kurznachricht (*codicillos*) der offenbar gut mit dem Kommandanten bekannten Rectina wieder. Deren panikartige Aufregung bringt das in Hyperbaton zu ihrem Namen stehende Partizip Perfekt Passiv *exterritae* auf den Punkt. Der akuten Gefahr verleiht der Text doppelt mit dem kausalen Ablativ *imminenti periculo* und dem folgenden Dativ *tanto discrimini* Nachdruck. Wieder liefert eine Parenthese weitere Erklärungen: Das Anwesen (*villa*) Rectinas liegt am Fuß (des Vesuvs), vermutlich in Herculaneum, und der Fluchtweg zu Land ist bereits abgeschnitten. Das ist der elliptischen, durch n-Alliterationen hervorgehobenen Nachricht *nec ulla nisi navibus fuga (est)* zu entnehmen. Durch den Notruf der Rectina und ihre Bitte (*orabat*) um Rettung ist der Onkel nun als Flottenkommandant und (See-)Notretter noch mehr gefragt denn als Wissenschaftler. Der weitere Verlauf des Briefes wird zeigen, dass er sich in beiden Gebieten heldenhaft als *vir eruditissimus* betätigt und in diesem Dienst sogar sein Leben opfert.

14 Tacitus

Über die Kindheit von Publius Cornelius Tacitus ist wenig bekannt. Um das Jahr 55 n. Chr. geboren, wuchs er vermutlich in Gallien auf. Er erhielt in Rom eine rhetorische Ausbildung und heiratete 78 n. Chr. die Tochter von Gnaeus Iulius Agricola, von dessen Tätigkeit in Britannien sein erstes Werk handelt. Unter Vespasian war Tacitus Quästor. Die Ämterlaufbahn, den *cursus honorum*, setzte er mit der Prätur im Jahr 88 n. Chr. unter Domitian und dem Konsulat 97 n. Chr. unter Nerva fort. Wohl für ein militärisches Kommando hielt er sich 89–93 n. Chr. nicht in Rom auf. In den Jahren 112 und 113 n. Chr. war Tacitus Prokonsul in Asien. Er starb um 120 n. Chr.

Werk

Tacitus' Werk besteht größtenteils aus historiographischen Schriften. Zudem ist unter seinem Namen der redetheoretische ***Dialogus de oratoribus*** (*Dialog über die Redner*; um 102 n. Chr.) überliefert, in dem bedeutende Redner der damaligen Zeit den Verfall der Beredsamkeit und dessen Ursachen unter den Bedingungen der Prinzipatsherrschaft diskutieren.

Nach ***De vita et moribus Iulii Agricolae*** (*Leben und Charakter des Iulius Agricola*) über die Tätigkeit seines Schwiegervaters in Britannien (98 n. Chr.) setzte Tacitus sein historiographisches Schaffen mit der geo- und ethnographischen Studie ***De origine et situ Germanorum*** (*Herkunft und Gebiet der Germanen*; 98 n. Chr.) fort. In einem ersten Teil beschreibt das Buch das Gebiet, das Land und die Lebensweise der Germanen, bevor es in einem zweiten Teil die einzelnen Volksstämme analysiert. Damit charakterisiert es die Germanen als reale Bedrohung Roms und stellt zugleich deren Freiheitsdrang, Ehrliebe und Kampfesmut der römischen Dekadenz und Korruption gegenüber.

Gegenstand der ***Historiae*** (um 112 n. Chr.) ist die flavische Dynastie. Das Werk beginnt 69 n. Chr., im ›Vierkaiserjahr‹, und endet mit Domitians Tod 96 n. Chr. Von insgesamt zwölf sind nur die ersten vier Bücher sowie der Anfang des fünften Buchs erhalten. Die Bücher 1–4 behandeln die Kämpfe nach dem Tod Neros: Zunächst übernahm Galba die Herrschaft, doch er wurde von den Anhängern Othos ermordet. Während Otho sich in Rom zum Kaiser ausrufen ließ, ernannten die germanischen Truppen ihren Befehlshaber Vitellius zum Imperator. Otho beging nach der Niederlage seiner Truppen (1. Schlacht von Bedriacum) gegen die Vitellianer Selbstmord. Zur gleichen Zeit konnte der in Judäa stationierte Flavier Vespasian die Legionen im Osten des Römischen Reichs für sich gewinnen. Sein Heer schlug die Vitellianer, Vespasian wurde Kaiser. Das fünfte Buch behandelt den Jüdischen Krieg (66–70 n. Chr.), in dem sich Vespasians Sohn Titus auszeichnen konnte.

Die ***Annales*** (um 117 n. Chr.) erzählen die Geschichte der Jahre »vom Abgang des vergöttlichten Augustus« (*ab excessu divi Augusti*) 14 n. Chr. bis zum Tod Neros 68 n. Chr. Tacitus erhebt dabei den Anspruch einer neutralen und objektiven Berichterstattung »ohne Zorn und Parteieifer« (*sine ira et studio*). Die Bücher 7–10 und 17–18 des insgesamt 18 Bücher umfassenden Werks sind nicht überliefert. Im ersten Werkdrittel sind die Regierungsjahre des Tiberius (14–37 n. Chr.) beschrieben, von dem die *Annales* ein negatives Bild zeichnen. Die nächsten sechs Bücher widmen sich Caligula (37–41 n. Chr.) und Claudius (41–54 n. Chr.). Das letzte Werkdrittel hat den Prinzipat Neros zum Thema (54–68 n. Chr.).

In den *Historiae* und *Annales* unterstreicht Tacitus in der Tradition der moralisierenden Geschichtsschreibung den negativen Einfluss von Charakterfehlern wie *avaritia, libido* oder *superbia*. Er betont die Verantwortung des Einzelnen vor dem Hintergrund der senatorischen Werte *virtus*, *gloria* und *libertas*. Damit verbunden ist die grundsätzliche pessimistische Sicht auf den Prinzipat und die Idealisierung der *res publica libera*. Seine Sprache, die sich durch prägnante, antithetische und teils überpointierte und inkonzinne (syntaktisch nicht folgerichtige) Formulierungen auszeichnet, führt Sallusts Stil weiter. Wie dieser lehnt Tacitus sich in der psychologischen Durchdringung historischer Prozesse und in deren Abbildung in einem scharfsinnigen Analysestil an Thukydides (um 460 – nach 404 v. Chr.) an.

Textbeispiel (*Annales* 14,10,1–3)

Im Rahmen von Tacitus' Darstellung der Herrschaftszeit des Nero bedeutet die vom Princeps selbst veranlasste Tötung seiner machtbewussten Mutter Agrippina im Jahr 59 n. Chr. einen entscheidenden Wendepunkt. Dies lässt sich an folgender Stelle ablesen, die unmittelbar nach der Mordtat ansetzt:

> (1) Sed a Caesare perfecto demum scelere magnitudo eius intellecta est. Reliquo noctis modo per silentium defixus, saepius pavore exsurgens et mentis inops lucem opperiebatur tamquam exitium adlaturam. (2) Atque eum auctore Burro prima centurionum tribunorumque adulatio ad spem firmavit, prensantium manum gratantiumque, quod discrimen improvisum et matris facinus evasisset. Amici dehinc adire templa et coepto exemplo proxima Campaniae municipia victimis et legationibus laetitiam testari: Ipse diversa simulatione maestus et quasi incolumitati suae infensus ac morti parentis inlacrimans. (3) Quia tamen non ut hominum vultus, ita locorum facies

mutantur obversabaturque maris illius et litorum gravis aspectus (et erant, qui crederent sonitum tubae collibus circum editis planctusque tumulo matris audiri), Neapolim concessit litterasque ad senatum misit, quarum summa erat repertum cum ferro percussorem Agerinum, ex intimis Agrippinae libertis, et luisse eam poenas conscientia quasi scelus paravisset.

Übersetzung

(1) Doch vom Kaiser wurde erst nach der Ausführung dieser Untat das gewaltige Ausmaß derselben begriffen. In der Restzeit der Nacht bald in verstörtes Schweigen versunken, öfter angstvoll aufschreckend und ganz außer sich, wartete er auf das Tageslicht, als ob sich mit diesem seine Vernichtung einstellen würde. (2) Und ihm gab auf Betreiben des Burrus zunächst die von Hauptleuten und Obersten (seiner Leibgarde) geäußerte Liebedienerei wieder Hoffnung, die ihm herzlich die Hand schüttelten und ihn beglückwünschten, als ob er einer Gefahr aus heiterem Himmel und einem mütterlichen Mordanschlag entronnen sei. Seine Freunde begaben sich in die Tempel, und nach ihrem Vorbild haben die nächstgelegenen kampanischen Gemeinwesen mit Tieropfern und Abordnungen ihre Freude bekundet: Er selbst gab sich in gegenläufiger Verstellung trauernd, gleichsam der Unversehrtheit seiner eigenen Person abhold und angesichts des Todes seiner Mutter tränenselig. (3) Weil sich gleichwohl nicht so wie menschliche Gesichtszüge auch das Landschaftsgepräge wandeln kann und ihm vor Augen blieb das besagte Meer und die Strände als belastender Anblick (auch hatten manche den Eindruck, der Klang einer Kriegstrompete sei auf den Anhöhen, die sich ringsum erstreckten, und Klagelaute seien beim Grab der Mutter zu hören), ist er nach Neapel ausgewi-

chen und hat sich mit einem Schreiben an den Senat gewandt, dessen Hauptinhalt war, dass man aufgefunden habe mit einer Waffe in Tötungsabsicht den Agerinus, einen der am engsten mit Agrippina verbundenen Freigelassenen, und bezahlt habe sie ihre Strafe im Bewusstsein ihrer Schuld, als ob sie eine Untat ins Werk gesetzt hätte.

Basissatz

Tacitus prangert den Muttermord als einen Gipfel der Perversion in Neros Herrschaft an, indem er die Geistesstörungen des Herrschers, die heuchlerischen Schmeicheleien seines engeren und weiteren Umfeldes und die ruchlose Verlogenheit seiner öffentlichen Rechtfertigung bloßstellt.

Interpretationsansätze

Der Text gliedert sich in drei Abschnitte: In § 1 zeichnet Tacitus ein knappes Psychogramm Neros im Anschluss an die vom Verantwortlichen erst nachträglich in ihrer Tragweite durchschaute Untat. § 2 schildert die durch und durch heuchlerischen Reaktionen des engeren und weiteren Umfelds, die Nero wieder Hoffnung geben, ihn aber seinerseits zur Heuchelei anregen. § 3 protokolliert sodann nach einem Ortswechsel das offizielle Rechtfertigungsschreiben, das Nero an den Senat in Rom sendet.

Die einleitende Passivkonstruktion richtet den Blick auf Nero in seiner Funktion als Kaiser (*a Caesare*). Dass dieser die Tragweite (*magnitudo*) des von ihm befohlenen Muttermordes als schlimmstmögliches Verbrechen (*ultimum nefas*) erst nach der Tat (*perfecto … scelere* als Ablativus absolutus, der das sachlich zu *intellecta est* gehörige *demum* rahmt) geistig realisiert hat (*intellecta est*), spricht nicht für herrscherlichen Weitblick. Schon gar nicht spricht es für herrscherliche Milde (*clementia*), wie sein Lehrer Seneca sie ihm in seinem ›Fürstenspiegel‹ *De clementia* nahegelegt hatte. Folgerichtig legt der Muttermörder Nero auch ein der Unerschütterlichkeit (griech. *ataraxía*) des stoischen Weisen entgegengesetztes Verhalten an den Tag: Das Trikolon *defixus … exsurgens … (mentis) inops* zeichnet seine jähen Stimmungsschwankungen in der restlichen Mordnacht nach. Nero lässt sich vom Affekt der Furcht (*pavore*) geradezu in den Wahnsinn treiben (*mentis inops*). Das Prädikat *opperiebatur* steht im durativen Imperfekt, dem das direkte Objekt *lucem* vorangestellt ist, welches wiederum in weitem Hyperbaton vom darauf bezogenen Partizip Futur Aktiv *adlaturam* getrennt steht. Neros panisch ängstliche und nervöse Fixierung gilt dem folgenden Tageslicht, das im Wortsinn Licht auf seine Mordtat werfen und ihm damit als spiegelnde Bestrafung den Untergang bringen werde (*exitium*). Die Angst des Mörders vor dem eigenen Tod treibt das unstoische Gebaren Neros auf die Spitze.

Zu Beginn des zweiten Abschnitts ist der unkaiserliche Kaiser bereits in die Rolle des Objekts verbannt: *eum … firmavit*. Der Ablativus absolutus *auctore Burro* zeigt, dass der mächtige Prätorianerpräfekt hier das Heft des Handelns ergreift. Obwohl die Prätorianer Neros Muttermord nicht aktiv unterstützten, veranlasst Burrus die Militärs im kaiserlichen Umfeld zu einer Loyalitätsbekundung für Nero. Hätten diese sich anders verhalten, wäre Neros *exitium* schon im Jahr 59 n. Chr. wahrscheinlich gewesen. Die Treue der Garde wertet Tacitus unverblümt als *adulatio* im Sinne von geheuchelter Schmeichelei und Kriecherei ab. Am Ende des Absatzes greift er das Motiv mit *diversa simulatione* (auf Seiten Neros) auf. Die abstoßende Katzbuckelei der bewaffneten Kräfte enthüllt ihr abstoßend berechnendes Gebaren: In weitem Hyperbaton ist *centurionum tribu-*

norumque von *prensantium* (Intensivum zu *prehendentium*) ... *gratantiumque* getrennt. Der innerlich abhängige *quod*-Satz gibt die von abgrundtiefer Falschheit gekennzeichneten Worte ihrer unter heftigem Händeschütteln vorgetragenen Glückwünsche wieder: Neros Umfeld nimmt zugunsten des Muttermörders eine Täter-Opfer-Umkehr vor und bezichtigt Agrippina eines »aus heiterem Himmel« (*improvisum*) geschmiedeten Mordkomplotts, dem Nero glücklicherweise entkommen sei: *Matris facinus* knüpft an *scelere (Neronis)* (1) an und bereitet *quasi scelus* (3) vor. Der folgende Satz geht von den Militärs am Hof zu den »Freunden« (*amici*) Neros über, seinen Spießgesellen also, die in seinem Sinn die öffentliche Meinung beeinflussen: Sie verdrehen die römische *pietas* in ihr Gegenteil, indem sie in heiligen Bezirken (*templa*) für die »Rettung« Neros kultische Handlungen vollführen. Die historischen Präsentia *adire* und *testari* untermalen, wie rasch in einem Zwangsstaat ein schlechtes Beispiel, hier in den Ablativus absolutus *coepto exemplo* gefasst, Schule macht: Die in der Nähe des Tatortes Baiae gelegenen Ortschaften Kampaniens schließen sich den geheuchelten Huldigungen für den Muttermörder an. Die instrumentalen Ablative *victimis et legationibus* verdeutlichen, dass dabei wiederum kultische Handlungen (Tieropfer) und öffentliche Repräsentation zusammenwirken. Ziel ist, Heiterkeit und ausgelassene Freude »zu bezeugen« (*laetitiam testari*). Das Zeugnis muss aber grundfalsch sein, da Tacitus konsequent von *adulatio* und *simulatio* schreibt. Nero als Adressat der Huldigungen rückt mit *ipse* erneut in den Blick. Wie zu Beginn des Textauszugs kennzeichnet ein Trikolon sein Gebaren. Doch anders als bei seiner echten Verstörtheit in § 1 handelt es sich hier um pure Verstellung und Schauspielkunst des notorischen *artifex* Nero: Der zur Schau gestellten Freude seines Umfelds setzt er mit Nachdruck Trauer, Unwillen über das eigene Überleben und Tränen über den Tod der Mutter entgegen; *maestus ... infensus ... inlacrimans* zeichnen seine vorgetäuschte Gefühlslage mit Parallelismus und Assonanz nach.

Tacitus lässt ihn aber damit nicht durchkommen: Zu Beginn von § 3 beschreibt er einen Rückfall Neros in die aufgewühlte und von schlechtem Gewissen geprägte Stimmungslage von § 1. Der Veränderbarkeit von *hominum vultus*, die wiederum auf Schmeichelei und Heuchelei verweist, setzt Tacitus in antithetischem Parallelismus die Unveränderlichkeit der Ortsansichten (*locorum facies*) entgegen. Unbestechlich und belastend (*gravis*) bleibt für den Täter der Anblick (*aspectus*) von Meer und Küstengegend bei Baiae. Dort waren ja der gescheiterte Anschlag auf Agrippinas Leben auf einem präparierten Schiff und ihre spätere Ermordung erfolgt. Diese schwere Belastung, die sich mit dem auf dem tragischen Muttermörder Orestes lastenden Fluch der Erinyen/Rachegeister der Klytaimestra vergleichen lässt, entwertet die durch Falschheit der Umwelt genährte Hoffnung (2 *ad spem firmavit*) vollständig. Die Anspielung auf die Tragödie bekräftigt die von Tacitus etwas distanziert (*erant, qui crederent*) in Parenthese vorgetragene Kunde von bedrohlichen Kriegstrompetenklängen und Klageschreien rund um das Grab der – ohne ordentliches Begräbnis dort verscharrten – Agrippina: *tumulo matris* verweist auf *morti parentis* (2) zurück und belegt, dass die Mordtat den Muttermörder nie mehr loslassen wird. Der fluchtartige Rückzug in die Großstadt Neapel (*Neapolim concessit*) wird ihm ebenso wenig Entlastung bringen. Unmittelbar an den Fluchtversuch des Getriebenen schließt Tacitus in nüchternem Kanzleiton den Inhalt des Schreibens an, mit dem sich Nero vor dem Senat rechtfertigt: Die dort enthaltene Behauptung einer mörderischen Hofintrige gegen Nero, für die Agrippina einen ihrer vertrautesten Freigelassenen eingesetzt habe (*ex intimis Agrippinae libertis*), den man überdies noch mit dem Tatwerkzeug aufgefunden habe (*repertum cum ferro* in betonter Voranstellung), beruht auf der bereits vom inneren Zirkel vorgenommenen Täter-Opfer-Umkehr: *quasi scelus paravisset* (vgl. 2 *quasi … infensus*) bringt die Bezichtigung des tatsächlichen Verbrechensopfers (1 *scelere*) als Planerin eines Verbrechens bündig zum Ausdruck. Im Gesamtzusammenhang steht die von allen Entscheidungsträgern offenbar akzeptierte himmelschreiende Falschdarstellung (Fake News) für die perverse Herrschaft Neros überhaupt, die jeglichen Halt in den vielbeschworenen *mores maiorum* längst verloren hat, so dass der zum Getriebenen gewordene Muttermörder an der Spitze des Imperiums unweigerlich seinem *exitium* entgegentreibt.

15 Augustinus

Augustinus wurde 354 n. Chr. in Thagaste (Nordafrika) geboren, als Sohn eines heidnischen (paganen) römischen Beamten und einer christlichen Mutter. Ab 370 n. Chr. erhielt er eine rhetorische Ausbildung in Karthago, wo er selbst ab 376 n. Chr. Rhetorik und Grammatik lehrte. Es folgten Unterrichtstätigkeiten in Rom (383 n. Chr.) und Mailand (ab 384 n. Chr.). In Mailand bekehrte er sich 386 n. Chr. zum Christentum; im Jahr darauf wurde er dort getauft. Nach einem erneuten Aufenthalt in Rom kehrte Augustinus 388 n. Chr. nach Afrika zurück, wo er 391 n. Chr. zum Priester und 396 n. Chr. zum Bischof von Hippo geweiht wurde. Augustinus starb 430 n. Chr. in Hippo Regius.

Werk

Augustinus wird aufgrund seines umfassenden und einflussreichen theologischen und religionsphilosophischen Œuvres zu den christlichen Kirchenvätern (*patres ecclesiae*) gezählt. Sein erstes Werk ***De pulchro et de apto*** (*Das Schöne und das Angemessene*; 380/381 n. Chr.) ist verloren. In seinen Schriften greift Augustinus verschiedene zentrale Themen der Philosophiegeschichte auf und entwickelt aus einer christlichen sowie religionsphilosophischen Perspektive heraus eigene Positionen. So setzt er sich etwa in ***Contra academicos*** (*Gegen die Akademiker*; um 386 n. Chr.) mit erkenntnistheoretischen Problemen auseinander und argumentiert dafür, dass durch Gottes Menschwerdung und Wirken in der Welt dem Menschen eine Möglichkeit zur Erkenntnis der erkennbaren (intelligiblen) Welt gegeben ist. ***De beata vita*** (*Das glückliche Leben*; um 386 n. Chr.) sieht in dem Zusammensein mit Gott das höchste Gut. In seinen Werken ***Soliloquia*** (*Selbstgespräche*), ***De immortalitate animae*** (*Die Unsterblichkeit der Seele*) und ***De animae quantitate*** (*Die Größe der Seele*; um 387 n. Chr.) knüpft er an platonische Vorstellungen über die Seele an. In ***De libero arbitrio*** (*Der freie Wille*; 387/388 n. Chr.) behandelt Augustinus die Frage nach dem Ursprung des Bösen, den menschlichen Willen und die Theodizee, also die Rechtfertigung Gottes angesichts des Übels in seiner Schöpfung.

Mit ***De civitate Dei*** (*Der Gottesstaat*; um 410 – 426 n. Chr.) verfasste Augustinus eine 22 Bücher umfassende geschichtsphilosophische Schrift, in der er nach einer Kritik der Verehrung von paganen Gottheiten die gesamte Historie der Menschheit aus einer christlich eschatologischen Perspektive erzählt und diese mit verschiedenen philosophischen Konzepten und Gedanken verbindet.

In zahlreichen dogmatischen Werken setzte sich Augustinus mit häretischen, also von der Hauptlinie des Glaubens abweichenden Strömungen, vor allem den Manichäern, den Donatisten und den Pelagianern, auseinander. Im Zuge der Debatten gegen die Manichäer entstanden die bibelexegetischen Schriften ***De genesi contra Manichaeos*** (*Genesis-Erklärung gegen die Manichäer*; 388–390 n. Chr.) und ***Contra Faustum Manichaeum*** (*Gegen den Manichäer Faustus*; 398–400 n. Chr.). Die Donatisten lehnten eine weltweite institutionelle Gemeinschaft der Christen ab, während Augustinus für eine Universalkirche argumentierte, z. B. mit seinen Werken ***De baptismo*** (*Die Taufe*; 401 n. Chr.) und ***Contra Cresconium*** (*Gegen Cresconius*; 405/406 n. Chr.). ***De peccatorum meritis et remissione*** (*Die Verdienste und die Vergebung der Sünden*; 411/412 n. Chr.), ***Contra Iulianum*** (*Gegen Iulianus*; 421/422 n. Chr.) und weitere antipelagianische Werke betonen die Bedeutung von Gottes Gnade für den durch den Sündenfall korrumpierten Menschen. Mit dem christlich-dogmatischen Werk ***De trinitate*** (*Die Dreieinigkeit*; 399–419 n. Chr.) postuliert Augustinus in insgesamt 15 Büchern anhand von Schriftzeugnissen und philosophischen Überlegungen die Einheit Gottes in drei Personen.

Neben exegetisch-hermeneutischen sowie pastoralen Schriften verfasste Augustinus auch eine Autobiographie: die ***Confessiones*** (*Bekenntnisse*; 397–400 n. Chr.). In insgesamt 13 Büchern reflektiert er zunächst sein Leben vor der Bekehrung sowie prägende Erlebnisse kurz nach seiner Hinwendung zum christlichen Glauben (Bücher 1–10). Das elfte Buch stellt eine philosophische Untersuchung der Zeit dar. Die abschließenden Bücher 12 und 13 behandeln die biblische Schöpfungsgeschichte.

Textbeispiel (*De civitate Dei* 1, praefatio)

Der Kirchenvater Augustinus schickt seinem »gegen die Heiden« gerichteten monumentalen Werk über den Gottesstaat eine Vorrede (*praefatio*) voraus, die folgendermaßen beginnt:

> (1) Gloriosissimam civitatem Dei […] defendere adversus eos, qui conditori eius deos suos praeferunt, fili carissime Marcelline, suscepi, magnum opus et arduum, sed Deus adiutor noster est. (2) Nam scio, quibus viribus opus sit, ut persuadeatur superbis, quanta sit virtus humilitatis, qua fit, ut omnia terrena cacumina temporali mobilitate nutantia non humano usurpata fastu, sed divina gratia donata celsitudo transcendat. (3) Rex enim et conditor civitatis huius, de qua loqui instituimus, in scriptura populi sui sententiam divinae legis aperuit, qua dictum est: »Deus superbis resistit, humilibus autem dat gratiam.« (4) Hoc vero, quod Dei est, superbae quoque animae spiritus inflatus adfectat amatque sibi in laudibus dici:
>
> Parcere subiectis et debellare superbos.
>
> (5) Unde etiam de terrena civitate, quae cum dominari adpetit, etsi populi serviant, ipsa ei dominandi libido dominatur, non est praetereundum silentio quidquid dicere suscepti huius operis ratio postulat et facultas datur.

Übersetzung

(1) Den ruhmreichsten Staat Gottes […] zu verteidigen gegen diejenigen, die seinem Gründer ihre eigenen Götter vorziehen, habe ich mir, liebster Sohn Marcellinus, vorgenommen, ein großes Werk und ein schwieriges, doch Gott ist unser

Beistand. (2) Denn ich weiß, welcher Kräfte es bedarf, dass die Überzeugung entstehe bei den Hochmütigen, wie große Leistungskraft liegt in der Demut, durch die es geschieht, dass sämtliche irdischen Hoheiten, die in zeitlicher Beweglichkeit schwanken, die nicht durch menschliche Überheblichkeit ergriffene, sondern durch göttliche Gnade geschenkte Erhabenheit übertrumpft. (3) Der König nämlich und Gründer dieses Staates, über den zu sprechen unser Vorsatz ist, hat in der Schrift seines Volkes einen Sinnspruch des göttlichen Gesetzes eröffnet, in dem ausgesagt worden ist: »Gott leistet den Hochmütigen Widerstand, den Demütigen aber gewährt er Gnade.« (1. Petrus 5,5) (4) Dies aber, was Gottes ist, will auch der hochmütigen Seele Geist in seiner Aufgeblasenheit beanspruchen, und er liebt es, dass für ihn in Lobsprüchen ausgesprochen wird:

Schone die Untertanen und unterjoche den Hochmut!
(Vergil, *Aeneis* 6,853)

(5) Weswegen auch über den irdischen Staat, der in seinem Herrschaftsanspruch, auch wenn die Völker dienstbar sein sollten, selbst der Herrschaftslust unterliegt, nicht hinwegzugehen ist mit Stillschweigen, zu welchen Aussagen auch immer des hier unternommenen Werks Systematik die Richtung vorgibt und Möglichkeit gewährt wird.

Basissatz

Zur Einleitung seines 22 Bücher umfassenden und folglich als groß und schwierig bezeichneten Werks grenzt Augustinus nachdrücklich den auf die Leistungskraft der Demut gegründeten Gottesstaat gegen den von Hochmut und Machtgier beherrschten irdischen Staat ab.

Interpretationsansätze

Der Text lässt sich in zwei Abschnitte gliedern. Die §§ 1 und 2 enthalten Augustinus' staatsphilosophisches Programm und die Widmung des als groß und schwierig ausgezeichneten Werks. Die §§ 3–5 entwickeln anhand der Umwertung der Verhaltensweisen Hochmut und Demut und anhand eines Vergil-Zitats die Abgrenzung zwischen weltlichem und göttlichem Staatsgedanken.

Der programmatische erste Satz, hier in gekürzter Form abgedruckt, gibt in weitem Bogen Thema, Zielsetzung und Argumentationsrichtung von Augustinus' Hauptwerk an: Der »Gottesstaat« (*civitas Dei*) gibt sich als christliche Umdeutung von staatstheoretischen Entwürfen aus der griechischen (Platon, *Politeia*) und lateinischen (Cicero, *De re publica*) Überlieferung. Mit dem in betonter Anfangsstellung die Vorrede eröffnenden Superlativ *gloriosissimam* wird der römische Wertbegriff der ruhmreichen Würde (*gloria*) auf den überweltlichen Gottesstaat übertragen. Die gesteigerte Form setzt ihn deutlich über die Würde, die das weltliche Reich der Römer, das Imperium Romanum, mitsamt seinen Amtsträgern für sich beansprucht. Der Objektsinfinitiv *defendere*, abhängig vom weit gesperrten Prädikat *suscepi* (das für das Vorhaben und ›Projekt‹ des Autors steht), legt die verteidigende, also apologetische, Stoßrichtung der christlichen Staatsphilosophie fest. Diese muss sich offensichtlich gegen Widerstände derjenigen Denker zur Wehr setzen, die weiterhin der heidnischen (paganen) Religion angehören. Der eine Gott der monotheistischen christlichen Religion, von Augustinus zweimal als »Gründer« des Gottesstaates ausgezeichnet und damit als »neuer Romulus« gerühmt (1 *conditori* und 3 *conditor*), wird antithetisch den Göttern der polytheistischen ›alten‹ Religion entgegengesetzt

(1 *deos suos praeferunt*). Die emotionale vokativische Anrede kennzeichnet den »liebsten Marcellinus« als Augustinus' Sohn im Geiste und damit als höchst geeigneten Widmungsadressaten für ein völlig neuartiges Bild staatlicher Ordnung. In der Apposition charakterisiert Augustinus sein Vorhaben mit der Zweiwortverbindung *magnum ... et arduum*. Er bemüht damit den Schwierigkeitstopos, mit dem antike Autoren zu Beginn ihrer Werke um Sympathie für ihren Wagemut zu werben pflegen. Die aus paganen Vorreden insbesondere epischer Dichtungen bekannten Beistandsbitten an Musen oder andere helfende Gottheiten nimmt hier der ohne Anrufung vorgebrachte Hinweis auf den Beistand Gottes ein. Die fein gedrechselte Satzperiode in § 2 begründet ausführlich die Schwierigkeit der Aufgabe, die christliche Wertehierarchie gerade an die Römer zu vermitteln, die aufgrund ihrer jahrhundertelangen Machtfülle im besonderen Sinn als *superbi* gelten können. Vom Hauptsatzprädikat *scio* hängt zunächst ein obliquer Fragesatz ab; an diesen schließt sich ein Finalsatz an, dessen Prädikat im unpersönlichen Passiv *persuadeatur* die rhetorische Absicht von Augustinus' staatsphilosophischer Überzeugungskunst betont. Insofern stellt sich der Kirchenvater klar in die Tradition Ciceros. Dieser hatte nicht nur in *De re publica* und in *De legibus*, sondern auch im philosophischen Zyklus seiner späten Jahre immer wieder Fragen des menschlichen Zusammenlebens und auch der Religion (besonders in *De natura deorum*) behandelt. Darin erkannte er, wie die Vorrede zum zweiten Buch von *De devinatione* zeigt, eine besondere Form des Staatsdienstes im Interesse seiner Mitbürger. Mit dem Dativ *superbis* und dem dazu antithetischen *humilitatis* bereitet Augustinus bereits das Leitthema des folgenden Abschnitts vor. Dies zeigt sich an den wörtlichen Anklängen sowohl im Bibelzitat in § 3 als auch im Vergil-Zitat in § 4. Zuvor entfaltet er in § 2 eine Art

Lobpreis oder Hymnus auf die »mannhafte Leistungskraft« (*virtus*) der Demut (*humilitas*). Damit interpretiert er einen zentralen römischen Wertbegriff, der ja oft mit »Tapferkeit« korreliert, in radikaler und provokativer Weise um: Von *persuadeatur* ist ein zweiter obliquer Fragesatz abhängig. Von diesem hängt wiederum ein kurzer Relativsatz ab (*qua fit*), dem ein weiterer *ut*-Satz untergeordnet ist. Dessen Prädikat ist weit von der Subjunktion gesperrt und nimmt die prominente Endposition der gesamten Periode ein: *transcendat* (»sie überschreitet, übertrumpft«) verwendet Augustinus sinnfällig zur Beschreibung der Überlegenheit der ewigen göttlichen Erhabenheit gegenüber der vergänglichen weltlichen Größe. Denn »Transzendenz« bezeichnet ja auch den Übergang von der Sterblichkeit in die Ewigkeit des jenseitigen Lebens. Das unmittelbar vor dem Prädikat stehende Subjekt *celsitudo* wird durch das ebenfalls unmittelbar davorgerückte passivische Participium coniunctum *donata* und den davon abhängigen, davorgestellten instrumentalen Ablativ *divina gratia* bestimmt und ausgezeichnet. Die Wendung weist wiederum auf das folgende Bibelzitat voraus. Die ewige göttliche Übermacht löscht sprichwörtlich die davor ausführlich antithetisch entfaltete menschliche Größe in ihrer Vergänglichkeit aus: Deren *cacumina* sind von vornherein durch ihre Zeitlichkeit wankend, wie das in weitem Hyperbaton auf *cacumina* bezogene Partizip Präsens Aktiv *nutantia* unterstreicht. Im Weiteren bildet *humano usurpata fastu* eine starke Antithese zu dem annähernd parallelen *divina gratia donata*.

Zu Beginn des zweiten Abschnitts spricht Augustinus Gott in betonter Anfangsstellung die Funktion des Königs (*Rex*) im Gottesstaat zu. Während also im weltlichen Reich der Römer ein Schaudern vor dem Königtum (*horror regum*) obwaltet, weil sich diese Herrschaftsform in der Frühzeit diskreditiert hat, spendet das göttliche Königtum Segen und Heil. Die vorher genannte göttliche Gnade (*divina gratia*) verdeutlicht Augustinus nun durch ein Leitzitat des »göttlichen Gesetzes« (*sententiam divinae legis*). Er schreibt den durch antithetischen Parallelismus gekennzeichneten Sinnspruch aus dem ersten Petrusbrief wörtlich aus. Dies dient ihm dazu, das biblische Verständnis von Selbstüberhebung und Demut mit dem weltlichen zu kontrastieren. Zu diesem Zweck setzt er in § 4 als Antitext das berühmte Motto für die Herrschaftsordnung der Römer ein, das Vergil im sechsten Buch seiner *Aeneis* dem Seelenphantom von Aeneas' Vater Anchises in den Mund gelegt hatte. Auch dieses Zitat ist wörtlich wiedergegeben und weist stilistisch einen antithetischen Parallelismus auf. Dem *superbis* aus dem Bibelzitat entspricht *superbos* bei Vergil; dem Dativ *humilibus* entspricht gewissermaßen chiastisch der Dativ *subiectis*. *Resistit* entspricht *debellare*, *dat gratiam* ähnelt *parcere*. Doch um den wesentlichen Unterschied von vornherein zu klären, kritisiert Augustinus schon vor der Wiedergabe des Vergil-Zitats die dahinterstehende Anmaßung: *Superbis* aus dem Bibelzitat findet in *superbae ... animae* gleich ein Anwendungsbeispiel. *Spiritus inflatus* greift *humano ... fastu* (2) als Ausdruck für menschliche Selbstüberschätzung auf. Laut Augustinus liegt die gierige Anmaßung, die er in die alliterierende Zweiwortverbindung *adfectat amatque* fasst (die wiederum *usurpata* aus § 2 fortschreibt), darin, dass sich der Mensch hier selbst zum Gott macht. Das bezeugt der Genetivus possessoris oder pertinentiae *Dei est* unmissverständlich. Die Auslegung des Vergil-Zitats durch Augustinus in § 5 zeigt, dass ihm das in den romideologischen Ausblicken der *Aeneis* verherrlichte Imperium Romanum als Inbegriff einer weltlichen Herrschaft (*civitas terrena*) erscheint. Er erläutert nun seine Methode, diese in geeigneter Weise als Kontrastfolie in seinem Werk zu behandeln: *Suscepti huius operis* nimmt programmatisch *suscepi ... opus* (1) und *de qua loqui instituimus* (3) auf. Die leitenden Prinzipien sind dabei die in betonter Schlussstellung und überdies im Parallelismus genannten Gesichtspunkte *ratio* und *facultas*. Damit sind ›Argumentationsstruktur / Systematik / innere Ordnung‹ und ›das Passen zu den Eigenheiten des Verfassers und seines Werks‹ gemeint. Vorangestellt ist in einer ähnlich komplexen Periode wie in § 2 eine indirekte Romkritik: Inkonzinn, also syntaktisch nicht folgerichtig, erfolgt in dem von *terrena civitate* abhängigen und mit *quae* eingeleiteten Relativsatz ein Subjektswechsel zu *ipsa ... libido*, während das Relativsatzsubjekt im Dativ *ei* aufgegriffen wird. Dem Relativsatz untergeordnet sind ein temporaler *cum*-Satz und ein von diesem abhängiger Konzessivsatz. Semantisch prägend ist das Verbalpolyptoton *dominari ... dominandi ... dominatur*, das inhaltlich auf *debellare* aus dem Vergil-Zitat zurückverweist; *populi serviant* nimmt dagegen *subiectis* auf. Doch Augustinus verschärft das Vergil-Zitat tendenziös. Aus den gerechten Weltherrschern werden Herren (*domini*), die über ihre Untertanen wie über Sklaven (*servi*) uneingeschränkt gebieten. Damit leugnet Augustinus die von Vergil zugrunde gelegte Annahme, dass die römische Herrschaft durch das Recht eingehegt ist. Doch er treibt den Gedanken noch weiter: Der paradoxe Ausdruck *ipsa ei (civitati terrenae) dominandi libido dominatur*, der *dominari adpetit* weiterführt, soll eindringlich vorführen, wie die Herrschsucht den Herrschsüchtigen zum Sklaven seiner Triebe werden und damit der gnadenlosen *superbia* verfallen sein lässt. Damit stellt er auch hier die Erniedrigung des Hochmütigen in einem innerweltlichen Kontext der ewig unangreifbaren und ruhmreichsten Höhe des Gottesstaates gegenüber.

Modul IV: Verslehre

1 Die Quantitäten der Silben (Prosodie)

Eine Abfolge lateinischer Wörter wird zum **Vers** (*versus*), wenn sich lange und kurze Silben (*syllabae*) nach festgelegten Regeln abwechseln – man spricht hier von der Quantität der Silben und somit von einem **quantitierenden Prinzip**.

Eine Silbe gilt als **lang** und wird dementsprechend gesprochen, wenn sie

a) »naturlang« (*natura longa [syllaba]*) oder
b) »positionslang« (*positione longa*) ist.

Zu a): Eine Silbe ist naturlang, wenn sie …	
einen **Langvokal** oder	einen Doppelvokal (= **Dipthong**) enthält.
Naturlange Vokale, z. B. i in *scīre* oder *prīmus*, sind aus sprachgeschichtlichen Gründen lang. Sie finden sich häufig in Flexionsendungen. Beispiele:	Ein Doppelvokal ist eine unmittelbare Abfolge von zwei Vokalen, die nicht getrennt gesprochen werden. Beispiele:
a im Abl. Sg. der a-Dekl.: *viā sacrā* *e* im Nom./Akk. Pl. der 3. Dekl.: *crīnēs; impubēs* *i* im Gen. Sg. der o-Dekl.: *locī; cerebrī* im Dat./Abl. Sg. der 3. Dekl.: *cinerī; vī* im Nom. Pl. der o-Dekl.: *Tyriī; ipsī*	*ae* *aestū* *oe* *foedus* *eu* *Euxīnum (mare)* *au* *auris*

o im Dat./Abl. Sg. der o-Dekl.: *regnō*; *puerō*; *Bacchō* im Nom. Sg. der 3. Dekl.: *nēmō* im Gen. Pl. der o-Dekl.: *vitiōrum* *u* im Abl. Sg. der 4. Dekl. (= u-Dekl.): *vultū*; *aestū*; *manū*	

Zu b): Eine Silbe ist positionslang, d. h. durch Stellung/Anordnung der Laute lang, wenn …
auf ihren Vokal mindestens zwei Konsonanten folgen (Ausnahme: *muta cum liquida*; s. in der Tabelle auf S. 290; *h* gilt nicht als Konsonant). Beispiele:
lāssus; *făcĭēmquĕ*
x gilt als Doppelkonsonant. Beispiele:
ēxoriare, *prōximus*, *lūx*

Achtung: h wird nicht gesprochen, wird also nicht als Konsonant ›mitgezählt‹.
Beispiele: *ĭn(h)ŭmātus*; *precŏr (h)anc*

Eine Silbe gilt hingegen als **kurz** und wird dementsprechend gesprochen, wenn

a) direkt auf den Vokal ein weiterer Vokal oder
b) eine *muta cum liquida* folgt.

Zu a): Eine Silbe ist kurz, wenn …
auf den Vokal im selben Wort unmittelbar ein anderer, eigens gesprochener Vokal folgt (*vocalis ante vocalem corripitur* – »Vokal vor Vokal wird gekürzt«; anders verhält es sich bei Doppelvokalen/Diphthongen, siehe in der Tabelle auf S. 288, rechte Spalte). Beispiele:
pŭĕr; *prōcŭbŭit*; *nĭvĕō*; *făcĭēmque*

Zu b): Eine Silbe wird meist kurz gemessen, wenn …	
auf den Vokal eine ***muta cum liquida*** folgt.	
Mutae sind:	*Liquidae* sind:
d, *t* *g*, *c* *b*, *p*	*l*, *r*, *m*, *n*
Beispiele:	
tĭgris, săcra, cĕlĕbrēs	

Treffen an der Wortgrenze zwei Vokale aufeinander, wird aus Gründen des Wohlklangs und Sprachflusses ein »Auseinanderklaffen« der Silben (= **Hiat[us]**, von *hiare* – »klaffen, gähnen«) vermieden. Dazu lässt man einfach die beiden Vokale nahtlos ineinander übergehen (**Synaloephe**, griech.: »Verschleifung«):

a) durch **Aphärese** (»Wegfall« des zweiten Vokals). Beispiel: *patri**a (e)st***

b) durch **Elision** (»Ausstoßung« des ersten Vokals). Beispiel: *regn**(ō) aut***

Diese Regel gilt auch dann, wenn ein Wort mit der Buchstabenfolge **Vokal + m** auslautet, da solche Silben nasaliert gesprochen wurden, ähnlich wie das französische *un* (»ein[s]«). Beispiele:

pi(um) Aenēan; *vōc(em) extremam*; *c(um) adsectaretur*

2 Versfüße, Verse und Versgruppen

Eine bestimmte Abfolge von mehreren langen (und kurzen) Silben bildet einen **Versfuß**. Ein **Vers** setzt sich aus einer festgelegten Anzahl solcher Versfüße zusammen.

2.1 Daktylus und Spondeus

Bei den abiturrelevanten Werken begegnen am häufigsten **»daktylische« Verse** (Gattungen: Epos und Elegie). In ihnen treten nur folgende **Versfüße** auf:

a) **Daktylus** (von griech. *dáktylos* – »Finger«) aus einem langen und zwei kurzen (Knochen-)Gliedern:	
— ∪∪	Beispiel: *dīcĕrĕ*
b) **Spondeus** (von griech. *spondḗ* – »Trankopfer«, d. h.: »bei der [Opfer-]Feier vorgetragener Vers«) aus zwei langen Silben:	
— —	Beispiel: *ūndīs*

(Für weitere Versfüße [Jambus, Trochäus, Baccheus] s. ab S. 294.)

Hexameter

Eine Folge von sechs Daktylen bildet einen Hexameter (griech. *héx* – »sechs« und *métron* – »[Vers-]Maß«). Besonderheiten:

a) Die letzte Silbe des Verses ist ***anceps*** (»unsicher«), d. h. entweder lang oder kurz (Symbol: ×).
b) Die Doppelkürze des zweiten Halbfußes/Halbtaktes kann im ersten bis vierten Versfuß jeweils durch eine Länge (gleiche Sprechdauer) ersetzt werden: — ∪ ∪ → — —
c) Zäsuren (von *caesura* – »Einschnitt«, hier: »Atempause«) gibt es entweder nach dem fünften Halbfuß (**Pent-hemi-meres**) oder nach dem dritten *und* siebten Halbfuß (**Trit-hemi-meres** *und* **Hepht-hemi-meres**); Symbol: ||)

Grundschema Hexameter:
—∪∪|—∪∪|—∪∪|—∪∪|—∪∪|—×|
Beispiele für b):
—∪∪|—∪∪|—∪∪|——|—∪∪|—×| *procubuit faciemque loci fontemque secutus* ——|—∪∪|——|——|—∪∪|——| *Ibam forte via sacra sicut meus est mos.*
Beispiele für c):
Penthemimeres und **Hephthemimeres:** ——|—∪∪|—||—|—||—|—∪∪|——| *Ibam forte via* || *sacra* || *sicut meus est mos.*
Trithemimeres und **Hephthemimeres:** —∪∪|—||—|—∪∪|—||∪∪|—∪∪|—×| *dumque sitim sedare cupit, sitis altera crevit.*

Pentameter

Eine Folge von fünf daktylischen Versfüßen bildet einen **Pentameter** (griech. *pénte* – »fünf« und *métron* – »[Vers-]Maß«). Besonderheiten:

a) Er setzt sich aus zwei (metrisch oft ›spiegelgleichen‹) Vershälften (**Hemiepeis**) zusammen, die je zweieinhalb Versfüße umfassen.

b) Die beiden langen Silben des dritten (spondeischen) Fußes sind auf die beiden Enden der Vershälften verteilt.

c) Die Versmitte wird durch eine deutliche Atempause betont, die man als **Dihärese** (griech. *dihairéō* – »ich trenne«) bezeichnet (Symbol: **||**).

d) Auch hier wird die Doppelkürze des jeweils zweiten Halbfußes oft durch eine Länge ersetzt: —∪∪ → ——

Grundschema Pentameter und Beispiel:
—UU|—UU|—||—UU|—UU| × *crevit et huic operi quamlibet aptus eram.*
Beispiel für d):
——|—UU|—||—UU|—UU|— *in vent(o) et rapida scriber(e) oportet aqua.*

Hexameter + Pentameter = Distichon

Der Pentameter begegnet nur als ›Unterzeile‹ zu einem Hexameter. Eine solche Zusammenstellung eines Hexameters mit einem darauffolgenden Pentameter zu einer kurzen **Strophe** von zwei Versen nennt man **Distichon** (»Zweizeiler«).

Da dieses Versmaß typisch für elegische Dichtung, d. h. für Klage- und Liebeslieder ist, bezeichnet man es auch als »**elegisches Distichon**«.

Grundschema des elegischen Distichons mit den wichtigsten Zäsuren (||):
—UU|—||UU|—||UU|—||UU|—UU|—×| —UU|—UU|—||—UU|—UU|—
Beispiel:
——|—||—|—||UU|—||UU|—UU|—×| *Nulli se dicit mulier mea nubere malle* —UU|——|—||—UU|—UU| × *quam mihi, non si se Iuppiter ipse petat.*

2.2 Jambus, Trochäus, Baccheus

Neben Daktylus und Spondeus (S. 291) sind für die abiturrelevanten Werke folgende Versfüße wichtig:

a) **Jambus**	
∪—	Beispiel: *viā*
b) **Trochäus**	
—∪	Beispiel: *ibam*
c) **Baccheus**	
∪——	Beispiel: *vereri*

Jambische Versmaße

Verse, die auf das Grundmuster der Silbenfolge des **Jambus** aufbauen, sind der Sprechsprache noch näher als die daktylischen Versmaße.

Als Sprechvers der Komödie und der Versfabel findet der Jambische Senar (sechs Versfüße [lat. *seni* – »je sechs«]) Verwendung:

Grundschema Jambischer Senar:
×— | ×— | ×— | ×— | ×— | ∪—
Beispiel:
—— | —— | —— | ∪— | —— | ∪— *in prato quondam rana conspexit bovem*

Als Sprechvers der Tragödie ist der Jambische Trimeter am wichtigsten:

Grundschema Jambischer Trimeter:
×— | ∪— | ×— | ∪— | ×— | ∪—
Beispiel:
—— | ∪— | —— | ∪— | —— | ∪— *vix ipsa tantum, vix adhuc credo malum*

Elfsilbler

Der **Phalaikeische Hendekasyllabus** (**Elfsilbler**) kommt in einigen Kurzgedichten **Catulls** und **Martials** vor. Dieses Versmaß ist an jambische Sprechverse angelehnt und setzt sich aus dem Versmaß Glykoneus und einem Baccheus zusammen:

Grundschema Elfsilbler:
× × — ∪ ∪ — × — ∪ — ×
Beispiel:
— — — ∪ ∪ — — — ∪ — × *Occurrit tibi nemo quod libenter*

Sapphische Strophe und Alkäische Strophe

Catull und Horaz haben mit ihrer Lyrik zwei griechische Strophenformen sehr erfolgreich neu belebt: die **Sapphische Strophe** (drei sapphische Elfsilbler [*sapphici minores*] plus das Versmaß Adoneus) und die **Alkäische Strophe** (zwei alkäische Elfsilbler plus Neunsilbler [Vers 3] plus Zehnsilbler [Vers 4]):

Grundschema Sapphische Strophe:
—∪—×—∪∪—∪—× —∪—×—∪∪—∪—× —∪—×—∪∪—∪—×   —∪∪—∪
Beispiel:

—∪— — —∪∪—∪—∪
—∪— — —∪∪—∪— —
—∪— — —∪∪—∪— —
   —∪∪—∪
Ille mi par esse deo videtur,
ille, si fas est, superare divos,
qui sedens adversus identidem te
   spectat et audit

Grundschema Alkäische Strophe:

×—∪—×—∪∪—∪×
×—∪—×—∪∪—∪×
   ×—∪—×—∪—×
   —∪∪—∪∪—∪—×

Beispiel:

— —∪— — —∪∪—∪—
— —∪— — —∪∪—∪∪
   — —∪— — —∪— —
   —∪∪—∪∪—∪— —
Nunc est bibendum, nunc pede libero
pulsanda tellus, nunc Saliaribus
   ornare pulvinar deorum
   tempus erat dapibus, sodales.

Die beiden großen griechischen Lyriker, Alkaios und Sappho (→ S. 67 f.) jeweils mit Lyra. Malerei auf einem griechischen Gefäß aus dem 5. Jh. v. Chr. – World History Archive / Alamy Stock Foto

Modul V: Stilmittel

Der Sprachschmuck (*ornatus*) hebt die kunstvoll gestaltete Prosa oder die Poesie von der Alltagssprache ab. Bei der Interpretation lateinischer Texte sind beobachtete Stilfiguren stets auf ihre **Funktion** im Zusammenhang (Kontext) von Satz, Satzgefüge (Periode) und Textganzem zu untersuchen. Mithin ist die Stilanalyse zielgerichtet in ein Interpretationsargument einzubinden.

Die Beispiele wurden in der folgenden Übersicht nach Möglichkeit Texten entnommen, die in diesem Buch behandelt werden. Für den Kontext und die Interpretation wird in diesen Fällen auf die jeweilige Textstelle verwiesen (→ S. ...).

Stilfigur	kurze Definition	Beispiel(e)
Alliteration	Anlaut-Wiederholung: zwei oder mehr aufeinanderfolgende Wörter beginnen mit dem gleichen Buchstaben	**s**ummis **s**imultatibus → S. 146
Anapher	Wort(gruppen)-Wiederholung: zwei oder mehr aufeinanderfolgende Sätze oder Satzteile beginnen mit demselben Wort	dignos Baccho, dignos et Apolline crines → S. 208
Antithese	Gegensatz: Konfrontation gegenläufiger Wörter oder Wortgruppen	extuli refero → S. 230 ante ... nunc → S. 187

Antonomasie	Namensersetzung: Umschreibung eines Eigennamens durch den Namen eines Verwandten oder ein Beiwort	Aeacides (»Aiakosenkel« für Achilles)
Apostrophé	»Abwendung« des Erzählers von den Adressaten zur Anrede direkt vergegenwärtigter Personen oder Gegenstände	o …, Bolane! → S. 198
Asyndeton	Verbindungslosigkeit: konjunktionslose Aneinanderreihung von Wörtern, Satzteilen und Sätzen	genus, aetas, eloquentia → S. 175
Chiasmus	×-Stellung / Überkreuz-Anordnung: inhaltlich oder syntaktisch entsprechende Wörter oder Wortgruppen erscheinen in spiegelverkehrter Reihenfolge (A–B–B–A)	virtutis (A) indagatrix (B) expultrixque (B) vitiorum (A) → S. 163
Ellipse	Auslassung: ein vom Sinn her selbstverständliches Wort (oft Formen von *esse*) wird weggelassen	litora litoribus contraria (**sint**) → S. 187

Enallagé	Austausch: eine ›künstliche‹ Verbindung zwischen Beziehungswort und Attribut ersetzt die vom Sinn her ›korrekte‹	superbae animae statt superborum animae → S. 281
Enjambement	Hinüberspringen: eine syntaktisch oder inhaltlich zusammenhängende Sinneinheit überschreitet die Versgrenze	cinerique haec mittite nostro / munera. → S. 187
Epitheton (ornans)	(schmückendes) Beiwort: meist ein adjektivisches Attribut, das zum festen Begleiter von Personen oder Gegenständen wird	**pius** Aeneas **infelix** Dido
Euphemismus	Beschönigung: sprachliche Kosmetik für Unangenehmes durch positiv besetzte Ausdrücke	mare **Euxinum** (»gastliches Meer« für das ungastliche, weil stürmische Schwarze Meer)
Geminatio, Epanalepse	Doppelung: identische Wiederaufnahme eines besonders sinntragenden Wortes	et stanti legis et legis sedenti, / currenti legis et legis cacanti. → S. 254
Gleichnis	ausführlich(er) gestalteter Vergleich zur Veranschaulichung und Vergegenwärtigung	ut e Pario formatum marmore signum → S. 208

Hendiadyoin	Eins durch zwei: Beiordnung zweier Wörter statt Unterordnung des einen unter das andere; oder: Verbindung zweier Synonyme	similitudinem et formam statt similitudinem formae elata in altum ... evecta → S. 262
Homoioteleuton	Gleichklang der Endsilben: es entsteht eine Art Reim	stanti ... sedenti ... curren-ti ... cacanti → S. 254
Hyperbaton	Überspringen: Sperrung einer Wortgruppe (oft Beziehungswort und Attribut) durch Dazwischengeschaltetes (Spannung, Betonung)	visae correptus imagine formae → S. 208
Hyperbel	Übertreibung: Darstellung eines Sachverhaltes in dichterischer oder rhetorischer Übersteigerung	rem omnium delicatissimam → S. 247
Ironie	Verstellung: (durchschaubare) Täuschung durch Behauptung des Gegenteils, oft mittels spöttischer Untertreibung	lautitiae (»Feinheiten, Leckereien« für Trimalchios Geschmacklosigkeiten) → S. 247
Juxtaposition	unmittelbare Nebeneinanderstellung sinntragender Wörter	dumque petit, petitur → S. 208
Klimax	Steigerung innerhalb einer Wort- oder Gedankenfolge	com-mendat ... in-primit ... ad-linit → S. 230

Litotes	Schlichtheit: die Verneinung des Gegenteils schwächt das Gemeinte nur zum Schein ab; tatsächlich wird es (unter Umständen ironisch) verstärkt	ventris haud segne ministerium → S. 219
Metapher (Translatio)	Übertragung: Ersatz des eigentlichen Ausdrucks durch ein gleichnishaftes Bild aus einem anderen Bereich	sitis (»Durst« für »Liebesverlangen«) → S. 208
Metonymie	Umbenennung: Ersatz des eigentlichen Ausdrucks durch einen Begriff aus einem verwandten Bereich	lumina (»Lichter« für »Augen«) → S. 208 Vulcanus (der Schmiedegott für »Feuer«)
Onomatopoiie	Lautmalerei: der Wortklang untermalt die Bedeutung	das Quaken der lykischen Frösche in Ovids *Metamorphosen*: quamvis sint sub aquā, / sub aquā maledicere temptant.
Parallelismus	Gleichförmigkeit: inhaltlich oder syntaktisch entsprechende Wörter oder Wortgruppen erscheinen immer in derselben Reihenfolge	ad cenam propero: tenes euntem. ad cenam venio: fugas sedentem. → S. 254

Parenthese	Einfügung: Unterbrechung eines Satzes durch einen syntaktisch eigenständigen Einschub (in Gedankenstrichen oder Kommata)	Nubes – incertum procul intuentibus ex quo monte (Vesuvium fuisse postea cognitum est) – oriebatur → S. 262
Personifikation (Prosopopoiie)	Verwandlung zur Person: Sachen oder Begriffe werden zur (handelnden oder sprechenden) Person belebt	vitae philosophia **dux** → S. 163
Pleonasmus	Vervielfachung: das Gemeinte wird doppelt oder mehrfach zum Ausdruck gebracht (z. B. durch Synonyme, Wiederholung oder leichte Variation)	radicitus e vita se tollit et eicit. → S. 131
Polyptoton	Durchbeugen: Verwendung mehrerer Flexionsformen desselben Substantivs oder Verbums in einem einzigen Satz	spem sine corpore amat, corpus putat esse … → S. 208 dumque petit, petitur → S. 208
Polysyndeton	Vielfachverbindung: Konjunktionen verbinden sämtliche Glieder einer aufzählenden Reihung	ipsique nepotesque → S. 187

rhetorische Frage	Scheinfrage: in die Form einer Frage an den Leser gegossene Aussage oder Aufforderung des Sprechers/Erzählers	Quid non modo nos, sed omnino vita hominum sine te (o philosophia) esse potuisset? → S. 163
Simplex pro composito	Grundform in der Bedeutung einer zusammengesetzten Form	pos(i)to für deposito → S. 131
Synekdoché	Mit-zum-Ausdruck-Bringen: Ersatz des eigentlichen Ausdrucks durch etwas Kleineres (*pars pro toto*) oder Größeres (*totum pro parte*) aus demselben Bereich	puppis oder carina (»Deck« bzw. »Kiel« für »Schiff«) laurus (»Lorbeerbaum« für »Lorbeerzweig/-kranz«)
Trikolon	Satzgefüge aus drei gleichen Gliedern	dando, sublevando, ignoscundo → S. 175
Vergleich	einfachste Form des Gleichnisses (→ S. 300)	nec sic scorpios inprobus timetur (ut tu) → S. 254
Zeugma	Zusammenzwängen: ein mehreren Satzgliedern zugleich zugeordnetes Wort passt nach Syntax und/oder Sinn eigentlich nur zu einem seiner Bezugsglieder	hanc vocem extremam cum sanguine fundo (fundere passt in erster Linie zum »Blutvergießen«) → S. 187

Modul VI: Grammatik

Sowohl für die Übersetzung als auch für die Interpretation ist der sichere Umgang mit den **wichtigsten Erscheinungen der lateinischen Satzlehre** (Syntax) wesentlich. Beispiele aus den in Modul III vorgestellten Werken zeigen im Folgenden, wie die Analyse von charakteristischen Phänomenen der lateinischen Syntax im Kontext zu einem tieferen Verständnis von Gehalt und Form eines literarischen Kunstwerks anleitet.

1 AcI

Respondi studere me malle.

Der Satz steht in Plinius' Brief über den Vesuvausbruch (6,16,7). Er gibt die Antwort des Briefschreibers und Ich-Erzählers auf ein Angebot seines Onkels, sich mit ihm in die Nähe der Eruptionszone zu begeben, wieder: Vom Prädikat *respondi*, einem Verb des Sagens (Verbum dicendi), hängt eine **satzwertige Konstruktion** ab, der Accusativus cum infinitivo (AcI). Im Deutschen wird der AcI mit einem Gliedsatz, den die Subjunktion »dass« einleitet, wiedergegeben. Das Subjekt dieses Gliedsatzes steht im AcI im Akkusativ; dieser heißt deswegen **Subjektsakkusativ**. Im Beispiel ist das Personalpronomen *me* der Subjektsakkusativ. Der mit dem Subjektsakkusativ verbundene **Infinitiv** des AcI ist *malle*. Von diesem hängt hier wiederum ein Objektsinfinitiv ab, nämlich *studere*: Die Übersetzung könnte lauten:

Ich antwortete, dass **ich es lieber habe/hätte**, meinen Studien nachzugehen.

Würde der ältere Plinius die Antwort seines Neffen jemandem übermitteln, könnte er sagen:

Respondit se studere malle.
Er antwortete, dass **er es lieber habe/hätte**, seinen Studien nachzugehen.

Das Reflexivpronomen (*se*, *sibi* ...) findet Anwendung, wenn Subjektsgleichheit zwischen dem übergeordneten Satz und dem AcI herrscht.

Der AcI erfüllt im Gesamtsatz die Funktion eines Akkusativobjekts zu übergeordneten **Verben des Sagens/Sprechens** (Verba dicendi), **Verben der geistigen und sinnlichen Wahrnehmung** (Verba sentiendi) sowie **Verben der Gefühlsäußerung** (Verba affectus).

Zwischen dem übergeordneten Satz und dem AcI können die Zeitverhältnisse der Gleichzeitigkeit (wie in den obigen Beispielen), der Vorzeitigkeit und der Nachzeitigkeit zum Ausdruck kommen. Ein Beispiel für Vorzeitigkeit:

Plinius iunior postea narravit se tunc studere maluisse.
Plinius der Jüngere erzählte später, dass er es damals lieber gehabt habe, seinen Studien nachzugehen.

2 Participium coniunctum und Ablativus absolutus

Nobis adhuc gustantibus repositorium allatum est.

Das Partizip ist deklinabel, hat also am Nomen Anteil, leitet sich aber vom Verbum ab, hat also auch am Verbum Anteil. Daher ist es ein »teilhabendes« (*particeps*) Mischwesen. Im Beispiel aus Petrons *Satyrica* (32,3) ist Encolpius der Erzähler: Im Kontext beschreibt er die Speisenfolge bei der eigenartigen *cena Trimalchionis*. Das Partizip *gustantibus* kann entweder ein Dativ oder ein Ablativ sein.

Fasst man es als Dativ auf, der von *allatum est* abhängt und per Kongruenz mit dem Personalpronomen *nobis* verbunden ist, dann handelt es sich um ein in die Satzkonstruktion eingebundenes Partizip, also um ein **Participium coniunctum (Pc)**.

> Uns ist, als/während wir noch speisten, ein Tablett gebracht worden.

Das Pc ist hier mit einem **Gliedsatz** wiedergegeben; Alternativen wären der **Präpositionalausdruck** »während unseres Essens« oder der **Relativsatz** »Uns, die wir speisten, ist …«.

Denkbar ist im Beispiel auch die Auffassung von *nobis gustantibus* als von der Satzkonstruktion losgelöster Ablativ, also als **Ablativus absolutus (Abl. abs.)**. Eine Objektsfunktion bezüglich *allatum est* wäre dann nicht mehr gegeben. An der deutschen Übersetzung würde sich bei der Wiedergabe mit Gliedsatz oder Präpositionalausdruck nichts ändern. Der Abl. abs. tritt auch in **rein nominaler Form** auf, bei der eine nicht existente Partizipform von *esse* dazuzudenken ist. Ein Beispiel aus Tacitus' Bericht über das Verhalten von Neros Umgebung nach dessen Muttermord (*Annales* 14,10,2) lautet: *auctore Burro*, wörtlich: »mit/unter dem Urheber/Veranlasser Burrus«. Es empfiehlt sich die Wiedergabe mit Präpositionalausdruck: »auf Veranlassung des Burrus«.

Sowohl **Pc** als auch **Abl. abs.** können die unterschiedlichen Zeitverhältnisse zum Ausdruck bringen. Ein Abl.-abs.-Beispiel für die Vorzeitigkeit gegenüber dem Prädikat (Horaz, *Satiren* 1,9,4):

> arreptaque manu (dixit)

Subjekt des Satzes ist der dem Sprecher nur dem Namen nach bekannte Störenfried (*quidam*), der ihn beim Spaziergang auf der Heiligen Straße aus seinen Gedanken reißt. Die Ablative des Partizips Perfekt Passiv (PPP) von *arripere* sowie des Substantivs *manus* sind durch Kasus-Numerus-Genus-Kongruenz als zusammengehörig gekennzeichnet. Sie sind allerdings von der Konstruktion des Satzes abgelöst. Dies zeigt die Rohübersetzung »mit an sich gerissener Hand« oder »nachdem an sich gerissen worden war die Hand«. Die Wiedergabe im Deutschen stellt die Anbindung an die Syntax des Satzes wieder her, etwa:

Nachdem **er** meine Hand an sich gerissen hatte …

3 nd-Formen

Caesar dando, sublevando, ignoscundo … gloriam adeptus est.

In seinem Vergleich zwischen Caesar und Cato listet Sallust (*Coniuratio Catilinae* 54,3) drei gewohnheitsmäßige Verhaltensweisen Caesars auf, durch die er sich größte Anerkennung erworben habe. Die instrumentalen Ablative sind hier Formen des **Gerundiums**. Das Gerundium ist ein **Verbalsubstantiv**, das die **Deklination des lateinischen Infinitivs** ermöglicht: Diese lässt sich analog zum deutschen deklinierten Infinitiv wiedergeben:

Caesar hat sich durch (das) Geben, (das) Helfen, (das) Verzeihen … Ruhm erworben.

Einen Brief an Lucilius (7,1) beginnt Seneca folgendermaßen:

Quid tibi vitandum (esse) praecipue existimes, quaeris?

Er greift hier eine Frage seines Briefpartners auf. Dem Hauptsatzprädikat *quaeris* ist ein konjunktivischer Gliedsatz, also ein abhängiger Fragesatz untergeordnet. Dessen Prädikat *existimes* steht im Lateinischen wegen der innerlichen Abhängigkeit im Konjunktiv. Dieser wird im Deutschen in der Regel als Indikativ wiedergegeben. Von *existimes* wiederum hängt ein AcI ab. Dessen elliptischer Infinitiv ist durch das **Gerundiv** *vitandum (esse)* bestimmt. Das Gerundiv ist ein passivisches **Verbaladjektiv**, das ausdrückt, dass etwas geschehen muss/soll oder (im Verneinungsfall) nicht geschehen darf: *vitandum* – »zu Meidendes«. In Verbindung mit *esse*, das häufig (wie hier) aufgrund von Ellipse nicht ausdrücklich im Text steht, ist das Gerundiv **prädikativ** gebraucht. Der zugehörige Dativ (hier *tibi*) gibt als **Dativus auctoris** die handelnde Person an. Wie ein Verb kann das prädikative Gerundiv durch ein Adverb (hier *praecipue*) näher bestimmt werden. Die Übersetzung könnte lauten:

> Du fragst, wovon du glauben sollst, dass du es ganz besonders meiden musst? / Du fragst, was du als von dir ganz besonders zu meiden erachten sollst?

Eine Antwort Senecas auf die Frage könnte lauten:

> Turba tibi praecipue vitanda est.
> Das Durcheinander ist von dir ganz besonders zu meiden (**prädikatives Gerundiv**). / Das Durcheinander musst du ganz besonders meiden.
>
> Multitudo vitanda etiam homines sciendi cupidos turbat.
>
> Die zu meidende (**attributives Gerundiv**) Masse bringt sogar Menschen, die nach dem Wissen (**Gerundium**) begierig (wissbegierig) sind, durcheinander.

4 Indikativ und Konjunktiv im Hauptsatz: tabellarische Übersicht

Indikativ	direkte Frage	Venisne una mecum? Kommst du mit mir mit?
	Realis (Wirklichkeit eines Ereignisses oder Sachverhalts)	Silentio praeterire non fuit consilium. Stillschweigendes Übergehen war nicht ratsam. (Bei abweichendem Blickwinkel ist Konjunktiv möglich: »Stillschweigendes Übergehen wäre nicht ratsam.«)
Konjunktiv	indirekte Frage	Plinius cogitat, num cum avunculo veniat / veniatne cum avunculo. Plinius überlegt, ob er mit seinem Onkel mitkommen soll.
	Potentialis (Möglichkeitsform; Präsens oder Perfekt)	Noveris nos. Du dürftest uns wohl kennen.
	Irrealis (Unwirklichkeitsform; Imperfekt: Gegenwart; Plusquamperfekt: Vergangenheit)	Quid vita hominum sine te esse posset/potuisset? Was könnte das Leben der Menschen ohne dich sein? / Was hätte das Leben der Menschen ohne dich sein können?
	Prohibitiv (Verbot / verneinter Imperativ; *ne* mit Konjunktiv Perfekt der 2. Person)	Ne timueris/timueritis! Fürchte dich nicht! / Fürchtet euch nicht!

Konjunktiv	**Hortativ** (Aufforderung; Konjunktiv Präsens der 1. Person Plural)	Vivamus, mea Lesbia, atque amemus! Leben lass uns, meine Lesbia, und uns lieben!
	Jussiv (Anordnung; Konjunktiv Präsens der 3. Person)	Cadat ante diem. Fallen soll er vor der Zeit.
	Optativ (Wunsch; oft mit *utinam/velim/vellem*;	
	Präsens: Gegenwart/erfüllbar;	Exoriaris ultor! Mögest du dich erheben als Rächer!
	Perfekt: Vergangenheit/erfüllbar;	Exortus sis ultor! Mögest du dich erhoben haben als Rächer!
	Imperfekt: Gegenwart/unerfüllbar;	Exorireris ultor! Würdest du dich doch erheben als Rächer!
	Plusquamperfekt: Vergangenheit/unerfüllbar)	Exortus esses ultor! Hättest du dich doch erhoben als Rächer!
	Deliberativ (Überlegung; Präsens: Gegenwart; Imperfekt: Vergangenheit)	Plinius deliberat: »Una cum avunculo veniam / Una cum avunculo venirem?« Plinius überlegt: »Soll ich mit dem Onkel mitkommen?« / »Hätte ich mit dem Onkel mitkommen sollen?«

5 Konjunktivische Glied-/Nebensätze

Et forte ipse (avunculus), quod scriberem, dederat.

Der Satz aus Plinius' Vesuvbrief (6,16,7) erklärt aus der Ich-Perspektive des Verfassers, der sich erinnert, warum er seinerzeit das Angebot des Onkels, ihn auf seiner Rettungs- und Erkundungsmission zu begleiten, höflich abgelehnt hat. Der Hauptsatz stellt fest, dass der Onkel persönlich (*ipse*) etwas übergeben hatte (*dederat*: Plusquamperfekt), »was ich schreiben sollte«: Der **Konjunktiv im Relativsatz** zeigt hier (wie meist nach Verben des Gebens oder Schickens) den **finalen Sinn** an und muss im Deutschen ausgedrückt werden. Liegt in konjunktivischen Gliedsätzen dagegen **konsekutiver**, **kausaler** oder **konzessiver Sinn** vor, so wird das Relativpronomen im Deutschen gern durch die entsprechende Subjunktion ersetzt (final z. B.: »damit«; konsekutiv z. B.: »so dass«; kausal z. B.: »weil«; konzessiv z. B.: »obwohl«). Der Konjunktiv in Relativsätzen mit **explikativer Sinnrichtung** muss im Deutschen nicht wiedergegeben werden. Wenn etwa der Historiker Tacitus im Zusammenhang mit den Auswirkungen des Muttermordes auf Nero (*Annales* 14,10,3) auf eine unbestimmte Gruppe von Gewährsleuten mit *erant, qui* ***crederent*** verweist, so lautet die Übersetzung: »Es gab Leute, die glaubten / der Meinung waren …«.

Der Konjunktiv in Glied-/Nebensätzen zeigt grundsätzlich die **innerliche Abhängigkeit** der Verbalinformation des untergeordneten Satzes von derjenigen des übergeordneten Satzes an. Subjunktionen wie etwa kausales *cum* sowie finales oder konsekutives *ut* erfordern den Konjunktiv des abhängigen Prädikats.

In konjunktivischen Gliedsätzen gelten diese Tempusregeln für die **Zeitenfolge** (*consecutio temporum*):

Hauptsatz	Konjunktivischer Gliedsatz		
	gleichzeitig	vorzeitig	nachzeitig
Haupttempus (Präsens oder Futur)	Konjunktiv Präsens	Konjunktiv Perfekt	Partizip Futur Aktiv und *sim, sis, sit, simus, sitis, sint*
Nebentempus (Imperfekt, Perfekt, Plusquamperfekt)	Konjunktiv Imperfekt	Konjunktiv Plusquamperfekt	Partizip Futur Aktiv und *essem, esses, esset, essemus, essetis, essent*

Im Beispiel zu Beginn des Abschnitts ist *scriberem* (Konjunktiv Imperfekt) gleichzeitig zum Nebentempus *dederat*:

> Und zufällig hatte er selbst mir aufgegeben, was ich schreiben sollte.

Ein historisches oder dramatisches Präsens im Hauptsatz kann als Nebentempus gelten. Dies zeigt folgendes Beispiel aus Caesars Bericht über die rivalisierenden Zenturionen Pullo und Vorenus (*Bellum Gallicum* 5,44):

> Haec cum dixisset (Pullo), procedit extra munitiones.

Hier wird das dramatische Präsens von *procedit* als Nebentempus aufgefasst, die vorzeitige Handlung des konjunktivischen temporalen Gliedsatzes also mit Plusquamperfekt ausgedrückt:

> Als er (Pullo) dies gesagt hatte, rückt er / rückte er in den Bereich außerhalb der Befestigungsanlagen vor.

6 Indirekte Rede

> Conspira(vi)sse inde (membra corporis). [...] Hac ira, dum ventrem fame domare vellent, ipsa una membra totumque corpus ad extremam tabem venisse.

Livius gibt in seinem Bericht von der erfolgreichen Vermittlung des Menenius in der krisenhaften Zuspitzung des Streites zwischen Patriziern und Plebejern die vom Unterhändler erzählte bildhafte Geschichte oder Fabel nicht in direkter Rede des Sprechers wieder (2,32,10). Vielmehr deutet die Form der **indirekten Rede** eine gewisse Distanz des Historikers oder auch eine neutrale, entdramatisierte Haltung zum Berichtsinhalt an. Vor dem Beginn der indirekten Rede steht bei Livius ein Verbum dicendi (*narrasse*), das in einen **NcI (Nominativus cum infinitivo)** eingebettet ist: *hoc* ***narrasse*** *fertur (Menenius)* (2,32,8). Eine solche Einleitung, die freilich nicht zwingend ist, erklärt, dass die **Hauptsätze** (mit Aussagen und rhetorischen Fragen) der indirekten Rede im Lateinischen in den **AcI** gesetzt werden. Dieser wird im Fall der indirekten Rede im Deutschen nicht mit einem »dass«-Satz wiedergegeben, sondern in den **Konjunktiv der deutschen indirekten Rede** gesetzt. Im Beispiel heißt es also:

> Verschworen **hätten sich** daher (die Körperteile). [...] Durch diesen Zorn [...] **seien** sowohl die Körperteile **selber** zusammen (mit dem Magen) und der gesamte Körper zu äußerster Auszehrung **gelangt**.

Aufforderungen (Befehle und Verbote) sowie echte Fragen werden in der indirekten Rede zu **konjunktivischen Haupt-**

sätzen. Ein Beispiel könnte in Anlehnung an Livius' Geschichte lauten:

> Menenius haec e plebeiis quaesivisse fertur: Quid ira eos adiuvaret? Se iis hoc consilium dare: Finiant seditionem.
> Menenius soll folgende Frage an die Plebejer gerichtet haben: Was nütze ihnen denn ihr Zorn? Er gebe ihnen den folgenden Rat: Sie sollten ihren Aufstand beenden.

In der lateinischen indirekten Rede stehen (wie im Deutschen) **sämtliche Gliedsätze** (auch der ursprünglich indikativische temporale *dum*-Satz) im Konjunktiv. Der Gliedsatz des zu Beginn gegebenen Beispiels lautet in Übersetzung: »während sie den Magen durch Hunger bezwingen wollten«.

7 Verschränkter Relativsatz

> Pullo et Vorenus centuriones erant, quos primis ordinibus appropinquavisse constat.

Dieses Beispiel ist in Anlehnung an Caesars Text über die beiden wetteifernden Zenturionen gebildet (*Bellum Gallicum* 5,44). Bei Relativsätzen, die in andere Konstruktionen eingebunden sind, spricht man von **verschränkten Relativsätzen**. Statt einer wortwörtlichen Übersetzung kommen hier die Auflösung in zwei Hauptsätze oder andere freiere Varianten der sinngemäßen Wiedergabe im Deutschen in Frage. Im vorliegenden Beispiel ist der auf die beiden Zenturionen bezügliche **Relativsatz mit einem AcI** verschränkt. Folgende Übersetzungsspielarten sind möglich:

a) zwei Hauptsätze:
»Pullo und Vorenus waren Zenturionen. Es ist bekannt, dass sie sich den höchsten Rängen näherten.«

b) Umschreibung mit »von«:
»Pullo und Vorenus waren Zenturionen, von denen bekannt ist, dass sie sich den höchsten Rängen näherten.«

c) Umformung des AcI durch Parenthese (Einschub):
»Pullo und Vorenus waren Zenturionen, die sich – wie bekannt ist – den höchsten Rängen näherten.«

d) Umformung des AcI in einen Ausdruck mit Adverb:
»Pullo und Vorenus waren Zenturionen, die sich bekanntlich den höchsten Rängen näherten.«

Bei der Verschränkung eines Relativsatzes mit einem **Abl. abs.** ist auch die Wiedergabe mit Präpositionalausdruck möglich:

Pullo et Vorenus centuriones erant, quibus certantibus fortuna apparuit.
Pullo und Vorenus waren Zenturionen, bei deren Rangstreitigkeiten das Schicksal in Erscheinung trat.

8 Die wichtigsten Subjunktionen

Subjunktionen leiten Nebensätze in einer bestimmten Sinnrichtung ein. Die einen stehen mit Konjunktiv, die anderen mit Indikativ:

	mit Indikativ	**mit Konjunktiv**
kausal	*quia* *quod*	*cum*
konditional	*si* (Realis) *quodsi* (Realis)	*si* (Potentialis oder Irrealis) *quodsi* (Potentialis oder Irrealis) *nisi* (Irrealis)
konzessiv	*quamquam* *etsi*	*quamvis* *cum*
komparativ/ korrelativ	*tam ... quam* *sic ... ut*	
temporal	*dum* *postquam* *ubi (primum)*	*cum*

9 Kasusfunktionen: tabellarische Übersicht

Akkusativ	**doppelt** (Objekt und Prädikatsnomen)	se appellare philosophos sich als Philosophen bezeichnen
	Ausdehnung (räumlich/zeitlich)	sedecim annos natus 16 Jahre alt
	Richtung	Neapolim concessit. Er zog sich nach Neapel zurück.
Dativ	**commodi** (Vorteil)	Sibi magnum imperium exoptabat. Für sich begehrte er eine hohe Befehlsgewalt.
	possessoris (Besitzer)	Iis eloquentia aequalis fuit. Sie besaßen gleichwertige Redekunst.
	finalis (Zweck)	morae vobis esse Aufschub/Verzögerung für euch bedeuten/bewirken
Genitiv	**subiectivus**	inventor nominis Erfinder der Bezeichnung
	obiectivus	studiosus sapientiae eifrig bemüht um Weisheit
	partitivus (geteiltes Ganzes)	quiddam sui etwas von ihm
	qualitatis (Beschaffenheit)	anulus grandis auri ein riesiger Ring aus Gold
	pretii (Wert)	… unius aestimemus assis … mögen wir nur als für ein As wert erachten

Ablativ	**separativus** (Trennung)	Egrediebatur domo. Er schritt heraus aus dem Haus.
	comparationis (Vergleich)	facilius solito leichter als gewöhnlich
	instrumentalis (Mittel)	Hunc scutis protegunt hostes. Diesen Mann decken mit ihren Schilden die Feinde.
	causae (Grund)	lassus aestu erschöpft aufgrund der Hitze
	limitationis (Beziehung)	Cum strenuo virtute pugnabat. Mit einem Tatkräftigen trug er hinsichtlich der Tüchtigkeit Wettkämpfe aus.
	mensurae/discriminis (Maß)	Quo maior est populus, eo/ hoc periculosior est. Je größer die Volksmenge ist, desto gefährlicher ist sie.
	modi (Art und Weise)	silentio praeterire mit Schweigen / schweigend zu übergehen
	qualitatis (Beschaffenheit)	viri duo ingenti virtute zwei Männer von gewaltiger Tüchtigkeit

Modul VII: Übersetzungsmethoden, Übersetzungsvergleich, Interpretation

Der **Übersetzungsvorgang** als **Transkodierung** bezeichnet die Wiedergabe oder das Neuschreiben eines ausgangssprachlichen Textes in einer Zielsprache. Er erfolgt in zwei Hauptphasen:

- **Dekodierung:** die inhaltliche, sprachliche und formale Erschließung sämtlicher verständnisrelevanter Bestandteile des Textes in der Ausgangssprache
- **Rekodierung:** die möglichst äquivalente, also »gleichwertige« Formulierung des umfassend Erschlossenen in der Zielsprache

Für jede Form des Übersetzens gilt die **Ausrichtung an vorher definierten Zielen** (griech. *skópoi*):

- sprachliche und sachliche Richtigkeit und Vollständigkeit der Textinformationswiedergabe
- in möglichst wort- und strukturgetreuer Transkodierung
- unter Beachtung der grammatischen, lexikalischen und stilistischen Regeln und Möglichkeiten der Zielsprache

Beim schulischen Übersetzen spielt die **Diagnosefunktion** eine entscheidende Rolle. Die Lehrkraft soll nämlich durchweg nachvollziehen können, dass die grammatischen, lexikalischen und stilistischen Merkmale des lateinischen Textes richtig erfasst, gedanklich durchdrungen und mit Feingefühl ins Deutsche übertragen worden sind.

1 Dekodierung: Übersetzungsmethoden

Als Hilfestellung für die Dekodierung gibt es eine Reihe von Übersetzungsmethoden. Zumeist führt eine Kombination derselben ans Ziel. Die wichtigsten sollen hier an einem Beispiel aus Ciceros Erzählung über ein Gespräch des Philosophen Pythagoras mit dem Herrscher Leon von Phlius veranschaulicht werden. Gegen Anfang des Textauszuges heißt es:

> Pythagoram autem respondisse similem sibi videri vitam hominum et mercatum eum, qui haberetur maxumo ludorum apparatu totius Graeciae celebritate.

1.1 Satzerschließung

Bei der Satzerschließung ist zunächst der **Kontext** zu berücksichtigen und zu würdigen: siehe S. 163 f. Der als Signalwort im Akkusativ am Satzanfang stehende Name Pythagoras sollte zunächst mit den im Einleitungstext gebotenen Informationen verknüpft werden. Sodann ist der unmittelbar vorangehende und direkt zuvor übersetzte Satz zu bedenken: Leon hatte Pythagoras nach der spezifischen Bedeutung des seinerzeit neuen Begriffs »Philosoph« gefragt. Die Erwartung ist also berechtigt, dass Pythagoras im vorliegenden Satz eine Antwort formuliert. Syntaktisch ist zu erwarten, dass die im ersten Satz bereits begonnene indirekte Rede sich fortsetzen wird. Sind diese Vorerwägungen gesichert, kann eine **sinnentnehmende linear fortschreitende** Textbetrachtung erfolgen.

Inhaltlich sticht rasch ins Auge, dass Pythagoras auf die Frage Leons nicht direkt antwortet, sondern weiter ausholt und zu einem größer angelegten Vergleich des menschlichen Lebens mit einem Jahrmarkt ansetzt. Über die Rolle des Philosophen ist hierbei noch nichts ausgesagt.

Je nach den Vorkenntnissen der Übersetzenden könnte als Ergebnis dieses schrittweisen bzw. **sukzessiv-ganzheitlichen Verfahrens**, das dem ›natürlichen‹ Verstehen von muttersprachlichen Texten sehr nahekommt, bereits eine **Wort-für-Wort-Übersetzung / Interlinearversion** als ›Rohübersetzung‹ angefertigt werden:

> Pythagoras aber habe geantwortet, dass ähnlich ihm erscheine das Leben der Menschen und der Markt *dieser, der abgehalten wurde mit *größtem der Spiele Aufwand *des ganzen Griechenlands mit Belebtheit.

Die mit * markierten Anfänge einzelner Satzteile bereiten bei diesem Vorgehen womöglich Probleme, und eine sukzessive wörtliche Wiedergabe führt zu keinem zufriedenstellenden Ergebnis. Hier bieten sich nun systematische Verfahren an:

1.2 Satzanalyse (~ kolometrische Methode / Einrückmethode)

Diese Methode ist bei Perioden aus Haupt- und Nebensatz gut geeignet. Sie führt zu folgendem Satzbild:

Hauptsatz (HS):
Pythagoram autem respondisse similem sibi videri vitam hominum et mercatum eum,

Gliedsatz (GS_1, Relativsatz):
qui haberetur maxumo ludorum apparatu totius Graeciae celebritate.

1.3 Konstruktionsmethode

Diese Methode hat zum Ziel, an den verständnisrelevanten Stellen die grammatischen, insbesondere syntaktischen Phänomene und Bezüglichkeiten zu klären. Hier etwa ließe sich feststellen, dass innerhalb des AcI der indirekten Rede vom Infinitiv *respondisse*, einem Verbum dicendi, ein weiterer AcI abhängt. In diesem Binnen-AcI gibt es zwei Subjektsakkusative: *vitam* und *mercatum*. Ersterer ist erweitert durch den Zugehörigkeitsgenitiv *hominum* und zudem per Kongruenz verbunden mit *similem*, das die Funktion des Prädikatsnomens erfüllt. Prädikatsinfinitiv im Binnen-AcI ist *videri*, zu dem das auf Pythagoras reflexive Pronomen *sibi* als Dativobjekt gehört. Ist der Hauptsatz solcherart entschlüsselt, wird der Feinschliff der Übersetzung möglich:

> Pythagoras aber habe geantwortet, dass ihm ähnlich erscheine das Leben der Menschen und derjenige Jahrmarkt …

Im Relativsatz ist das Prädikat *haberetur* rasch auf *mercatus* bezogen. Das Tempus des Imperfekts erklärt sich aus der innerlichen Abhängigkeit vom übergeordneten Nebentempus *respondisse*, ist im Deutschen also nicht äquivalent nachzuahmen, sondern als Präsens wiederzugeben.

Syntaktisch klärungsbedürftig sind insbesondere die beiden Ablative der Begleiterscheinungen *apparatu* und *celebritate*. Sie sind jeweils mit Genitiven der Zugehörigkeit oder der Pertinenz erweitert. *Apparatu* hat mit dem vorangestellten superlativischen Quantor (Mengenangabe) *maxumo* noch eine besondere Hervorhebung erhalten. Bei entsprechender Vertrautheit mit der üblichen Wortstellung im Lateinischen, etwa den Tatsachen, dass Quantoren in der Regel vorangestellt werden und

Demonstrativpronomina vor- oder nachgestellt sein können, kommt man zu einer eleganteren Übersetzung auch des Gliedsatzes:

> …, der abgehalten werde unter größtem Aufwand an Spielen und unter Belebtheit von ganz Griechenland.

Wenn in einer Prüfung die Benutzung eines lateinisch-deutschen Wörterbuchs zulässig ist, dürfte man sich mit der Übersetzung »Belebtheit von ganz Griechenland« nicht zufriedengeben. *Celebritas* heißt hier konkret »zahlreicher Besuch«, »Zustrom«; der zugehörige Genitiv gibt dann den Bereich dieses Einzugsgebietes an.

2 Rekodierung

Nach einigen kleineren Umgruppierungen zugunsten der im Deutschen eingebürgerten Wortstellung ergäbe sich folgende Übersetzung:

> Pythagoras aber habe geantwortet, dass ihm das Leben der Menschen ähnlich erscheine wie derjenige Jahrmarkt, der unter größtem Aufwand an Spielen und unter Zustrom aus ganz Griechenland abgehalten werde.

Für die Rekodierung im Rahmen einer Arbeitsübersetzung sind idealerweise **Gedankenfolgentreue** mit **sprachlicher Strukturtreue** und **zielsprachlicher Treffgenauigkeit** zu verbinden. **Modulationen** und **Transpositionen** (siehe dazu im Folgenden) sind auf das für die Sprachrichtigkeit im Deutschen erforderliche Maß zu beschränken.

3 Übersetzungsvergleich

Vergleichen wir die soeben erreichte **Arbeitsübersetzung** nun mit der folgenden **literarischen Übersetzung**:

> Pythagoras aber habe zur Erwiderung verwiesen auf die Ähnlichkeit, die seines Erachtens bestehe zwischen dem Leben der Menschen und einem Jahrmarkt, wie er veranstaltet werde mit einem Riesenaufgebot an Spielen, zu denen ganz Griechenland zusammenströme.

Ein **Übersetzungsvergleich** dient der akribischen Textbetrachtung und Transkodierungsanalyse. Die Übersetzungen sind systematisch untereinander mit Blick auf ihre jeweiligen Gleichwertigkeitsgrade (Äquivalenzgrade) und mit dem Original zu vergleichen. Es kommt an auf:

- Wortwahl,
- Wortstellung,
- Wortarten,
- Tempora,
- Modi,
- Diathesen,
- syntaktische Strukturen,
- klangliche, formale und stilistische Mittel.

Zu ermitteln sind:

- **Modulationen** (Änderungen der Perspektive und Sinnverschiebungen auf der Ebene des Lexikons / der **Wortwahl** und der **Semantik** [Bedeutungsreichweite]), und
- **Transpositionen** (Änderungen der **Wortart** [etwa Verb

statt Substantiv oder umgekehrt] und der grammatischen Struktur bzw. der **Syntax** [etwa Gliedsatz statt Partizipkonstruktion]).

Am Beispiel:

Original: Pythagoram autem respondisse similem sibi videri vitam hominum et mercatum eum, qui haberetur maxumo ludorum apparatu totius Graeciae celebritate.

Arbeitsübersetzung: Pythagoras aber habe geantwortet, dass ihm das Leben der Menschen ähnlich erscheine wie derjenige Jahrmarkt, der unter größtem Aufwand an Spielen und unter Zustrom aus ganz Griechenland abgehalten werde.

Literarische Übersetzung: Pythagoras aber habe **zur Erwiderung verwiesen** auf die **Ähnlichkeit**, die **seines Erachtens bestehe** zwischen dem Leben der Menschen und **einem** Jahrmarkt, **wie** er veranstaltet werde mit einem **Riesenaufgebot** an Spielen, zu denen ganz Griechenland **zusammenströme**.

Die wesentlichen Abweichungen der literarischen Übersetzung von der Arbeitsübersetzung sind durch Fettdruck in der letzteren hervorgehoben. Mit Blick auf das Original lässt sich feststellen, dass die Arbeitsübersetzung im Sinn der lexikalischen, morphologischen und syntaktischen Äquivalenz und damit im Dienst der Diagnosefunktion die im Lateinischen verwendeten Wortarten und Wortformen getreuer wiedergibt (reproduziert/abbildet) als die literarische Übersetzung. Dies zeigt sich etwa an »habe geantwortet« statt »habe zur Erwiderung verwiesen« für *respondisse* und an »ihm … ähnlich erscheine« statt »die Ähnlichkeit, die seines Erachtens bestehe« für *similem sibi videri.* Letzteres Beispiel zeigt indes, dass die literarische Übersetzung die Gedanken- und Informationsfolge getreuer wiedergibt (reproduziert/abbildet) als die Arbeitsübersetzung. Denn das im Lateinischen nach *videri* gestellte Akkusativobjekt *vitam* ist in der Arbeitsübersetzung vorgezogen, während es in der literarischen Übersetzung an Ort und Stelle nach der Wiedergabe des *similem sibi videri* verbleibt.

Auch im Bereich der Semantik der im Deutschen verwendeten Begriffe und Bilder erscheint die literarische Übersetzung um ein höheres Maß an Geläufigkeit, Treffsicherheit und Eleganz bemüht. Dies belegt die Verwendung von »Riesenaufgebot« statt »größtem Aufwand« für *maxumo … apparatu.* Zugunsten der Gedankenfolgentreue und der stilistischen Glättung erfolgten auch die Transpositionen von Wortart (Verbum statt Substantiv) und syntaktischer Struktur (Relativsatz statt Ablativ der Begleitumstände) am Ende der literarischen Übersetzung.

4 Interpretation

Die Musterinterpretationen in Modul III bieten Beispiele, wie man Texte in ihrer formalen, strukturellen, sprachlichen und stilistischen Gestaltung erfassen und mithilfe einer Interpretationsidee, die im Basissatz ihren Ausdruck findet, bündig erklären kann. Hier in aller Kürze einige Arbeitsschritte bei der Interpretation lateinischer Texte im Abitur:

- den lateinischen Text unter Zuhilfenahme der deutschen Übersetzung mehrmals genau und gründlich durchlesen und gedanklich erfassen

- **Schlüsselbegriffe** (Namen von Personen und Orten; Sachen, Ereignisse, Vorgänge, Schilderungen, Beschreibungen) markieren, ggf. in unterschiedlichen Farben
- Wiederholungen (Textdominanten) und Abwechslungen (Variationen) von Gleichem/Ähnlichem markieren
- **Gedankengang** und **Textstruktur** untersuchen und die **Kernaussage** formulieren:
    - die Binnengliederung erfassen (wichtige Hilfen sind dabei abschnittsbildende Konjunktionen, Adverbien oder andere sprachliche Markierungen)
    - jeden der so identifizierten Abschnitte nach Inhalt und Kernaussage knapp zusammenfassen
    - durch gedankliche Verbindung der Abschnitte die Gesamtstruktur erarbeiten und möglichst im Zusammenhang damit die Kernaussagen ermitteln
    - für die Ermittlung der Feinstruktur den Gedankengang in kleineren Schritten nachvollziehen und dabei besonders auf die Prädikate und die Konnektoren (gedankliche Verbindungen wie Weiterführung, Auflistung, Begründung, Gegensatz …) achten
- an Stellen, die eine über den Text hinausweisende Erklärung erfordern, zielgerichtet und in zielgenauer Dosierung **Kontextwissen** (etwa zu Autor, Werk, Gattung, Geschichte, Philosophie, Politik, Rezeption) einbringen
- die **formale und stilistische Gestaltung** untersuchen: Stilfiguren markieren, benennen und stets im Rahmen einer funktionalen Analyse auslegen (Frage: Was bewirkt die jeweilige stilistische Gestaltung im Rahmen des Textgefüges und der Kernaussagen?)
- die Interpretation mit einem möglichst ansprechenden **Schlussgedanken** bündeln und abrunden

Anhang

Der *cursus honorum*

Amt	Mindestalter	Aufgabenbereich
Quästur	30 (seit Augustus: 25)	Finanzwesen, Provinzverwaltung
Ädilität	37	öffentliche Sicherheit, Bauaufsicht, Verkehr, Marktgerichtsbarkeit
Prätur	40	Gerichtswesen/Prozessleitung, Provinzleitung
Konsulat	43	Staatsleitung, Senatsvorsitz, militärischer Oberbefehl

- Dictator: siehe *dictator* auf S. 332
- Prokonsul: siehe *proconsul* auf S. 334
- Senat/Senatoren: siehe S. 334
- Suffektkonsul: siehe *consul suffectus* auf S. 332
- Volkstribun: siehe *tribunus plebis* auf S. 334

Wichtige gesellschaftliche und politische Begriffe

augur	Priester und Vorzeichendeuter
cliens	der Klient/Schutzbefohlene eines *patronus*; im Gegenzug für den Schutz und die Unterstützung hatte er diesem gegenüber bestimmte Pflichten zu erfüllen (z. B. Loyalität, Wahlstimme, Botengänge)
comitia	Volksversammlung, in der Gesetze beschlossen und Ehrenämter vergeben wurden; in der Regel im Anschluss an eine *contio*; nach Art der abstimmenden Gruppe wurden verschiedene Versammlungen unterschieden: *comitia curiata/ centuriata/tributa*
consul suffectus	Suffektkonsul; Würdenträger auf der Nachrückerposition für einen amtierenden Konsul
contio	Volksversammlung, einberufen nach unterschiedlichen Kriterien; nur die männlichen erwachsenen Bürger durften teilnehmen
dictator	Inhaber eines in Notzeiten besetzten, auf sechs Monate begrenzten Amtes, das für diesen Zeitraum alle Befehlsgewalt umfasste
equites	»Ritter«; Mittelstand/Geldadel; kein Altadel (*patricii*), aber dennoch oft wohlhabender als Patrizier; ursprünglich: Soldaten, die über ein eigenes Pferd verfügten
familia	deutlich weiter gefasst als unsere »Familie«: den gesamten »Hausstand« (Sklaven, Freigelassene, Angestellte ...) einschließend
gens	Volk im Sinn der Abstammungsgemeinschaft; im stadtrömischen Kontext auch die Adelsgeschlechter

	Wichtige gesellschaftliche und politische Begriffe
gladiatores	Berufskämpfer (häufig Sklaven), die durch Kämpfe, die als öffentliche Schauveranstaltungen abgehalten wurden, zu Ruhm gelangen konnten
homo novus	Mann ohne patrizischen Hintergrund, der den *cursus honorum* bis zur höchsten Stufe (Konsulat) durchlaufen hatte (wie Cicero oder Cato der Ältere); Emporkömmling/Sozialaufsteiger
libertus/libertinus	freigelassener Sklave; Personengruppe mit eingeschränkten Rechten und nach wie vor Pflichten gegenüber dem ehemaligen Herrn
magistratus	öffentliches (Ehren-)Amt (z. B. Quästur, Ädilität, Prätur, Konsulat)
matrona (mater familias)	ehrbare, verheiratete Frau / weibliches Familienoberhaupt; oft einflussreich
nobilitas	Adelsstand
nomina	nach römischer Konvention bestand ein Name aus *praenomen* (Vorname, z. B. Marcus), *nomen gentile* (Familienname, z. B. Tullius) und *cognomen* (Beiname, oft Spitz- oder Rufname, z. B. Cicero – »Kichererbse«)
pater familias	männliches Familienoberhaupt, meist ranghöchster oder ältester Mann der *familia*, der den Status eines Bürgers hatte
patricii	Oberschicht, bestehend aus den führenden *gentes*
patronus	Mann in gehobener gesellschaftlicher Stellung, der seinen *clientes* Schutz gewährte, wofür diese in seiner Abhängigkeit standen
plebei	Gruppe der Bürger, die der plebs angehörten
plebs	»einfaches« Volk; alle Bürger, die nicht den patricii angehörten

praefectus praetorio	Prätorianerpräfekt; Leiter der kaiserlichen Leibgarde
princeps	»der erste Mann im Staat«, offizieller Titel der Kaiser zur Zeit des Prinzipats, von Augustus zur Bemäntelung seiner Alleinherrschaft geschaffen
proconsul	Prokonsul; Inhaber konsularischer Gewalt, etwa als Provinzstatthalter
senatores / patres conscripti	Mitglieder des Senats, meist bedeutende und anerkannte Vollbürger
senatus	»Versammlung der Alten«; bis zum Ende der Republik oberstes Entscheidungsgremium, das sich aus gewählten Senatoren zusammensetzte
servi	Sklaven/Unfreie; meist nach der Herkunft benannt (z. B. Syrus); Übernahme verschiedener Aufgaben (z. B. Feldarbeiter, Koch, Lehrer)
tribunus plebis	Volkstribun; sollte die Interessen der *plebs* vertreten; unantastbar (sakrosankt); ausgestattet mit Vetorecht; musste nicht patrizischer Herkunft sein

Wichtige römische Tugenden

aequitas	das gerechte Maß, die Angemessenheit, ›Fairness‹
auctoritas	der persönliche Einfluss durch sozialen Status (und das dazugehörige Wissen um diesen), Autorität
clementia (Caesaris)	die Milde, Nachsicht (des Kaisers) (auch gegenüber besiegten Gegnern)
concordia	die Eintracht, Harmonie, soziale Ausgeglichenheit

dignitas	die Würde, Ehre, das im Laufe des Lebens erworbene Ansehen
fides	die Treue, Loyalität (zwischen Patron und Klienten wie gegenüber dem Staat), Verlässlichkeit
fortitudo	die Tapferkeit, kriegerische Stärke
gloria	der Ruhm (vor allem der durch militärische Siege oder politische Leistungen erworbene)
gravitas	die Schwere / das »Gewicht« durch die eigene Position, der Machtstatus, Verantwortungsgefühl und Ernsthaftigkeit eingeschlossen
honestas	die Ehrlichkeit, Aufrichtigkeit
humanitas	die Menschlichkeit, Freundlichkeit, die sittliche (vor allem geistige) Bildung
industria	der Fleiß, die harte Arbeit, Einsatzbereitschaft
ingenium	das natürliche Talent, die Veranlagung
iustitia	die (durch Gesetze geregelte) Gerechtigkeit
labor	die (aufopferungsvolle) Einsatzbereitschaft für Privates und den Staat
liberalitas	die Freigebigkeit, Großzügigkeit
libertas	die Freiheit, Freimütigkeit
magnitudo animi	die edle Gesinnung, die Hochherzigkeit, Vornehmheit
mos maiorum	»die Sitte der Vorfahren«; teils fiktiver, oft stilisierter Verhaltenskodex aus früheren Zeiten; Oberbegriff für zentrale römische Werte; Wiederherstellung besonders wichtig für Augustus
patientia	die Geduld, Ausdauer, Beharrlichkeit
pax	der erstrebenswerte Friedenszustand
pietas	das Pflicht-/Ehrgefühl im Allgemeinen, insbesondere gegenüber Familie und Göttern

prudentia/ sapientia	die Klugheit, vorausschauende Denkweise, ›Cleverness‹
pudicitia	die Schamhaftigkeit, Sittenstrenge, besonders verbunden mit Sorge um Ansehen
temperantia/modestia	die Selbstbeherrschung, Mäßigung
virtus	unscharfer positiver Wertbegriff, der das Gute allgemein, die »Tugend«, Leistungskraft und sittliche Vollkommenheit meint (eher maskulin konnotiert: *vir-tus*)

Register

Für Epochenbegriffe und politische Ereignisse s. auch die Zeittafel auf den Seiten 18–48.